KB264738

# 하나님이 쓰시는 사랑의 언어

# 하나님이 쓰시는 사랑의 언어

초판 1쇄 펴낸 날 · 2003년 9월 5일 | 개정 1쇄 펴낸 날 · 2012년 9월 20일
지은이 · 게리 채프먼 | 옮긴이 · 마영례 | 펴낸이 · 김승태
등록번호 · 제2-1349호(1992. 3. 31) | 펴낸 곳 · 예영커뮤니케이션
주소 · (136-825) 서울시 성북구 성북1동 179-56 | 홈페이지 www.jeyoung.com
출판사업부 · T. (02)766-8931 F. (02)766-8934 e-mail: edit1@jeyoung.com
출판유통사업부 · T. (02)766-7912 F. (02)766-8934 e-mail: sales@jeyoung.com

ISBN 978-89-8350-812-6 (03230)
값 12,000원

개정판

# 하나님이 쓰시는 사랑의 언어

게리 채프먼 지음 | 마영례 옮김

예영커뮤니케이션

# 한국어판에 부치는 저자의 글

『하나님이 쓰시는 사랑의 언어』(*The Love Languages of God*)를 한국어판으로 낼 수 있게 된 것을 매우 기쁘게 생각합니다. 우리 각자가 사용하는 사랑의 언어로 말씀하시기로 선택하신 하나님은 그의 자녀를 모두 동일하게 사랑하십니다. 나는 한국어나 영어와 같은 지역적인 언어가 아니라, 인정하는 말, 친밀한 시간, 선물, 봉사, 신체적 접촉과 같은 새로운 언어에 대해 말하려고 합니다. 이러한 사랑의 언어에 대해서는, 이전에 쓴 『다섯 가지 사랑의 언어』(*The Five Love Languages*)를 통해 언급한 적이 있습니다. 다섯 가지 사랑의 언어에 대한 개념은 수많은 남편과 아내가 상대방의 주된 사랑의 언어를 사용함으로써 서로의 감정적인 사랑의 욕구에 직면할 수 있도록 도와주었습니다. 이제 나는 이 책에서 그러한 원리가 하나님과 우리의 관계에도 적용될 수 있다는 것을, 성경과 교회사 그리고 현 시대의 여러 삶의 모습을 통해 독자들에게 예증할 것입니다. 그뿐 아니라 우리 각자가 자신의 주된 사랑의 언어에 속하는 새로운 방언들로 말하기 시작할 때, 하나님과의 관계가 더 깊어질 수 있다는 점에 대해서도 이야기할 것입니다. 이러한 시도는 주된 사랑의 언어로 말하는 것처럼 편하게 느껴지지는 않겠

지만, 당신의 마음이 더 깊은 사랑의 관계에 눈뜰 수 있게 하는 좋은 촉매제
가 될 것입니다.

하나님은 우리와의 관계가 단순한 습관으로 굳어지는 것을 원하지 않으
십니다. 그분은 우리가 자신의 사랑을 느끼고 민감하게 반응하기를 간절히
원하고 계십니다.

나는 이 책을 통해 한국의 많은 그리스도인이 자신을 사랑하시는 하나님
에 대해 새롭게 자각하고, 하나님께 사랑을 표현하는 더 많은 어휘를 개발할
수 있기를 기도합니다. 또한 우리의 동료들이 우리가 쓰는 것과 다른 사랑의
언어로 말할 때, 이 책이 그들의 믿음의 방식을 더 잘 이해하는 데 도움이 되
기를 바랍니다. 그리고 하나님을 추구하는 많은 사람에게 '하나님과의 사귐'
이 얼마나 즐거운 것인지 알려 줄 수 있는 좋은 계기가 되었으면 합니다.

예수님은 모든 계명 중 "네 마음을 다하고 목숨을 다하고 뜻을 다하여
주 너의 하나님을 사랑하라"(마 22:37)라는 계명이 가장 위대한 것이라고 말씀
하셨습니다. 한국의 독자들이 이러한 가르침을 행동으로 옮기는 일에 긍정적
인 동기를 부여할 수 있다면, 무엇보다도 감사한 일이 될 것입니다.

게리 채프먼(Gary Chapman)

**상**아탑 안에서만 이 책을 쓸 수는 없었다. 어디서 경험하건 하나님의 사랑은 언제나 인격적이고 친밀하며 삶의 변화를 불러온다. 나는 많은 사람에게 마음의 빚을 졌다. 그들은 하나님을 만나는 자신들의 은밀한 방에 내가 들어가 볼 수 있도록 해 주었다.

그들에게서 얻은 개인적인 정보가 없었다면, 이 책은 아마 학술 논문이 되었을지도 모른다. 대부분의 경우 가명을 사용하긴 했지만, 이 책에 나오는 사람들은 모두 실제 인물이며, 그들의 이야기는 그들이 내게 들려준 대로 정확하게 기록한 것이다. 모두에게 깊은 감사의 마음을 전한다.

기술적인 면에서는 지난 9년 동안 비서와 행정 보좌관의 역할을 해 준 트리샤 큐브의 도움이 컸다. 언제나 그랬던 것처럼 노스필드(Northfield) 출판사의 편집장인 짐 빈센트는 보다 좋은 책으로 다듬는 데 필요한 많은 제안을 해 주었다. 편집과 인쇄와 판매를 담당했던 노스필드 출판사의 직원들은 내 동료들일 뿐 아니라 친구들이기도 하다. 모두에게 고마울 따름이다.

내 아내 캐롤린은 40년 동안 응원 단장으로 내 옆에 있어 주었다. 아내가 해 주는 격려의 말을 통해 하나님의 사랑을 느낄 때가 많이 있다. 이 책을 쓰는 동안 하나뿐인 내 여동생이 세상을 떠났다. 그리고 12시간 후에 우리의 첫 손자가 태어났다. 죽음과 탄생을 경험하면서 복잡한 감정에 휩싸였을 때, 아내는 늘 내 곁에 있어 주었다. 하나보다 둘이 낫다는 말은 정말 사실이다.

내 여동생이 경험하고 나누어 주었던 하나님의 사랑이 나와 동생의 남은 가족들(매제 레이드와 조카 트라시, 질, 앨리슨) 위에도 흘러넘쳐 모두가 그렇게 신실해질 수 있기를 기도한다.

게리 채프먼(Gary Chapman)

**21** 세기를 '행복의 세기'라고 한다. 모두가 행복을 노래한다. 행복한 가정, 행복한 교회, 행복한 사회를 말한다. 그런데 정작 무엇이 있어야 행복한지를 아는 사람은 별로 없다. 성경은 "내가 오늘 네 행복을 위하여 네게 명하는 여호와의 명령과 규례를 지킬 것이 아니냐"(신 10:13)라고 기록한다.

그렇다면 성경의 명령과 규례는 우리에게 무엇을 요구하는가? 그것은 바로 하나님을 사랑하고 네 자신을 사랑하며 이웃을 네 몸과 같이 사랑하라는 것이다. 성경은 '사랑하는 관계'(loving relationships)가 행복의 필수 조건이라고 가르친다. 누군가를 사랑하지 않으면서 행복하게 사는 사람은 없다는 것이다.

우리가 자주 부르는 복음성가 중에 "당신은 사랑받기 위해 태어난 사람"이라는 가사로 시작하는 노래가 있다. 이것은 전 인류가 공감할 수 있는 진리이지만, 진리의 반쪽만을 대변한다. 왜냐하면 우리는 '사랑하기 위해 태어난 사람'이기도 하기 때문이다.

"사랑하고 사랑받고 싶어 하는 것은 어린아이에게나 어른에게나 가장 근원적인 감정의 욕구이다. 우리가 소중하게 생각하는 사람들에게서 사랑을 받고 있다고 느끼면 세상이 환하게 보이고, 관심 있는 분야를 자유롭게 개발할 수 있으며, 이 세상에 긍정적인 기여를 하게 된다. 그러나 사랑의 저수지가 마르고 사랑받지 못한다고 느끼면 세상이 어두워 보이기 시작한다. 그리고 그 어두움이 행동에 반영되어 나타난다.”

사랑하고 사랑받는 것, 이보다 더 중요한 일이 어디 있겠는가? 이 책은 하나님이 구체적으로 어떻게 우리를 사랑하시는지 그리고 우리가 하나님과 사람을 어떻게 사랑해야 하는지를 친절하게 안내해 준다.

저자 게리 채프먼은 “사람들을 하나님께 가까이 나아갈 수 있도록 이끌어 줌으로써 그들이 하나님의 무한한 사랑을 경험하고 다른 사람들을 좀 더 실제적으로 사랑하게 하려는” 목적으로 이 책을 썼다고 밝힌다.

게리 채프먼은 『다섯 가지 사랑의 언어』, 『자녀를 위한 다섯 가지 사랑의 언어』, 『십대를 위한 다섯 가지 사랑의 언어』 등의 책을 통하여 우리 한국 독자들에게도 잘 알려져 있는 크리스천 심리학자이며, '사랑의 언어'라는 개념을 창안하여 보편화시킴으로써 어긋났던 관계에 기적을 선사한 사랑의 전도자다. 그는 언제나 하나님의 심오한 진리를 평범하고 이해하기 쉬운 언어로 전달한다. 그의 책이 25개국의 언어로 번역되어 전 세계의 사랑을 받는 이유가 여기에 있다.

나는 1980년대 미국 유학 중에 사람마다 사랑을 경험하는 방식이 다르다는 것을 이 책을 통해 처음으로 알게 되었다. 남자와 여자가 사랑에 대해 서로 다른 관념을 갖고 있는 것처럼 사람마다 서로 다른 '사랑의 언어'(love language)가 있다는 것이다. 나는 인정하는 말을 들을 때 사랑받는다고 느끼지만, 내 아내는 대화를 나누며 친밀한 시간을 함께 보낼 때 사랑받는다고 느긴다. 이것을 알고 난 후부터 우리는 상대방의 사랑의 언어로 말하는 법을 배워 실천한다. 따라서 우리는 지금 새로운 차원의 친밀감을 누리고 있다.

이 책에서 저자는 하나님께서도 '인정하는 말' '친밀한 시간' '선물' '봉사' 그리고 '신체적 접촉'이라는 다섯 가지 사랑의 언어 중에서 우리 각자에게 가장 익숙한 사랑의 언어로 사랑을 표현하신다는 사실을 보여 준다. 이와 같이 하나님이 먼저 우리를 사랑하셨기 때문에, 우리는 그분에게 사랑을 받은 대로 다른 이웃을 사랑할 수 있다.

그렇다면 우리 각자가 사용하는 주된 사랑의 언어는 무엇인가? 게리 채프먼은 "(1) 나는 다른 사람들에게 주로 어떻게 사랑을 표현하고 있는가? (2) 내가 가장 자주 불평하는 것은 무엇인가? (3) 내가 가장 자주 요구하는 것은 무엇인가?"라는 세 가지 질문을 자신에게 던져 보라고 말한다.

자신이 사용하는 사랑의 언어를 아는 것은 하나님과의 관계에 그리고 다른 사람들과의 관계에 엄청난 영향을 미칠 수 있다. 당신이 열린 마음으로 이 책을 읽는다면, 분명 더 사랑할 줄 아는 사람, 더 행복한 사람이 될 수 있을 것이다.

알기 쉽게 매끄러운 문체로 수려한 번역을 해 주신 마영례 자매에게 독자를 대신하여 감사를 드린다. 개인과 가정의 행복을 증진하는 일에 관심 있는 목회자, 가정사역자, 상담자, 신학생, 평신도 형제자매 모두에게 기쁨으로 이 책을 추천하는 바이다.

가정경영상담아카데미 원장
전 침신대 기독교상담학 과장
**정동섭** (Ph.D.)

# 차례

내가 아는 그 누구보다 하나님을 열렬히 사랑했고
다른 사람들을 섬기는 것으로 그 사랑을 표현했으며
나보다 어렸지만 먼저 결승선을 넘어선 내 누이동생
샌드라 레인 벤필드(Sandra Lane Benfield)에게 이 책을 바친다.
내 사랑도 그렇게 투명할 수 있기를 기도하며.

그 날 첫 손님은 수잔이었다. 그녀의 이야기를 들으면서 나는 울고 싶었다. 수잔의 아버지는 그녀가 13살 때 자살을 했고, 오빠는 베트남전에서 목숨을 잃었다. 그리고 6개월 전에는 남편이 집을 나가 버렸다. 그래서 그녀는 지금 어린 두 아이를 데리고 어머니와 함께 살고 있다고 했다. 나는 정말 울고 싶었다. … 그러나 수잔은 울지 않았다. 그녀는 오히려 활기차 있었고, 상냥하게 미소 짓고 있었다.

수잔이 자신의 슬픔을 감추고 있다고 생각한 나는 "남편에게 버림받았다는 느낌이 들겠군요."라고 말했다.

"처음에는 그랬어요. 그런데 남편이 제게서 달아난 것이 아니라 자신에게서 달아나고 있다는 것을 알게 되었어요. 아주 불행한 사람이에요. 결혼 생활이 자기를 행복하게 만들어 줄 수 있을 거라고 생각했던 것 같아요. 그렇지만 우리를 정말 행복하게 하시는 분은 하나님 한 분뿐이잖아요."

나는 그녀가 자신의 고통을 영적으로 승화시키려는 것 같다는 생각이 들어서 이렇게 물었다.

"아버지와 오빠가 세상을 떠났고, 남편도 가정을 버리고 떠나는 이런 힘든 일들을 겪고도 어떻게 그런 강한 믿음을 가질 수 있나요?"

"무슨 일이 일어난다 해도 하나님이 저를 사랑하시고 저와 함께하신다
는 것을 알기 때문이에요."

"그것을 어떻게 확신할 수 있지요?"

"아침마다 저는 그날을 하나님께 맡기고 저를 인도해 주시기를 기도해
요. 성경을 한 장 읽은 다음 하나님이 제게 하시는 말씀에 귀를 기울이죠.
하나님과 저는 아주 친밀해요. 그렇게 하는 것만이 제가 살아갈 수 있는 유
일한 길이니까요."

그날 오후 3시에는 레지나와 약속이 되어 있었다. 레지나의 부모님은 그
녀가 10살 때 이혼을 했다. 그 이후 아버지를 본 것은 딱 두 번뿐이었다. 한
번은 고등학교를 졸업할 때였고, 또 한 번은 여동생의 장례식 때였다. 여동생
은 21살의 어린 나이에 자동차 사고로 세상을 떠났다. 레지나는 세 번 이혼
을 했는데, 2년 반이 그녀의 가장 긴 결혼 생활이었다. 그녀는 그때 네 번째
결혼을 생각하면서 내 사무실을 찾아왔다. 결혼하기 전에 나를 먼저 만나 보
라는 어머니의 권유가 있었기 때문이었다.

레지나는 고민스러운 표정을 지으며 나에게 말했다.

"결혼을 해야 할지 말아야 할지 잘 모르겠어요. 하지만 혼자 늙어가기는
싫어요. 지금까지는 결혼 생활을 제대로 잘 하지 못했고, 그 때문에 마치 패
배자처럼 느껴지기도 했어요. 어머니는 계속해서 하나님이 절 사랑하시고 저
를 위한 계획을 갖고 계신다고 말하지만, 저는 지금 하나님의 사랑을 느낄 수
가 없어요. 그리고 저를 위한 하나님의 계획이 있다 해도 이미 제가 한참 어
긋나 있다는 생각이 들어요. 하나님이 정말 계시는 건지도 잘 모르겠어요."

수잔과 레지나 두 사람 모두 큰 고통을 겪었다. 그러나 한 사람은 하나님

의 사랑을 깊이 느끼고 있었고, 다른 한 사람은 공허감을 느끼고 있었다. 왜 어떤 사람은 하나님의 사랑을 깊이 경험하고, 또 어떤 사람은 하나님이 계시는지조차도 확신할 수 없을 만큼 거리감을 느끼게 되는가? 나는 사랑 그 자체의 속성에 답이 있다고 생각한다. 사랑은 혼자 하는 것이 아니다. 사랑하는 사람과 그 사랑을 받는 사람이 있어야 한다. 하나님의 피조물이 하나님의 사랑을 느끼지 못하는 이유는 무엇일까? 그것은 아마도 하나님의 사랑을 잘못된 곳에서 찾고 있기 때문일 것이다.

대부분의 경우 문화적인 요소가 하나님을 추구하는 일에 상당히 많은 영향을 미친다. 사람들은 그들이 살아가는 사회 속의 기독교 문화가 '이것이 하나님께 나아가는 길이다.'라고 말하면, 그대로 따라가는 경향이 있다. 그러나 사랑은 의례나 종교의 문제가 아니라 마음과 영혼의 문제이다. 나는 우리 각자가 '주된 사랑의 언어'(primary love language)를 지니고 있으며, 그러한 '마음의 언어'(heart language)로 하나님께 귀 기울일 때 가장 친밀하게 그분의 사랑을 경험하게 될 것이라고 자신한다. 그리고 하나님이 우리 각자가 사용하는 '사랑의 언어'(love language)를 능숙하게 구사하신다고 확신한다. 인간관계 속에서 어떻게 사랑이 이루어지는지를 살펴보면 하나님의 사랑을 더 잘 이해할 수 있을 것이다.


## 사랑의 언어 듣기


나는 다른 책에서 사람들이 사랑의 표현을 자기 자신이 사용하는 말로 듣지 못하는 데 따르는 문제를 다루었다. 내가 살펴본 임상 결과에 따르면 사람들은 각기 다른 '사랑의 언어'를 가지고 있다. 따라서 부모가 아이의 '주된 사랑의 언어'를 사용하지 않으면, 아무리 부모의 사랑이 클지라도 아이는 그 사랑을 느끼지 못한다. 그러므로 각 아이의 주된 사랑의 언어를 배우고 그 언어를 규칙적으로 사용하는 것이 문제를 해결하는 열쇠가 된다. 결혼 생활에 있어서도 마찬가지이다. 아내가 쓰는 사랑의 언어를 남편이 사용하지 않는다면, 아내는 사랑받고 있다는 느낌을 받지 못하고 사랑에 대한 욕구를 채울 수 없다.

지금까지 25개국 이상의 언어로 번역된 『다섯 가지 사랑의 언어』(*The Five Love Languages*)에서는 부부가 사랑의 언어를 어떻게 효과적으로 주고받을 수 있는지에 초점을 맞추었다.

그리고 부모들이 자녀를 어떻게 사랑해야 하는지 배울 수 있도록 정신과 의사인 로스 캠벨(Ross Campbell)과 함께 『자녀를 위한 다섯 가지 사랑의 언어』(*The Five Love Languages of Children*)를 썼다. 또한 사춘기 자녀들을 다루는 방법에 대해 고민하면서 소용돌이치는 물속을 항해해야 하는 부모들을 위해 『십대를 위한 다섯 가지 사랑의 언어』(*The Five Love Languages of Teenagers*)를 기획했다.

이 책들은 '뜻'을 가진 사람들에게 '지식'을 제공해 줄 것이다. 그러나 지식이 있어도 그것을 사용하지 못하는 사람들이 많다.(사실, 우리는 대부분 이 부류에 속한다.) 무엇을 해야 하는지는 알지만, 그 일을 하려는 '뜻'이 없는 것이다. 어떤 한 남편은 아내가 사용하는 주된 사랑의 언어를 배우라는 내 이야기를 듣고 이렇게 말했다.

"아내가 사랑받고 있다고 느끼게 하기 위해 설거지와 빨래와 청소를 해 주어야 한다는 얘기라면 더 이상 듣고 싶지 않습니다."

그 남편에게 '지식'이 없었던 것은 분명 아니다. 다만 아내를 사랑하려는 '뜻'이 부족했다.

그러나 비극적인 사실은 사랑하지 않는 사람은 결코 행복할 수 없다는 것이다. 사랑하지 않으면 상대방에게 상처를 줄 뿐 아니라 자기 자신의 영혼까지도 점점 위축된다. 사랑하지 않는 사람들은 절망의 위기를 바로 앞에 두고 살아간다. 오스카 해머스타인(Oscar Hammerstein)이 쓴 『쇼 보트』(*Show Boat*)의 한 구절처럼 나는 "사는 걸 지겨워하면서도 죽음을 두려워하는" 사람들을 도와주려고 평생 애를 써 왔다. 이 책을 쓴 목적은 사람들을 하나님께 가까이 나아갈 수 있도록 이끌어 줌으로써 그들이 하나님의 무한한 사랑을 경험하고 다른 사람들을 좀 더 실제적으로 사랑하게 하려는 것이다. 이를 통해 사람들이 삶을 즐기고 죽음과 화해하도록 도울 수 있을 것이라고 생각한다.


## 사랑하고 사랑받는다는 것

사랑하고 사랑받는다는 것, 이보다 더 중요한 것이 또 있을까? 사랑을 선택하고 배우기 위한 가장 중요한 열쇠는 하나님의 사랑을 두드리는 일이다.

나는 종교 서적을 쓰려는 것이 아니다. 이 책은 사람들이 자기가 만든 하나님이 아니라 '실재하는 하나님'을 대면할 수 있도록 돕기 위해 쓰였다. 그래서 신학이나 심리학적인 학술 용어가 아니라 평범한 사람들이 쓰는 말을 사용했다. 그러므로 우리는 '마음의 언어'로 표현된 하나님의 언어를 들을 수 있을 것이다.

당신이 하나님을 믿고 사랑하기를 원한다면, 이 책은 당신을 위한 선물이 될 것이다. 만일 당신이 하나님을 믿지는 않지만 하나님을 믿는 사람들과 함께 어울리는 것이 싫지 않다면, 이 여행에 함께 참여해 볼 것을 권한다. 나는 내가 믿고 있는 것을 가능한 분명하게 이야기할 것이다. 그러나 또한 당신이 믿고 있는 신념들을 존중하기 위해서 모든 노력을 기울일 것이다.

하나님의 형상을 따라 지음 받은 하나님의 자녀라면 당연히 하나님의 사랑을 기대하게 된다. 그리고 그 사랑을 받고 또 그 사랑에 보답하는 것을 자연스럽게 생각하게 된다. 우리는 이런 사랑의 관계를 부모와 자녀 사이에서 찾아볼 수 있다.

## 부모의 사랑

먹는 것이 아이에게 본능이듯 부모가 자녀들을 사랑하는 것 또한 아주 자연스러운 본능이다. 부모는 자신들의 존재가 자녀들과 밀접하게 관련을 맺고 있기 때문에 그들을 사랑하는 것이다. 실제로 부모는 아이의 존재를 만들고 오랜 시간 몸 안에 품고 있을 뿐 아니라, 아이에게 자신들의 특징적인 흔적들을 남긴다. 부모가 자기 자녀를 사랑하지 않는다는 것은 매우 부자연스럽고 이상한 일이다. 나는 부모의 사랑이 인간 본성의 한 부분이라고 생각한다. 그리고 많은 사람이 이에 동의한다. 그 사랑은 우리가 노력해서 얻어지는 것이 아니라 인간을 형성하고 있는 하나의 특징인 것이다.

부모는 옆집 아이보다 자기 자녀를 훨씬 더 사랑한다. 조부모도 마찬가지이다. 자기 손자를 가장 친한 친구의 손자보다 훨씬 더 사랑하기 마련이다. 그러나 이것은 단지 유전적인 결합 때문만은 아니다. 왜냐하면 아이들을 입양한 경우에도 이와 다르지 않기 때문이다. '우리 아이'로 여기는 자녀와 그 부모 사이에는 감정적·영적으로 결합된 일체감이 있다. 부모는 자녀들의 행복을 위해 기꺼이 시간과 돈과 열정을 사용한다. 그리고 자녀들이 스스로 잠재력을 개발할 수 있기를 원한다. 또한 살아가면서 그들이 위대한 일을 성취할 수 있기를 바란다. 부모는 자녀들이 잘살 수 있도록 자신이 가진 것을 아낌없이 내어 주며 사랑을 베푼다. 이것이 부모가 자녀에게, 조부모가 손자에게 느끼는 자연스러운 감정이다.

자녀와 손자에 대한 이런 사랑을 경험하지 못하는 부모나 조부모가 거의 없다는 사실은 부모의 사랑이 매우 자연스러운 것임을 우리에게 알려 준다. 부모가 자녀를 사랑하지 않는다는 것은 너무 비정상적인 일이기 때문에 그런 부모는 기능 장애가 있는 사람으로 간주될 수도 있다. 그들이 심리적·영적인 면에서 치료가 필요한 상태에 있다는 점에 대해 모든 사람이 동의할 것이라고 생각한다. 자기 자녀와 손자를 사랑하는 것은 자기 자신을 사랑하는 것만큼이나 자연스러운 일이다. 왜냐하면 자녀란 부모의 분신과 다름없기 때문이다.


## 하나님의 사랑 반영하기

나는 부모의 사랑이 하나님의 사랑을 반영하는 것이라고 생각한다. 하나님은 우리를 그분의 자녀로 여기신다. 그리고 부모가 자녀를 사랑하듯 우리를 사랑하신다. 『세계 도서 백과사전』(*World Book Encyclopedia*)에서는 하나님을 "가장 우월하신 분, 창조주, 우주의 통치자, 전지전능하신 분, 무한하신 분, 영원히 현존하시는 분"으로 표현한다.[1]

수백만 명의 사람이 인종적·문화적 경계를 넘어서 이러한 하나님의 존재를 믿는다. 고대 히브리 문서들은 하늘과 땅을 지으신 전능하신 하나님에 대한 전제로 시작한다. 그리고 그분은 규칙적인 형태로 땅 위에 식물과 동물을 지으셨고, 자신의 형상대로 인간을 지으심으로 창조 역사의 절정을 이루셨다(창 1:27).

인간이 하나님의 형상대로 지어진 것이 사실이라면, 인간을 향한 하나님의 사랑이 다른 피조물을 향한 사랑과는 다를 것이라고 기대할 수 있다. 또한 인간이 자연히 그러한 하나님의 사랑에 반응하게 되리라는 것도 기대할 수 있다. 조사된 바에 따르면, 인간은 하나님의 사랑에 반응하는 잠재력을 지니고 있으며, 실제로 하나님과 사랑하는 관계를 맺기 전까지는 완전한 만족을 누릴 수 없다.

보헤미아와 아우슈비츠를 포함한 나치 강제 수용소 네 군데를 거치면서도 살아남은 빅토르 프랭클(Victor Frankl)은 인간이 의미를 추구하는 존재라는 사실을 우리에게 상기시켜 주었다. 또한 성 어거스틴은 우리가 하나님의 사랑에 반응할 때까지는 결코 인생의 궁극적인 의미를 발견할 수 없다는 사실을 일깨워 주었다.

공산주의가 무너지고 난 후에 러시아를 여행했던 내 친구 브라이언은 주일날 교회가 사람들로 꽉 차 있는 것을 보게 되었다. 러시아가 70년 동안 무신론을 신봉해 왔고, 한 세대 전체가 하나님이 없다고 배워 왔다는 사실을 알고 있었던 브라이언은 교회에 모인 수많은 젊은이를 목격하고 호기심을 갖게 되었다. 그래서 전직 KGB 요원이었던 젊은 안내원에게 사람들이 자유를 얻자마자 교회로 몰려드는 이유가 무엇인지를 물어보았다. 그 안내원은 이렇게 대답했다.

"처음에는 노인들뿐이었어요. 그런데 젊은이들이 참석하기 시작하더니 지금은 교회마다 사람들로 넘쳐나게 되었지요."

브라이언은 물었다.

"왜 그런 일이 일어났다고 생각하세요?"

"초기에는 정치 지도자들을 신으로 생각했어요. 지금은 물론 그렇지 않다는 것을 모두 다 알고 있지요. 인간은 인간이고, 하나님은 하나님이라는 사실을 깨닫게 되었거든요. 지금 사람들은 하나님에 대해 좀 더 알고 싶어 해요."

인간이 정말 하나님의 형상대로 지어졌다면, 우리는 이런 반응을 기대해야 한다. 하나님을 믿는 신앙을 짓뭉개 없애 버리려는 정부의 모든 노력에도 불구하고 인간의 마음은 여전히 하나님의 사랑을 갈망해 왔던 것이다.

아버지를 바라는 이 갈증은 인간관계 속에 반영되어 나타난다. 루트거스 대학의 교수인 데이비드 포피노(David Popenoe)는 자신의 저서인 『아버지 없는 삶』(*Life Without Father*)에서 모든 아이가 어머니의 사랑뿐 아니라 아버지의 사랑을 절대적으로 원한다는 사실을 보여 주는 분명한 증거를 제시했다. 아이들은 안전하고 행복한 삶을 누리기 위해 자신들에게 아버지의 사랑이 필요하다는 것을 본능적으로 안다. 그런데 그 사랑을 받지 못하면 아이들은 설명하기 어려운 일종의 갈망을 품고 살아가게 된다. 아이들은 아버지와 어머니를 모두 사랑하고, 두 사람에게서 모두 사랑을 받고 싶어 한다. 포피노는 이런 사랑의 관계가 끊어지고 깨진 것이 현대 우리 사회가 안고 있는 가장 큰 불행이라고 말했다.

## 사랑의 관계를 회복하는 일

우리는 인간관계뿐 아니라 하나님과 맺은 사랑의 관계도 회복해야 한다. 하나님을 알고 사랑하는 것이 우리의 최종 목표가 되어야 한다. 그 외의 다른 모든 것은 음향 효과를 내는 배경 음악에 불과하다. 하나님을 알고 사랑하는 것을 배우게 되면 '사랑의 사귐'(love connection)을 형성하게 된다.

나는 이 책을 통해, 지난 30년 동안 결혼과 가정생활에 관한 상담을 해오면서 배운 것들을 나누기 원한다. 나는 서로 사랑하는 관계를 맺는 것이 하나님의 성품을 반영하는 것이라고 생각한다. 사람들 속에서 이루어지는 사랑의 역학 관계를 이해할 수 있다면, 하나님이 표현하시는 사랑을 이해하는 데 도움이 될 것이다.

그래서 인생이라는 여행길을 걷는 동안 내가 만났던 친구들을 소개하면서(대부분의 경우 사생활을 보호하기 위해 가명이나 애칭을 사용하였다) 하나님의 사랑을 이해하도록 돕고자 한다. 그 친구들 중에는 오랫동안 알고 지낸 사람들도 있고 최근에 알게 된 사람들도 있다. 그러나 그들 모두 하나님과 '사랑의 사귐'을 갖고 있다.

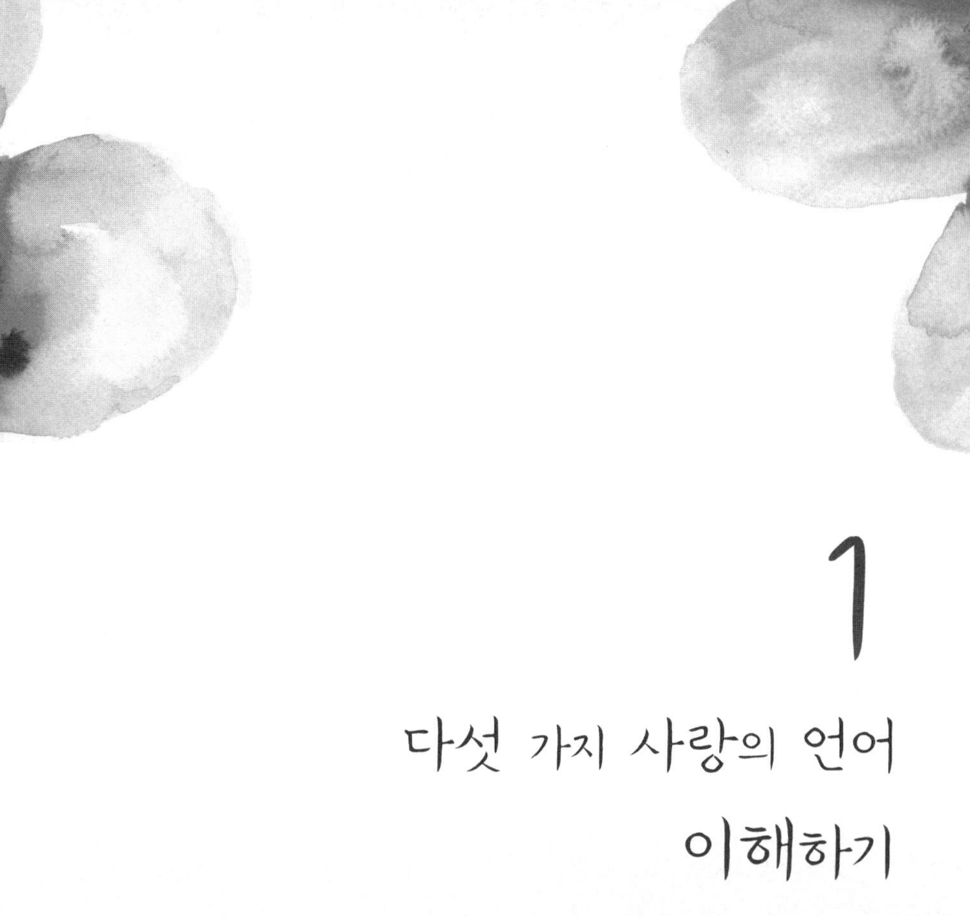

# 1

# 다섯 가지 사랑의 언어
# 이해하기

각 사람은 자신이 사용하는 주된 사랑의 언어를 하나씩 가지고 있다. 즉 다섯 가지의 언어 중 각 사람의 감정에 특별한 호소력을 가지고 깊이 다가가는 하나의 언어가 있다고 할 수 있다. 내가 사용하는 주된 사랑의 언어로 내게 말하는 사람이 있다면, 나는 그 사람에게 마음이 끌리게 된다. 그러한 사람은 내가 원하는 방식으로 사랑의 욕구를 채워 주기 때문이다. 반대로 상대방이 내가 사용하는 주된 사랑의 언어로 말하지 않는다면, 나는 그 사람을 감정적으로 이해할 수 없기 때문에 그 사람이 정말 나를 사랑하는지 의심하게 된다.

내 친구들의 삶 속으로 들어가는 여행을 시작하기 전에 사람들과 사랑의 사귐을 갖는 데 도움이 되는 기본적인 틀을 먼저 살펴보는 것이 좋을 듯하다. 30년 이상 상담을 해 오면서 나는 사랑에 관한 다섯 가지 기본적인 언어가 존재한다는 것을 확신하게 되었다. 방언들은 많이 있지만, 기본이 되는 언어는 다섯 가지뿐이다.

각 사람은 자신이 사용하는 주된 사랑의 언어를 하나씩 가지고 있다. 즉 다섯 가지의 언어 중 각 사람의 감정에 특별한 호소력을 가지고 깊이 다가가는 하나의 언어가 있다고 할 수 있다. 내가 사용하는 주된 사랑의 언어로 말하는 사람이 있다면, 나는 자연히 그 사람에게 마음이 끌리게 된다. 그런 사람은 내가 원하는 방식으로 사랑의 욕구를 채워 주기 때문이다. 반대로 상대방이 내가 사용하는 주된 사랑의 언어로 말하지 않는다면, 나는 그 사람을 감정적으로 이해할 수 없기 때문에 그 사람이 정말 나를 사랑하는지 의심하게 된다.

인간관계 속에서의 문제는 대부분 상대방이 내 사랑의 언어를 이해하지 못하는 것에 대해 불편을 느끼기 때문에 생겨난다. 이것은 마치 독일어밖에 모르는 사람에게 영어로 말하면서 왜 그 사람이 내 말을 이해하지 못하는지를 의아해하는 것과 같다. 그러므로 상대방이 사용하는 사랑의 언어로 말하는 것을 배우게 될 때, 우리의 인간관계는 훨씬 더 풍요로워질 수 있다.

그것은 가능한 일이다. 스콧과 안나의 경험이 부부 수천 쌍에 의해 되풀이 되고 있는 것을 보면 누구에게나 희망이 있다는 것을 예감할 수 있다. 그 두 사람은 '사랑의 언어'에 관한 세미나에 참석하기 위해 애틀랜타까지 400 마일을 운전해 왔다. 금요일 저녁 모임을 마친 후 스콧은 나에게 다가와 이 렇게 말했다.

"채프먼 박사님, 우리의 결혼 생활을 되돌려 주셔서 정말 감사합니다."

나는 어리둥절했다. 그들은 주말 내내 진행될 세미나의 첫 시간에 참석했을 뿐인데, 왜 그런 말을 하는지 알 수가 없었다.

내 눈에 비친 의구심을 감지한 스콧은 계속 말을 이었다.

"우리를 잘 모르시겠지만, 하나님은 우리 부부의 결혼 생활이 달라질 수 있도록 박사님이 말씀하신 사랑의 언어라는 개념을 사용하셨습니다. 우리는 33년간 같이 살긴 했지만, 솔직히 지난 20년간은 정말 괴롭고 비참했습니다. 한집에서 오랫동안 같이 살았고 겉으로 보기에는 서로 친절하게 대하는 것 같았지만 사실은 갈 데까지 간 상태였지요. 어느 정도였는지 아세요? 20년이 지나도록 휴가를 같이 보낸 적이 한 번도 없었습니다. 우리 둘 다, 같이 있는 것 그 자체를 싫어했지요.

얼마 전 친구에게 그런 괴로움을 털어놓았더니 박사님의 책을 주면서 읽어 보라고 권하더군요. 친구는 그 책이 내게 도움이 될 거라고 생각했던 것 같습니다. 그래서 집으로 돌아와 책을 읽기 시작했지요. 다음 날 새벽 두 시쯤 책을 다 읽고 나서 저는 고개를 저으며 '아니, 어떻게 이런 책을 지금까지 모르고 있었을까?'라는 생각을 하게 되었습니다.

아내와 제가 수년 동안 상대방이 사용하는 사랑의 언어로 서로에게 말하지 않았다는 사실을 곧 깨달을 수 있었지요. 그래서 책을 아내에게 주면서 다 읽은 후에 어떤 생각이 들었는지를 이야기해 달라고 했어요. 그리고 사나흘 후에 책에 대한 이야기를 함께 나누기 시작했습니다. 우리는 20년 전에 그 책을 읽었더라면 결혼 생활이 전혀 달라졌을 것이라는 데 동의했지요. 저는 아내에게 지금 시도해 본다면, 우리 관계가 달라질 수 있을지 물어보았습니다. 그랬더니 아내는 '우리에겐 더 남은 것도 없잖아요. 밑져야 본전 아니겠어요?'라고 대답하더군요."


## 변화를 불러오는 언어

그때 안나가 대화에 끼어들더니 이렇게 말했다.

"우리 두 사람 사이가 달라지리라고 크게 기대할 수는 없었지만, 한번 시도해 보고 싶었어요. 그런데 정말 믿을 수 없는 일이 벌어졌어요. 지금은 둘이 같이 있는 게 정말 좋거든요. 두 달 전 우리는 20년 만에 처음으로 휴가를 같이 보냈고 정말 즐거운 시간을 가졌어요."

이야기를 들으면서 나는, 스콧은 인정하는 말을 사랑의 언어로 사용하고 있는 반면, 안나는 선물을 사랑의 언어로 사용하고 있다는 것을 알 수 있었다. 스콧은 천성적으로 선물을 주고받는 것을 좋아하는 사람이 아니었다. 선물은 실제로 스콧에게 별 의미가 없었다. 선물을 받아도 특별한 전율이나 감흥 같은 것을 느끼지 못했다. 반대로 안나는 말수가 적은 사람이었다. 다른 사람을 인정해 주는 일도 별로 없었고, 오히려 혹평하며 흠을 잡는 편이었다.

스콧이 선물 사는 일을 배운다는 것은 그리 쉬운 일이 아니었다. 실제로 여동생의 도움을 받기까지 했다. 처음에 안나는 스콧이 잠시 그러다 말 것이라 생각했다. 그들이 원래 약속한 것은 4개월 동안 적어도 일주일에 한 번씩 서로 상대방의 사랑의 언어를 사용해 보고 무슨 일이 일어나는지 지켜보자는 것이었다. 스콧은 이렇게 말했다.

"두 달 만에 아내에게 따뜻한 마음을 갖게 되었고, 아내도 제게 좋은 느낌을 갖게 되었습니다."

또 안나는 이렇게 말했다.

"남편에게 사랑한다는 말을 할 수 있게 되리라고는 상상조차 못했어요. 그런데 지금은 그렇게 말하면서 살고 있어요. 제가 남편을 이렇게 사랑하게 된 것은 정말 꿈같은 일이에요."

결혼한 두 사람이 배우자가 사용하는 사랑의 언어를 찾아내고 정기적으로 그 언어로 말하기 시작하면, 이처럼 감정적인 사랑이 다시 싹트게 된다. 미혼일 경우에도 다섯 가지 사랑의 언어를 이해하게 되면 많은 유익을 얻을 수 있다. 메이건은 일본에서 다음과 같은 편지를 보내왔다.

존경하는 채프먼 박사님,

박사님이 쓰신 『다섯 가지 사랑의 언어』라는 책이 제게 얼마나 큰 도움이 되었는지를 알려 드리고 싶어서 이렇게 펜을 들었습니다. 결혼한 부부들을 위한 내용이기는 하지만, 친구에게 선물로 받은 그 책이 제 삶에 정말 뜻깊은 영향을 주었습니다. 저는 일본에서 영어를 가르치고 있습니다. 제가 일본에

온 가장 큰 이유는 어머니를 피하고 싶어서였습니다. 수년 동안 저는 어머니를 대하는 것이 너무 힘들었습니다. 매사에 너무 심하게 간섭하셨고, 저는 어머니에게서 사랑을 느낄 수가 없었습니다. 그런데 박사님의 책을 읽고 눈을 뜨게 되었습니다. 제가 사용하는 사랑의 언어는 인정하는 말인데, 어머니는 늘 엄한 말로 호되게 야단만 치셨다는 사실을 알 수 있었던 거죠.

또 어머니가 사용하는 사랑의 언어는 봉사라는 것을 알게 되었습니다. 어머니는 저를 위해 늘 무언가를 하셨습니다. 제가 아파트를 구해 이사한 후에도 자주 오셔서 청소를 해 주셨습니다. 제가 키우는 사냥개에게 입힐 스웨터를 짜 주셨고, 친구들이 집에 오면 과자를 구워 주셨습니다. 저는 어머니의 사랑을 느끼지 못했기 때문에 어머니가 하는 그런 모든 노력을 그저 간섭으로만 생각했습니다. 이제는 그런 일들이 모두 사랑을 표현하는 어머니의 방식이라는 것을 알게 되었습니다. 어머니는 그동안 어머니가 사용하는 사랑의 언어로 제게 말씀해 오셨고, 이제야 저는 어머니의 진심을 알게 되었습니다.

그래서 어머니에게 그 책을 보내 드렸습니다. 그 후로 우리는 이메일을 통해 이야기를 나누고 있습니다. 저는 그동안 어머니의 행동을 오해하고 있었던 것에 대해 사과드렸습니다. 그리고 어머니의 호된 꾸지람이 제게 얼마나 큰 상처가 되었는지를 이야기했지요. 어머니는 제게 미안하다고 하셨습니다. 요즘 어머니가 보내는 이메일에는 온통 칭찬의 말들로 가득합니다. 그리고 저는 집에 돌아가서 어머니를 위해 제가 할 수 있는 일들이 무엇인지를 생각하곤 합니다. 그래서 지난번에는 집 도배를 해 드리고 싶다고 말씀드렸습니다. 어머니가 직접 도배를 하실 수도 없고, 또 사람을 살 수도 없는 형편이니까요.

이제는 어머니와 저의 관계가 달라질 것이라 생각합니다. 저는 여기서 영어라는 언어를 좀 더 유창하게 구사하려는 학생들을 가르치고 있습니다. 그러나 제가 발견한 가장 위대한 언어는 바로 사랑의 언어였습니다.

## 어린아이들과 청소년들을 변화시키는 언어

자녀들이 사랑받고 있다는 것을 느낄 수 있게 하려면 부모는 자녀들이 사용하는 주된 사랑의 언어를 배워야 한다. 마르타는 33살인데, 6살 된 아이와 6개월 된 아이를 키우고 있다. 그런데 둘째 아이를 출산하고 두 달쯤 지난 후 첫째 아이인 브렌트의 행동이 이상해졌다. 엄마의 말에 따르면 동생을 보기 전까지 브렌트는 '완벽한 아이'였다고 한다. 마르타는 이렇게 말했다.

"예전에는 브렌트를 키우면서 전혀 문제를 못 느꼈어요. 그런데 갑자기 전에는 하지 않던 엉뚱한 행동들을 하기 시작했어요."

### 달라진 브렌트

"해서는 안 되는 일이라는 것을 알면서도 그 일을 하고, 자기가 그랬다는 사실을 부인했어요. 가끔은 의도적으로 어린 동생을 거칠게 대하기도 했어요. 한번은 이불을 아기 머리 위로 덮어씌운 적도 있었어요. 그러고는 '싫어요. 내 맘대로 할 거예요!'라고 말하면서 공공연하게 반항하기 시작했어요."

브렌트가 반항하기 시작할 때쯤 마르타는 『자녀를 위한 다섯 가지 사랑의 언어』를 공부하면서 토론 모임에 나가기 시작했다. 마르타는 이렇게 말했다.

"친밀한 시간에 관해 쓴 장을 읽으면서 브렌트에게 무슨 일이 일어나고 있는지를 알게 되었어요. 전에는 그런 생각을 전혀 해 본 적이 없지만, 친밀한 시간이 바로 브렌트가 사용하는 주된 사랑의 언어라는 것을 알 수 있었어요. 동생이 태어나기 전까지는 제가 브렌트의 언어로 이야기했기 때문에 자신이 사랑받고 있다고 느낄 수 있었을 거예요. 그런데 동생이 태어난 후에는 같이 공원을 걷는 일도 없어졌고, 아무래도 엄마와 함께 나누는 시간이 급격히 줄어들게 된 거죠. 그래서 브렌트와 시간을 보내야겠다는 결심을 하면서 집으로 돌아갔어요. 아기가 자는 동안 집안일을 하는 대신 브렌트와 같이 놀아 주기로 했지요. 그 결과는 정말 놀라웠어요. 일주일도 채 되지 않아 브렌트는 전에 그랬던 것처럼 아주 행복한 아이로 되돌아갔어요. 아이가 얼마나 빨리 달라질 수 있는지 정말 믿을 수 없을 정도였어요."

사랑하고 사랑받고 싶어 하는 것은 어린아이에게나 어른에게나 가장 근원적인 감정의 욕구이다. 우리가 소중하게 생각하는 사람들에게서 사랑받고 있다고 느끼면 세상이 환하게 보이고, 관심 있는 분야를 자유롭게 개발할 수 있으며, 이 세상에 긍정적인 기여를 하게 된다. 그러나 사랑의 저수지가 마르고 사랑받지 못한다고 느끼면 세상은 어두워 보이기 시작한다. 그리고 그 어두움이 행동에 반영되어 나타난다.

### 청소년들을 달라지게 만드는 것

청소년들이 저지르는 폭행은 대부분 메말라 가는 사랑의 저수지에 그 뿌리를 두고 있다. 그들이 기대하는 사랑은 관계를 맺고, 인정해 주며, 보살펴 주는 것이다. 관계를 맺기 위해서는 실제로 함께 시간을 보내며 의미 있는 대화를 나누는 것이 필요하다. '인정해 준다'는 것은 그들이 어떻게 행동하건 무조건적인 사랑을 베풀어 준다는 뜻을 내포한다. 또한 '보살펴 준다'

는 것은 위로와 격려로 청소년들의 영혼에 영양을 공급해 주는 것이다. 그냥 '내버려 두는 것'은 서로 아무 관계가 없음을 뜻하며, '인정해 주지 않는 것'은 거절을 의미한다. 그리고 '학대'란 그것이 육체적이건 욕설이건 간에 보살핌과 상반되는 것이다.

버림받았다고 느끼거나, 거절당했다고 느끼거나, 학대받고 있다고 느끼는 청소년들은 자신을 소중하게 생각하기가 어렵고, 삶의 의미와 목적을 찾기도 어렵다. 사랑의 저수지가 말라들고 사랑받지 못한다고 느끼기 때문에 그들이 경험하는 고통은 결국 파괴적인 행동으로 나타난다. 그러나 부모가 주는 순수한 사랑을 느끼게 되면, 그들의 부정적인 행동은 급격하게 달라진다. 청소년들이 사용하는 사랑의 언어로 말할 때, 그들과의 관계도 달라질 것이다.


## 다섯 가지 사랑의 언어

내가 이전에 쓴 책을 읽어 보지 않은 독자들을 위해 먼저 다섯 가지 사랑의 언어에 대해 간단하게 설명하고자 한다.


### 인정하는 말

'다른 사람을 인정하는 말'을 해 주는 것은 사랑을 표현하는 중요한 한 가지 방법이다. "옷이 참 잘 어울리네요. … 정말 잘했어요. … 이 일 마칠 때까지 잘 참아 준 거 고마워요. … 방을 잘 정리해 줘서 고마워요. … 쓰레기를 버려 줘서 고마워요. 이 일을 얼마나 열심히 했는지 잘 알아요. 얼마나 고마

운지 몰라요. … 정말 맛있었어요. … 열심히 수고해 준 것 정말 고마워요.”
이러한 것들이 모두 다 인정하는 말이다.

말로써 상대방을 인정하는 방법은 셀 수 없이 많다. 그 사람의 행동, 외모, 성격 등에 초점을 맞출 수도 있고, 말이나 글, 노래와 같은 여러 수단으로 표현할 수 있다. 인정하는 말을 주된 사랑의 언어로 사용하는 사람이 그러한 말을 듣게 된다면, 그것은 마른 땅을 적셔 주는 봄비와 같을 것이다.

### 친밀한 시간

친밀한 시간은 한눈파는 일 없이 상대방에게 주의를 집중하는 시간을 말한다. 어린아이에게는 아빠, 엄마와 함께 마룻바닥에 앉아 공을 주고받고 노는 시간이 될 수 있다. 남편과 아내에게는 소파에 앉아 서로 바라보며 이야기를 나누거나, 산책을 함께하거나 아니면 외식하러 나가서 오붓한 시간을 보내는 것이 될 수 있다. 청소년에게는 부모님과 낚시를 같이 하면서 그분들의 어린 시절에 대해 듣고, 자신들이 살고 있는 현재의 삶과 어떻게 다른지를 이야기하는 시간이 될 수 있다. 이때는 낚시가 아니라 청소년기를 보내는 아이에게 관심이 집중되어야 한다.

독신에게는 친구와 함께 시간을 보내며 서로의 생활을 이야기할 수 있는 자리도 친밀한 시간이 될 수 있다. 중요한 것은 어떤 일이나 활동이 아니라 시간을 함께 보내는 것이다. 누군가와 소중한 시간을 나누는 것은 그 상대방에게 자신의 삶을 나누어 주는 것이며, 그것은 사랑을 표현하는 중요한 의사 전달 방법이다.

선물

선물을 주는 것은 사랑을 표현하는 데 널리 사용되는 방법이다. 우리는 선물을 받게 되면 '나를 생각하고 있었구나. 날 위해 이것을 마련했구나.'라고 생각하게 된다. 아이나 어른이나 모두 선물을 고맙게 여긴다. 특히 선물을 주된 사랑의 언어로 사용하는 사람들에게 사랑받는다는 느낌을 주려면 선물보다 더 좋은 방법은 없다.

선물이 비쌀 필요는 없다. 등산을 하다가 색깔과 모양이 특이한 돌을 주워 10살 된 아들에게 주면서 "그 돌을 발견한 곳에서 네 생각을 했단다."라고 말하는 것도 좋은 선물일 수 있다. 그러면 아들은 분명 성인이 되어서도 그 돌을 자기 책상 서랍에 잘 보관할 것이다.

봉사

"말보다 행위가 훨씬 더 웅변적이다."라는 옛 속담이 있다. 이것은 봉사를 주된 사랑의 언어로 사용하는 사람들이 좋아할 만한 말이다. 상대방이 내게 원하는 것이 무엇인지를 인식하고 그 일을 해 주는 것 역시 사랑을 표현하는 한 방법이다. 요리를 하거나, 설거지를 하거나, 청소를 하거나, 잔디를 깎거나, 강아지를 목욕시키거나, 차를 닦거나, 중학교에 다니는 아이가 축구 연습을 할 수 있도록 운동장까지 데려다 주거나, 장난감을 고쳐 주거나, 빠진 자전거 체인을 걸어 주는 것 등, 우리가 할 수 있는 일에는 끝이 없다. 이 사랑의 언어를 사용하는 사람은 언제나 다른 사람들을 위해 할 수 있는 일들을 찾아낸다.

봉사를 주된 사랑의 언어로 사용하는 사람들에게는 행동이 따르지 않는 말이란 실제로 아무런 소용없는 말로 들릴 수 있다. 남편이 아내에게 "사랑해."라고 말할 때, 봉사를 사랑의 언어로 사용하는 아내는 '이 사람이 만일 날 사랑한다면, 이 일을 해 줄 거야.'라고 생각하게 된다. 그러나 남편의 말이 진심이었다 해도 봉사의 행동을 보여 주지 않으면, 아내는 사랑받고 있다는 느낌을 갖지 못한다.

봉사를 사랑의 언어로 사용하는 남편에게 선물을 주게 되면, 그 남편은 '선물 사러 다닐 시간에 차라리 집안 청소나 좀 했더라면 좋았을 텐데!'라고 생각한다. "남자의 마음으로 가는 길은 그의 위(胃)를 통해 나 있다."라는 말이 모든 남자에게 해당되는 것은 아니겠지만, 봉사를 주된 사랑의 언어로 사용하는 남자에게는 잘 맞는 말일 것이다.

### 신체적 접촉

신체적 접촉이 감정에 미치는 위력적인 힘을 우리는 잘 알고 있다. 그렇기 때문에 엄마는 아기를 품에 안고 흔들면서 무슨 말인지 알아듣지 못하더라도 아이에게 이런저런 이야기를 들려준다. 아기는 사랑의 의미를 깨닫기 훨씬 전부터 신체적 접촉을 통해 자신이 사랑받고 있음을 느낀다. 초등학교 1학년이 된 아이가 학교에 가려고 집을 나설 때 안아 주거나 볼에 입을 맞춰 주는 것은 아이의 사랑의 저수지를 채워 주고 하루 동안 잘 배울 수 있도록 준비시키는 방법이 될 수 있다.

신체적 접촉을 주된 사랑의 언어로 쓰는 아이에게 신체적 접촉보다 더 중요한 것은 없다. 신체적 접촉을 주된 사랑의 언어로 사용하는 십대는 사춘기적 감수성 때문에 때로 부모와의 신체 접촉을 꺼릴 수도 있지만, 그렇다고 해서 그것을 바라지 않는 것은 아니다. 청소년들은 신체 접촉을 자신의 어린 시절과 연관시키지만, 다른 한편으로는 자신은 이제 더 이상 어린아이가 아니라는 생각으로 거부하기도 한다. 그러므로 청소년기에 접어든 자녀를 위해서는 새로운 신체 접촉 방법을 찾아내야 한다. 어깨를 두드려 주거나, 레슬링이나 축구 시합을 마친 후 등을 토닥여 주는 일 등은 십대들의 사랑의 저수지를 채워 줄 것이다. 그러나 신체 접촉을 멈추게 되면, 그들은 곧 사랑받지 못하고 있다고 느끼게 된다.

## 목표: 가득 찬 사랑의 저수지

배우자나 자녀나 부모나 그 누구에게든, 우리 주변에 있는 사람들에게 사랑받는다는 느낌을 줄 수 있는 열쇠는 그들 각자가 사용하는 주된 사랑의 언어를 찾아내어 지속적으로 그 언어로 표현하는 것이다. 남편이 아내가 사용하는 주된 사랑의 언어로 표현할 때, 아내는 사랑의 저수지가 차올라 남편의 사랑을 경험하며 안정감을 느끼게 된다. 그리고 나머지 네 가지 사랑의 언어를 살짝살짝 뿌리게 되면 '케이크에 달콤한 설탕을 덧입히는' 것과 같은 효과가 나타난다. 그러나 상대방의 주된 사랑의 언어를 사용하지 않으면, 다른 사랑의 언어를 쓴다 해도 결국 사랑받고 있다는 것을 느끼게 할 수 없다.

## 하나님은 어떤 사랑의 언어를 사용하시는가?

이제 이 책의 주제인 하나님이 사용하시는 사랑의 언어로 돌아가 보자. 이 책은 두 가지 전제를 바탕으로 쓰였다. 첫째는 인간관계 속에서 볼 수 있는 사랑의 언어가 하나님의 사랑을 반영한다는 것이다. 우리가 하나님의 형상을 따라 지어졌다면, 하나님의 본성과 성품 속에서 다섯 가지 사랑의 언어를 모두 기대할 수 있을 것이다. 둘째는 하나님은 다섯 가지 사랑의 언어를 모두 다 능숙하게 구사하시지만, 특별히 우리가 사용하는 주된 사랑의 언어로 말씀하실 때, 우리가 그분에게 가장 깊은 매력을 느끼게 된다는 것이다.

이 전제들은 성경에 드러난 하나님의 자기 계시와 인간의 경험을 통해 증명할 수 있다. 앞으로 우리는 하나님과 사랑의 관계를 맺고 있다고 주장했던 그리고 그것을 지금 누리고 있는 사람들의 개인적인 삶 속으로 들어가 그 관계의 특성들을 살펴보면서 하나님과 사랑의 사귐이 어떻게 더 풍성해질 수 있는지를 배우게 될 것이다.

# 2

# 하나님이 쓰시는 사랑의 언어
# #1 인정하는 말

루번이 사용하는 주된 사랑의 언어는 분명 인정하는 말이다. 그는 아내에게 인정하는 말을 자주 해 주었다. 그는 다른 사람들을 대할 때에도 늘 격려의 말을 아낌없이 해 주었다. 그러나 결혼 생활을 하면서 그는 아내로부터 사랑받고 있다는 느낌을 별로 갖지 못했는데, 그것은 아내가 집안일을 잘 도와주지 않는 그를 자주 비난했기 때문이었다. 두 사람이 상대방이 사용하는 주된 사랑의 언어를 알게 된 후 아내는 루번을 인정하는 말을 하기 시작했고, 루번은 아내가 사용하는 사랑의 언어인 봉사로 사랑을 표현하기 시작했다. 그 이후 두 사람이 서로에게 느끼는 감정은 훨씬 더 좋아졌다.

교회에 좀 늦게 도착했다. 찬양은 다 끝났고, 이미 설교가 시작한 뒤였다. 루번 목사의 설교는 매끈하고 설득력이 있었다. 그리고 그는 다양한 배경을 가진 교인들에게 많은 격려를 받고 있었다.

한 노신사가 "맞습니다. 목사님, 바로 그겁니다!"라고 외치는 소리가 들렸다. 내 오른쪽에 있는 한 아가씨는 눈을 감고 오른손을 들어 올리며 "예수님, 감사합니다."라고 말했다.

나는 도시 한가운데 있는 이 교회를 찾아오기 위해 시카고 오하리 공항에서부터 펑펑 쏟아지는 눈길을 헤치며 두 시간이나 달렸다. 나는 사람들의 눈에 띄지 않으려고 조심스럽게 교회 맨 뒷좌석에 자리를 잡았다.

공항에 나를 마중 나왔던 사람은 운전을 하면서 그 교회의 역사에 대해 이런저런 이야기를 들려주었다.

"루번 목사님이 우리 교회에 처음 부임해 오셨을 때 교인 수는 30명 정도에 불과했어요. 그런데 지금은 2천 명이 넘지요. 교회는 죽어 있었지만, 목사님은 우리를 사랑하셨어요. 목사님은 사람들을 움직이게 하려면 어떻게 해야 하는지를 알고 계셨어요. 하나님이 은혜를 베풀어 주신 것이지요."

그는 노숙자들을 위한 교회 사역에 대해서 계속 이야기했다. 교회에서 세

블록 떨어진 곳에 있는 창고를 구해 노숙자들을 위한 시설로 개조하였는데, 매일 밤 150명이 넘는 사람들이 그곳에서 숙식을 하고 있다고 했다. 또한 그는 무료로 식사를 제공하는 것에 대한 이야기도 들려주었다.

"저는 일주일에 세 번씩 점심 식사 배식을 합니다. 이때가 일주일 중 제게 가장 보람된 시간이에요."

그뿐 아니라 이 교회는 마약에 중독된 젊은이들을 위한 재활 프로그램도 운영하고 있었다.


## 사랑을 주제로 한 설교

차 안에서 들은 내용들을 생각하면서 나는 교회 뒷좌석에 앉아 루번 목사의 설교를 들었다. 그는 단어들을 매력적으로 엮어 낼 줄 알았다. 나는 그가 설교한 세 가지 요점을 지금도 기억한다. (1) 하나님은 당신을 아십니다. (2) 하나님은 당신을 사랑하십니다. (3) 하나님은 당신을 원하십니다. 그는 자신이 말하고자 하는 요점을 뒷받침하는 예를 제시하기 위해 신구약성경 전체를 훑어가며 이야기했다. 구약의 선지자들이 마치 자기 친구들인 것처럼 친근감 있게 묘사하면서, 성경구절도 자유롭게 인용했다.

"이스라엘 백성에게 하신 말씀을 들어 보십시오. '옛적에 여호와께서 나에게 나타나사 내가 영원한 사랑으로 너를 사랑하기에 인자함으로 너를 이끌었다 하였노라'(렘 31:3)라고 말씀하셨습니다. 하나님이 여러분을 사랑하시는 것보다 이스라엘 백성을 더 사랑하셨다고 생각하십니까? 죽음을 앞둔 예수님이 하신 말씀을 들어보십시오. 예수님은 이제 세상을 떠나 아버지께로

가실 때가 가까이 왔음을 알고 계셨습니다. '유월절 전에 예수께서 자기가 세상을 떠나 아버지께로 돌아가실 때가 이른 줄 아시고 세상에 있는 자기 사람들을 사랑하시되 끝까지 사랑하시니라'(요 13:1). 하나님은 언제나 자신의 백성을 사랑하십니다. 그리고 앞으로도 언제나 사랑하실 것입니다. 하나님은 여러분도 그분의 자녀가 되기를 원하십니다."

루번 목사는 열정적으로 설교했다. 몹시 피곤했고 예배당 안은 더웠지만, 하나님의 사랑을 강론하면서 회개하고 그리스도를 믿으라고 외치는 능숙한 명설교에 나는 한순간도 졸지 않았다. 죄인들은 그리스도께 나오라고 그가 간청하자 몇 사람이 자리에서 일어나 앞으로 나가서 머리를 숙였다. 우는 사람들도 있었다. 루번 목사의 탄원이 이어졌다.

"집으로 돌아오십시오. 집으로 돌아오십시오. 하나님은 당신을 사랑하시며, 당신이 하나님의 자녀가 되기를 원하십니다."


## 설교가 끝난 뒤

마침내 설교가 끝났고 루번 목사가 나를 앞으로 불러 교인들에게 소개했다. 나는 풍성한 결혼 생활을 위한 행사에서 저녁 강의를 맡아 달라는 부탁을 받았었던 것이다. 예배를 마친 후 루번의 아내인 패치가 그 행사를 주관하게 될 부부와 함께 나를 자기 집으로 초대했다.

서로 소개를 마친 뒤, 편안한 분위기 속에서 나는 패치에게 이런 부탁을 했다.

"부군에 관해 좀 이야기해 주시겠습니까? 어떤 분인가요?"

나는 결혼상담 전문가이기 때문에 종종 이런 질문으로 이야기를 시작하곤 한다. 패치는 "남편은 확실히 낭만적인 사람이에요. 저를 위해 시를 써 주기도 하고, 노래를 불러 주기도 하거든요. 그리고 제가 얼마나 멋진 사람인지 연설하듯 말해 주곤 해요."라고 대답했다.

"그렇다면 사모님의 사랑의 저수지는 가득 차 있겠군요."

"그런데 그게 문제예요. 박사님의 책을 읽어 보았는데, 저는 봉사를 사랑의 언어로 사용하는 사람이거든요. 남편이 설거지를 해 주길 바라죠. 청소를 하고 쓰레기를 치우고 집안일을 돕는 그런 일을 해 주길 원해요. 남편이 절 사랑한다는 건 알고 있지만 사랑받고 있다는 느낌을 받을 수 없을 때가 종종 있어요. 남편이 그저 제 비위를 맞추려고 그럴듯하게 말하는 것처럼 보이거든요. 남편의 진심을 모르는 건 아니지만 저는 말 이상의 것이 필요해요."

그 대화는 나나 루번이 의도했던 것보다 좀 더 적나라해지는 듯했다. 그래서 나는 패치에게 이렇게 말했다.

"마치 제 아내가 말하는 것처럼 들리네요. 제 아내가 쓰는 사랑의 언어도 봉사거든요. 설거지를 하는 것과 사랑을 서로 연결시키기까지는 저도 한참이 걸렸어요."

그리고 웃음을 지으며 화제를 바꾸었다. 루번도 웃었다. 그리고 우리는 곧 야구 이야기로 넘어갔다.

다음 날 저녁 내 강의가 끝나자, 루번은 패치를 집 앞에서 내려 준 다음 나를 호텔까지 데려다 주는 길에 이런 말을 꺼냈다.

"박사님 강의에 상당한 자극을 받았습니다. 저는 좋은 사람과 결혼을 했어요. 하지만 17년 동안 같이 살아왔는데도 제가 아내의 감정적인 필요를 채워 주고 있는지는 확신할 수가 없었지요. 그런데 사랑의 언어라는 이 개념이 제 눈을 뜨게 해 주었습니다. 박사님이 쓰신 책을 읽기로 결심했어요. 해야 할 숙제가 생겼다는 생각이 드는군요."

루번은 민감하고 개방적이었다. 나는 내 결혼 생활에 대해 좀 더 이야기하면서 내 아내가 사용하는 사랑의 언어를 찾아내기까지 얼마나 오랜 세월이 걸렸는지를 말해 주었다. 그리고 그 이후 결혼 생활이 어떻게 달라졌는지도 이야기해 주었다.

1년쯤 지난 후 시카고에서 열렸던 전국 목사 컨퍼런스에서 나는 루번을 다시 만났다. 그는 나를 보고 달려와 힘껏 얼싸안으며 이렇게 말했다.

"박사님 덕분에 제 결혼 생활과 제 사역이 얼마나 많이 달라졌는지를 알려 드리고 싶었습니다. 박사님이 저희 교회를 방문하신 이후 다섯 가지 사랑의 언어를 사용하여 상담과 교육을 해 왔습니다. 그리고 아내는 박사님을 뵙거든 이제 제가 설거지를 하게 되었다는 얘기를 꼭 전해 달라고 했습니다."

우리는 둘 다 신나게 웃음을 터뜨렸다. 나는 그에게 그날 오후 시간을 같이 보내자고 제안했다. 많은 사람에게 강한 영향을 미치는 그와 좀 더 시간을 보내고 싶었기 때문이다.


## 목사가 되기까지

그날 오후 나는 루번에게 어떻게 그리스도를 따르게 되었는지를 물어보았다.

"얘기하자면 좀 깁니다. 저는 어렸을 때 어머니를 따라 교회에 다녔지요. 목사님은 나이가 많으셨고 하나님의 사랑에 관한 설교를 자주 하셨어요.

'다른 사람들이 모두 다 떠나간다 해도 하나님은 우리를 사랑하신다.'라고 하셨던 목사님의 말씀을 지금도 기억합니다. 목사님은 하나님이 각 개인을 얼마나 소중하게 여기시는지를 말씀하셨어요. 하나님께는 모든 사람이 다 소중하다고 하셨지요.

목사님의 말씀은 저로 하여금 중요한 사람이 되야겠다는 소망을 갖게 해 주었습니다. 어머니는 늘 제가 대학에 가길 원하셨기 때문에 고등학교를 다닐 때까지는 어머니와 목사님의 격려 속에서 열심히 공부를 했지요.

그런데 불행하게도 대학에 들어간 후 친구들과 휩쓸려 다니며 공부보다는 노는 일에 더 열을 올렸습니다. 1학년이 끝날 무렵 어느 날 밤 파티에서 술을 진탕 퍼 마셨는데, 다음 날 아침 눈을 떠 보니 그리 멀지 않은 들판에 제가 누워 있었어요. 그런데 어떻게 거기까지 가게 되었는지 도무지 기억할 수가 없었어요. 일어나 앉아 눈을 비비다가 새가 지저귀는 소리를 들었지요. 그런데 그때 '다른 사람들이 모두 다 떠나간다 해도 하나님은 우리를 사랑하신다. 하나님께는 모든 사람이 다 소중하다.'라는 목사님의 음성이 너무나 선명하게 들려왔어요.

갑자기 눈물이 나기 시작했어요. 그 말씀이 사실이라는 것을 알고 있었고, 또 제가 잘못된 길로 가고 있다는 것도 알고 있었기 때문이었어요. 한참 울다가 하나님께 이렇게 말씀드렸어요. '하나님이 저를 소중하게 여기시는데도 이렇게 함부로 살아온 것을 용서해 주세요. 하나님의 사랑을 등지고 하나님과 멀어진 것을 용서해 주세요. 하나님이 저를 용서하시고 제 삶 속에 들어오시면 하나님을 위해 중요한 일을 하는 사람이 되겠습니다.'

마치 눈에서 비늘이 떨어져 나가는 것 같았어요. 멀리 떠났다가 다시 집에 돌아온 느낌이었지요. 하나님은 절 용서해 주셨습니다. 그리고 다른 사람들에게 하나님의 사랑을 전하기 원하신다는 것을 알 수 있었어요. 그러니까 저는 그날 아침 그 들판에 앉아 구원을 받았고, 목사가 되는 소명을 얻게 된 거죠.

그 주에 저는 집으로 가서 어머니께 그 일을 말씀드렸습니다. 어머니는 하나님이 아들을 구원하신 것을 기뻐하시며 집이 떠나가도록 하나님을 찬양하셨어요. 그리고 목사님께 전화를 하셨고, 목사님은 제게 다음 주일 교인들 앞에서 간증할 수 있는 기회를 주셨어요. 그래서 하나님이 제 삶 속에서 하신 일과 제가 하나님을 따르고 설교자가 되기로 한 결심에 대해서 간증을 했지요.

그 후 줄곧 저는 주님과 동행하는 삶을 살아왔습니다. 전공을 스피치 연구학으로 바꾸고, 영어를 부전공으로 선택했어요. 학교를 다니는 동안에도 기회가 있을 때마다 설교를 했지요. 신학대학원에 들어갔을 때 작은 교회에 교역자로 가게 되었는데, 공부를 하면서 그렇게 목회가 시작된 거죠."

"그렇군요. 설교하는 걸 좋아하세요?"라고 내가 물었다.

"저는 먹는 일보다 설교하는 게 더 좋아요. 목사들이 먹는 것을 얼마나 좋아하는지 아시죠?"

그는 미소를 지으며 대답했다.

"설교할 때 저는 제가 창조된 목적대로 일하고 있다는 느낌이 듭니다. 하나님이 저를 위해 하신 일에 감사드리는 하나의 표현 방법이기도 하지요. 설교를 할 때 하나님과 가장 가까이에 있는 것 같은 느낌을 받습니다."

## 인정하는 말

　그날 오후 루번이 들려준 이야기는 내가 연구에 착수할 수 있는 자극제가 되었고, 그 결과 이 책이 나올 수 있었다. 루번이 사용하는 주된 사랑의 언어는 분명히 인정하는 말이었다. 그는 아내에게 인정하는 말을 자주 해 주었다. 다른 사람들을 대할 때에도 늘 격려의 말을 해 주었다. 그러나 결혼생활을 하면서 그는 아내로부터 사랑받고 있다는 느낌을 별로 갖지 못했는데, 그것은 아내가 집안일을 잘 도와주지 않는 그를 자주 비난했기 때문이었다. 두 사람이 상대방의 주된 사랑의 언어를 알게 된 후 아내는 루번에게 인정하는 말을 하기 시작했고, 루번은 아내가 쓰는 사랑의 언어인 봉사로 사랑을 표현하기 시작했다. 그 이후 두 사람이 서로에게 느끼는 감정은 훨씬 더 좋아졌다.

　하나님과의 관계에 있어서도 마찬가지이다. 이리저리 방황하는 한 대학 신입생의 주의를 환기시키기 위해서 하나님은 인정하는 말을 도구로 사용하셨다. 루번은 그 순간 '다른 사람들이 모두 다 떠나간다 해도 하나님은 우리를 사랑하신다. 하나님께는 모든 사람이 다 소중하다.'라는 목사님의 메시지를 기억했다. 그 말은 그의 마음속에 하나님께로부터 온 말씀으로 오랫동안 자리 잡고 있었던 것이다. 그는 하나님이 자기를 사랑하시고 자기와 교제하고 싶어 하신다는 것을 마음으로 알고 있었다. 일단 '하나님을 찾아 집으로 돌아온' 후 그가 가장 먼저 하고 싶었던 일은 자신의 사랑을 하나님께 표현하는 것이었다. 그는 말이라는 강력한 수단을 통해 다른 사람들에게 하나님의 사랑을 전했다.

　어떤 사람에게는(때로는 목사들에게조차도) 대중 연설을 한다는 것이 상당히 어려운 일이다. 그러나 루번에게는 전혀 그렇지 않았다. 설교는 그의 주된 사랑의 언어였다. 그래서 그는 설교할 때 하나님과 가장 가까이 있는 것처럼 느꼈고, 설교로써 하나님께 감사를 표했다.

루번은 하나님께 사랑을 표현할 수 있는 다른 방법들이 있다는 것을 알고 있었다. 그는 교인들에게 하나님께 드리는 선물(십일조와 주일 헌금과 예배에 들이는 시간과 봉사)도 그분을 향한 사랑의 표현이 될 수 있고, 다른 사람들을 섬기는 일을 통해서도 그분을 향한 우리의 사랑을 표현할 수 있다고 가르쳤다. 하나님과 함께 시간을 보내고 기도하며 묵상하는 훈련의 중요성에 대해서도 강조했다. 다른 사람들을 도와주는 것을 통해 하나님을 만날 수 있다는 것도 가르쳤다. 그러나 그에게 있어서 자신의 사랑을 표현하는 가장 자연스러운 방법은 하나님의 사랑을 전하고 다른 사람들을 격려하는 말을 해 주는 것이었다.

하나님을 만난 루번의 경험이 독특하다고 생각하는가? 그러나 그렇지 않다. 성경의 많은 부분에서 하나님은 인정하는 말이라는 사랑의 언어로 말씀하셨다. 실제로 우리는 성경을 '하나님의 말씀'이라고 부르기도 한다. 구약의 선지서들을 보면 "여호와의 말씀이 내게 임하여 가라사대…"라는 구절로 시작하는 경우가 상당히 많다. "여호와의 말씀이 임하여"라는 구절 또한 예레미야서에 반복해서 나온다. 또한 신약성경에서는 이렇게 말한다. "모든 성경은 하나님의 감동으로 된 것으로 교훈과 책망과 바르게 함과 의로 교육하기에 유익하니 이는 하나님의 사람으로 온전하게 하며 모든 선한 일을 행할 능력을 갖추게 하려 함이라"(딤후 3:16-17). "먼저 알 것은 성경의 모든 예언은 사사로이 풀 것이 아니니 예언은 언제든지 사람의 뜻으로 낸 것이 아니요 오직 성령의 감동하심을 받은 사람들이 하나님께 받아 말한 것임이라"

(벧후 1:20-21).

## 하나님의 말씀과 인간의 존엄

### 태초에 하나님이…

하나님이 하신 모든 말씀은 인간의 존엄성을 드러낸다. 현대의 허무주의
는 인간은 무가치한 존재이며, 인간의 삶에는 아무런 의미가 없다고 결론짓
는다. 그러나 그런 사고방식은 결코 성경이 전하는 메시지가 아니다. 성경의
첫 장에서 우리는 "하나님이 이르시되 우리의 형상을 따라 우리의 모양대로
우리가 사람을 만들고 그들로 바다의 물고기와 하늘의 새와 가축과 온 땅
과 땅에 기는 모든 것을 다스리게 하자 하시고 하나님이 자기 형상 곧 하나
님의 형상대로 사람을 창조하시되 남자와 여자를 창조하시고."(창 1:26-27)라
고 기록된 구절을 볼 수 있다. 이 구절은 인간에게 다른 피조물들과는 다른
위치가 부여되었음을 말해 주면서, 인간이 하나님과 교제할 수 있는 특권적
존재임을 보여 준다.

신약성경 역시 인간의 가치와 존엄을 인정한다. 히브리서 기자는 시편 기
자의 말을 인용하면서, 하나님이 인간을 잠깐 동안 천사보다 못하게 하시고
영광과 존귀로 관 씌우셨다고 말하였다(히 2:7; 시 8:5).

### 최상의 목표를 향해

신구약성경에 나오는 모든 구체적인 명령은 하나님의 사랑에서 비롯된
것으로서 인간의 가치를 인정하고 최상의 목표를 향해 나아가게 한다. 하나

님의 명령에 저항하면서 그것이 자신에게 제재를 가한다고 생각하는 사람들도 있지만, 하나님을 아는 사람들은 그렇게 생각하지 않는다. 오히려 하나님이 금지하시는 것들이 파괴의 위험으로부터 우리를 지키기 위한 것임을 알고 감사하게 생각한다. 또한 하나님의 훈계는 우리로 하여금 최상의 삶을 살게 하기 위해 주시는 축복이라고 생각한다. 그리고 그들은 "너희의 구속자시요 이스라엘의 거룩하신 자이신 여호와께서 가라사대 나는 네게 유익하도록 가르치고 너를 마땅히 행할 길로 인도하는 너희 하나님 여호와라 슬프다 네가 나의 명령을 듣지 아니하였도다 만일 들었더면 네 평강이 강과 같았겠고 네 의가 바다 물결 같았을 것이며"(사 48:17-18)라고 한 이사야 선지자의 말을 인정하고 받아들인다.

성경이 보여 주고 있는 하나님은 '말씀하시는 하나님'이라는 특징을 지닌다. 하나님의 말씀은 모두 인간의 가치를 인정하고 있으며, 인간과 교제하기 위해 마련된 것이다.

### 하나님이 하신 격려의 말씀

성경을 통해 인간을 격려하시는 하나님의 말씀을 들어 보자.

- "두려워하지 말라 내가 너와 함께 함이라 놀라지 말라 나는 네 하나님이 됨이라 내가 너를 굳세게 하리라 참으로 너를 도와 주리라 참으로 나의 의로운 오른손으로 너를 붙들리라"(사 41:10).
- "너희를 향한 나의 생각을 내가 아나니 평안이요 재앙이 아니니라 너희에게 미래와 희망을 주는 것이니라"(렘 29:11).
- "내가 영원한 사랑으로 너를 사랑하기에 인자함으로 너를 이끌었다 하였

노라"(렘 31:3).

- "내가 그들의 슬픔을 돌려서 즐겁게 하며 그들을 위로하여 그들의 근심으로부터 기쁨을 얻게 할 것임이라"(렘 31:13).


### 예수님이 하신 격려의 말씀

나사렛 예수님이 하신 말씀들은, 하나님을 높이는 것과 하나님께 응답하는 사람들에게 생명과 소망을 부어 주는 것이 예수님의 역할임을 보여 준다.


- "내가 진실로 진실로 너희에게 이르노니 내 말을 듣고 또 나 보내신 이를 믿는 자는 영생을 얻었고 심판에 이르지 아니하나니 사망에서 생명으로 옮겼느니라"(요 5:24).
- "나는 생명의 떡이니 내게 오는 자는 결코 주리지 아니할 터이요 나를 믿는 자는 영원히 목마르지 아니하리라"(요 6:35).
- "내 아버지의 뜻은 아들을 보고 믿는 자마다 영생을 얻는 이것이니 마지막 날에 내가 이를 다시 살리리라"(요 6:40).
- "내 양은 내 음성을 들으며 나는 그들을 알며 그들은 나를 따르느니라 내가 그들에게 영생을 주노니 영원히 멸망하지 아니할 것이요 또 그들을 내 손에서 빼앗을 자가 없느니라 그들을 주신 내 아버지는 만물보다 크시매 아무도 아버지 손에서 빼앗을 수 없느니라 나와 아버지는 하나이니라"(요 10:27-30).
- "보라 내가 속히 오리니 내가 줄 상이 내게 있어 각 사람에게 그가 행한 대로 갚아 주리라 나는 알파와 오메가요 처음과 마지막이요 시작과 마침

이라 … 목마른 자도 올 것이요 또 원하는 자는 값없이 생명수를 받으라"

(계 22:12-13, 17).


예수님은 모든 사람의 죄악을 담당하기 위한 속죄 제물로 자신을 드리고, 이를 통해 하나님의 사랑을 보여 주시기 위해서 이 땅에 오셨다. 예수님은 자신을 하나님의 아들이라고 주장하셨다. 십자가에 달려 "아버지 저들을 사하여 주옵소서 자기들이 하는 것을 알지 못함이니이다."(눅 23:34)라고 기도하신 그 사랑의 깊이를 누가 다 헤아릴 수 있겠는가? 이러한 예수님의 말씀은 인간을 향한 그분의 사랑을 분명히 드러낸다. 예수님의 사랑은 무조건적인 것이었다.

예수님은 "내가 문이니 누구든지 나로 말미암아 들어가면 구원을 받고 … 도둑이 오는 것은 도둑질하고 죽이고 멸망시키려는 것뿐이요 내가 온 것은 양으로 생명을 얻게 하고 더 풍성히 얻게 하려는 것이라 나는 선한 목자라 선한 목자는 양들을 위하여 목숨을 버리거니와"(요 10:9-11)라고 말씀하시며, 이 세상에 오신 목적을 분명히 밝히셨다.

하나님은 인정하는 말이라는 사랑의 언어를 유창하게 구사하신다. 성경은 처음부터 끝까지 구원을 베풀고 위로하며 진리를 드러내는 말씀으로 이루어져 있다. 자신의 사랑을 선포하시는 사랑의 하나님을 보여 주고 있다.


## 인정하는 말로 보내는 응답

마르틴 루터 : 아내를 위한 말과 하나님을 위한 말

성경을 읽음으로로써 '하나님과의 사귐'이 활기를 띠게 된다고 말하는 사람들이 많다. 철저하게 금욕적으로 생활하면서 하나님과 화평한 관계를 맺고자 했던 젊은 수도사 루터 역시 그러한 사람들 중 하나였다. 자신의 방에 홀로 앉아 하나님과의 관계에 대해 깊이 고민하고 있었던 루터는, 성경을 펴고 바울이 로마인들에게 보낸 편지를 읽기 시작했다. 그는 로마서 1장을 읽어내려 가다가 "오직 의인은 믿음으로 말미암아 살리라."라는 17절 말씀 앞에서 멈추었다. 그는 깊은 생각에 잠겼는데 말로 표현할 수 없는 기쁨이 내면에 샘솟았다.

이전까지 그는 수양을 통해 하나님을 기쁘게 하려고 무진 애를 써 왔다. 그런데 이제 그의 눈이 떠졌다. 선행이 아닌 믿음으로 구원에 이르게 된다는 사실을 이해한 것이다. 하나님의 말씀은 그에게 '낙원에 이르는 문'을 열어 주었다. 그 이후로부터 마르틴 루터는 오직 하나님의 말씀을 듣는 일에만 집중하였다. 그에게 성경은 실제적인 하나님의 말씀이었다. 그래서 성경보다는 전통과 인간의 종교적인 노력을 더 강조했던 당시의 기존 교회들을 거부했다. 그는 하나님의 말씀으로 돌아가야 한다고 일관되게 주장했다.

마르틴 루터의 주된 사랑의 언어는 인정하는 말이었다. 그의 생애에 관한 기록에서, 아름다운 아내 캐서린에 대한 루터의 마음을 엿볼 수 있다. 1532년 2월 27일에 그가 쓴 편지는 이렇게 시작한다.

"내 소중한 아내 캐서린 루터에게: 사랑하는 당신에게 그리스도 안에서 하나님의 사랑을 담아 이렇게 안부를 전합니다. 내일이나 모레쯤 집으로 돌아갈 수 있기를 바라고 있소. 안전하게 집으로 돌아갈 수 있도록 기도해 주시오."

또한 6살 된 아들 한스에게는 이렇게 썼다.

"내 사랑하는 아들에게 주님의 은혜와 평강이 함께하기를. 네가 공부를 아주 잘 하고 있으며, 성실하게 기도하고 있다는 소식을 듣고 무척 기뻤단다. 내 아들아, 쉬지 말고 계속 그렇게 해 주기 바란다."[2]

루터는 영적인 면에서도 하나님을 향한 헌신을 표현하기 위해 말이라는 도구를 사용했다. 독일 비텐베르크 성당 문에 붙인 95개 조의 논제는 훗날 종교개혁의 불길을 당기게 된 신념들을 열거한 것이었다. 그가 쓴 수많은 찬송가 가사와 성경 주석서에서 볼 수 있는 것처럼, 그는 확신에 찬 분명하고 힘찬 어휘들을 사용했다. 또한 교리 문답서를 개발했고, 라틴어 성경을 독일어로 번역했으며, 수천 번에 달하는 설교를 했다. 말은 하나님을 향한 자신의 헌신을 표현하는 주된 방식이었다. 다른 수도사들이 묵상하는 동안 루터는 진리를 말하고 글을 썼다. 그가 쓴 찬송시 중 가장 잘 알려진 '내 주는 강한 성이요'(찬송가 585장)는 말씀의 능력에 초점을 맞추고 있다. 루터는 3절을 다음과 같이 썼다.

이 땅에 마귀 들끓어 우리를 삼키려 하나
겁내지 말고 섰거라. 진리로 이기리로다.
친척과 재물과 명예와 생명을 다 빼앗긴대도
진리는 살아서 그 나라 영원하리라.

다윗 왕 : 찬양

성경에 나오는 인물 중 인정하는 말을 주된 사랑의 언어로 사용했던 대표적인 사람으로는 이스라엘의 두 번째 왕 다윗을 들 수 있다. 다윗은 말씀을 통해 자신이 하나님의 말씀에 얼마나 깊이 감동했는지를 여러 번 표현했다.

- "주의 말씀의 맛이 내게 어찌 그리 단지요 내 입에 꿀보다 더 다니이다 주의 법도들로 말미암아 내가 명철하게 되었으므로 모든 거짓 행위를 미워하나이다 주의 말씀은 내 발에 등이요 내 길에 빛이니이다"(시 119:103-105).

- "주의 증거들로 내가 영원히 나의 기업을 삼았사오니 이는 내 마음의 즐거움이 됨이니이다"(시 119:111).

- "주는 나의 은신처요 방패시라 내가 주의 말씀을 바라나이다"(시 119:114).

- "사람이 많은 탈취물을 얻은 것처럼 나는 주의 말씀을 즐거워하나이다 나는 거짓을 미워하며 싫어하고 주의 율법을 사랑하나이다 주의 의로운 규례들로 말미암아 내가 하루 일곱 번씩 주를 찬양하나이다 주의 법을 사랑하는 자에게는 큰 평안이 있으니 그들에게 장애물이 없으리이다"(시 119:162-165).

다윗은 하나님의 사랑에 응답하면서 그분을 향한 사랑을 표현하기 위해 인정하는 말을 사용하였다.

- "주를 찾는 자는 다 주 안에서 즐거워하고 기뻐하게 하시며 주의 구원을 사랑하는 자는 항상 말하기를 여호와는 위대하시다 하게 하소서"(시 40:16).

- "내가 노래로 하나님의 이름을 찬송하며 감사함으로 하나님을 위대하시다 하리니 이것이 소 곧 뿔과 굽이 있는 황소를 드림보다 여호와를 더욱 기쁘시게 함이 될 것이라"(시 69:30-31).

- "내가 주의 법을 어찌 그리 사랑하는지요 내가 그것을 종일 작은 소리로 읊조리나이다 주의 계명들이 항상 나와 함께 하므로 그것들이 나를 원수보다 지혜롭게 하나이다"(시 119:97-98).

- "내 입이 여호와의 영예를 말하며 모든 육체가 그의 거룩하신 이름을 영원히 송축할지로다"(시 145:21).
- "할렐루야 내 영혼아 여호와를 찬양하라 나의 생전에 여호와를 찬양하며 나의 평생에 내 하나님을 찬송하리로다"(시 146:1-2).

다윗이 하나님께 자신의 사랑을 전하는 데 사용한 주된 전달매체는 찬양과 감사와 흠모의 말이었다. 다윗의 주된 사랑의 언어에 대해 더 알고 싶다면, 원수로부터 구원하시는 하나님을 칭송한 시편 18편을 읽어 보라. 50절로 된 이 시에서 다윗은 하나님을 향한 자신의 사랑을 가장 아름다운 말로써 표현한다. 다윗은 당시 '모세오경' 또는 '토라'로 불리는 히브리 성경의 다섯 권만을 갖고 있었는데, 그는 그 책들을 분명한 하나님의 말씀으로 믿었다.

다윗은 성경에 대해 "여호와여 주의 말씀은 영원히 하늘에 굳게 섰사오며 … 천지가 주의 규례들대로 오늘까지 있음은 만물이 주의 종이 된 까닭이니이다 주의 법이 나의 즐거움이 되지 아니하였더면 내가 내 고난 중에 멸망하였으리이다 내가 주의 법도들을 영원히 잊지 아니하오니 주께서 이것들 때문에 나를 살게 하심이니이다"(시 119:89, 91-93)라고 말했다.

다윗은 하나님의 모든 말씀(법도, 계명, 율례, 법도, 규례, 명령, 증거, 판단)을 하나님이 어떤 분이신가를 계시하는 표현으로 인식했다. 하나님의 말씀을 하나님의 존재만큼이나 확실한 궁극적인 진리로 받아들였다. 그는 하나님의 말씀을 삶의 기초로 삼았다. 시편에는 그가 쓴 시가 무려 73편이나 수록되어 있다. 그 시 중에는 하나님에 대한 감사와 찬양을 주제로 하는 것들이 많다. 이는 성경에서 가장 감성이 풍부한 문학작품이라고 할 수 있다. 다윗은 확실히 인정하는 말을 통해 하나님을 향한 자신의 헌신을 표현했던 사람이었다.

## 하나님을 가까이 느낄 때

내 친구인 목사 루번, 마르틴 루터, 다윗 왕에게 하나님은 말로써 자신의 사랑을 나타내셨고, 그들 역시 하나님을 향한 그들의 반응을 말로 표현하였다. 캘리포니아 리버사이드에서 만났던 제이슨이라는 사람도 그들과 마찬가지였다. 그는 이렇게 말했다.

"제가 사용하는 사랑의 언어는 인정하는 말입니다. 아내가 저에게 인정하는 말을 해 주었을 때, 아내에 대한 제 사랑이 더 강해졌습니다."

한참 이야기를 나누다가 나는 제이슨에게 이렇게 물었다.

"하나님과 가깝다고 느껴질 때는 언제입니까?"

"하나님을 찬양하는 노래를 부를 때, 그리고 기도를 드릴 때 하나님을 가까이 느낍니다. 저는 기도하면서 제가 하나님을 얼마나 사랑하는지를 말씀드립니다. 그리고 제 기도는 하나님께 드리는 감사와 찬양으로 흘러넘칩니다."

오늘날 예수님을 따르는 많은 사람이 제이슨의 말에 동감할 것이다. 그들은 하나님의 말씀에 매료되어 그 감격을 찬양의 말로 표현하면서 하나님의 사랑에 응답한다. 그러나 하나님이 말을 통해서만 자신의 사랑을 표현하시는 것은 아니다. 그리고 제이슨과는 다른 방법으로 하나님의 사랑에 반응하는 그리스도인도 상당히 많다. 그들 중에는 하나님을 경배하고 하나님께 사랑을 표현할 때, 말보다는 친밀한 시간에 초점을 맞추는 이들이 있다. 이것이 우리가 다음 장에서 살펴볼 하나님이 쓰시는 두 번째 사랑의 언어이다.

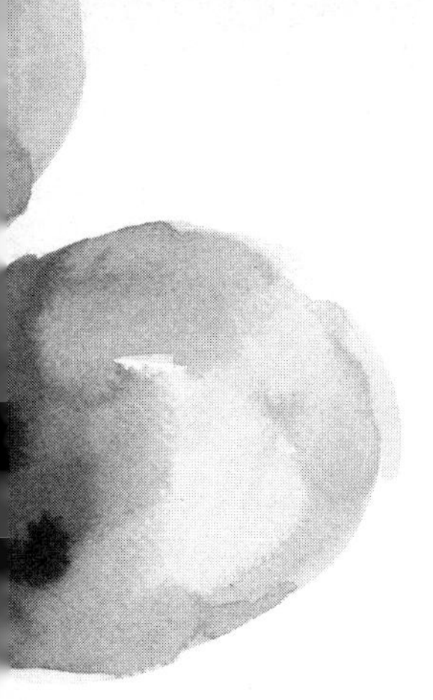

# 3

## 하나님이 쓰시는 사랑의 언어
## #2 친밀한 시간

그레타는 미소를 지으며 대답했다.

"저는 하나님과 친밀한 시간을 나누면서 제 사랑을 표현해요. 저는 하나님과 함께 시간을 보내며 성경을 공부할 때 가장 기쁘고 즐거워요. 오전 내내 그렇게 시간을 보낼 수도 있어요. 시간 가는 줄도 모르니까요. 제게는 하나님과 함께 시간을 보내는 것보다 더 중요한 건 없어요. 하지만 남편은 성경이나 묵상집을 읽으면서 10분을 앉아 있는 것도 어려워해요. 오히려 교회에서 찬송가를 부를 때 하나님이 함께하시는 것을 느낄 수 있다고 해요. 이제는 그런 남편을 이해할 수 있을 것 같아요. 남편과 제가 각각 자신이 사용하는 사랑의 언어로 하나님께 사랑을 표현하고 있다는 것을 알게 되었으니까요."

내가 다섯 가지 사랑의 언어의 개념과 상대방이 사용하는 주된 사랑의 언어를 이해하고 사용하는 것의 중요성에 대한 강의를 마쳤을 때, 그레타가 급히 달려와 "박사님, 시간 좀 내 주세요."라고 흥분된 어조로 말했다. 그레타와 나는 둘 다 로스앤젤레스에서 열린 여성들을 위한 수련회에 강사로 초빙되었는데, 그때는 그레타가 앞서 강의를 마친 후였다. 나는 그레타가 무슨 이야기를 하려는 것인지 알 수가 없었다. 그러나 그녀의 강의 내용을 봐서도 그렇고, 그녀가 흥분하고 있는 낌새로 미루어 봤을 때도 그리 따분한 대화가 될 것 같지는 않았다.

만나자마자 그레타는 곧바로 이야기를 꺼냈다.

"어젯밤에 들었던 생각을 말씀드리고 싶어서요. 제가 이것 때문에 얼마나 흥분했는지 모르실 거예요. 제 강의 주제가 여성과 여성의 영성이었다는 건 알고 계시죠? 그런데 박사님의 강의를 듣고 나서, 하나님이 우리가 사용하는 주된 사랑의 언어로 말씀하신다는 사실에 큰 깨달음을 얻었어요. 어떤 사람들이 극적이고 감격에 찬 회심의 경험을 갖게 되는 건 아마 그 때문인 것 같아요.

제 남편의 경우에는 직장 동료를 따라 나가게 된 교회에서 회심을 했어요. 두 번째로 교회를 방문했을 때, 함께 간 친구가 남편에게 앞쪽으로 나가서 기도를 받는 것이 어떻겠냐고 제안을 했대요. 남편은 친구의 제안을 거절하고 싶지 않아서 그러겠다고 했나 봐요. 남자 대여섯 명이 남편 주위에 둘러서서 동시에 큰 소리로 기도하기 시작했는데, 남편은 처음 당하는 일이라 당황했지만, 한 5분쯤 지난 후에는 거의 통제할 수 없을 정도로 격하게 울면서 하나님의 용서를 구하게 되었다고 해요. 남편은 하나님이 직접 자기에게 손을 대신 것 같은 느낌을 받았대요. 마치 전기가 흐르는 것 같았고, 완전히 깨끗해진 느낌을 받게 되었다고 말하더군요.

집으로 돌아와 남편이 그 얘기를 했을 때 전 그냥 냉담했었지요. 어쩌다 남편이 그런 감정적인 종교 집단에 걸려들게 되었는지 믿을 수가 없었어요. 어쨌든 남편은 계속 교회를 다녔고, 제게 읽어 보라면서 책들을 가져다 주곤 했지요.

하지만 저는 남편과는 아주 다른 방식으로 회심을 했어요. 수개월에 걸친 기도와 성경공부와 고민 끝에서야 비로소 결정을 할 수 있었거든요. 남편에게 일어난 영적 경험이 남편에게 정말 중요한 사건이었다는 것을 알게 되면서부터 저도 관심을 갖게 되었어요. 그게 제가 회심하게 된 첫 번째 동기였지요. 그런데 성경을 읽기 시작하면서 마치 하나님이 제게 말씀하시는 것처럼 느껴졌어요. 제가 읽고 있는 것이 진리라는 것과 그 진리 위에 나를 사랑하는 하나님이 계신다는 사실을 인식하게 된 거죠. 남편처럼 그런 극적인 경험을 하지는 않았지만, 제가 조금씩 예수님을 따르는 사람이 되어 가고 있다는 것을 알 수 있었어요."

그레타의 남편이 회심한 지 9개월 정도 지난 어느 날 아침, 그녀는 평소처럼 성경을 읽으며 묵상하는 시간을 보내고 있었다. 그녀는 "볼지어다 내가

문 밖에 서서 두드리노니 누구든지 내 음성을 듣고 문을 열면 내가 그에게로
들어가 그와 더불어 먹고 그는 나와 더불어 먹으리라."라고 기록된 요한계시
록 3장 20절을 읽던 중이었다. 그때 갑자기 그레타는 지난 몇 개월 동안 하나
님께서 계속 자기 인생의 문을 두드리고 계셨다는 사실을 깨닫고 "하나님, 들
어오세요. 제 남은 생애를 하나님과 함께하고 싶습니다."라고 말씀드렸다.

그레타는 그때를 이렇게 설명했다.

"저는 울지 않았어요. 감정적으로 흥분하지도 않았지요. 그저 제 마음
을 열고 하나님이 제 삶 속에 들어오시도록 허락해 드린 조용하고 평온한 그
런 순간이었어요."


## 그레타가 배운 것

"이제 모든 게 분명해졌어요. 하나님은 남편이 사용하는 주된 사랑의 언
어인 신체적 접촉을 통해 남편에게 말씀하셨고, 제게는 제가 사용하는 주된
사랑의 언어인 친밀한 시간을 통해 말씀하셨던 거예요. 저는 남편의 경험을
도무지 이해할 수 없었고, 남편은 제 상태를 의아해했어요. 그렇지만 우리는
서로가 예수님을 따르고 있다는 것을 의심하지 않았어요. 예수님을 따르게
된 것이 우리 삶에 가장 뜻깊은 영향을 미쳤거든요."

그레타는 숨도 돌리지 않고 계속 말을 이었다.

"이제, 제가 어젯밤에 생각했던 또 다른 것들을 말씀드릴게요.(어젯밤에 그
레타가 아주 분주한 시간을 보냈다는 것을 알 수 있었다. 그리고 나는 그녀가 무슨 이야기
를 할지 무척 궁금해졌다.) 하나님이 우리에게 자신의 사랑을 보여 주시기 위해

우리의 주된 사랑의 언어를 사용하실 뿐 아니라, 우리의 사랑을 하나님께 보여 드리는 일에도 우리의 주된 사랑의 언어를 사용하게 하신다는 걸 알게 되었어요. 제 남편은 하나님을 찬양하는 노래를 부르면서 자신의 사랑을 표현해요. 하나님께 두 손을 높이 들어 올리고 눈을 감고 마음을 다해 찬양을 드리지요. 찬양을 부를 때 가끔 남편의 눈에서 눈물이 흐르는 것을 보기도 해요. 감정이 만져진 거죠. 그럴 때면 남편은 '하나님이 나와 함께하시는 것이 느껴져.'라고 말해요. 저의 경우는 다르지만요."

나는 그레타에게 물었다.

"그럼 어떻게 하나님께 사랑을 표현하시나요?"

그레타는 미소를 지으며 대답했다.

"저는 하나님과 친밀한 시간을 나누면서 제 사랑을 표현해요. 저는 하나님과 함께 시간을 보내며 성경을 공부할 때가 가장 기쁘고 즐거워요. 오전 내내 그렇게 시간을 보낼 수도 있어요. 시간 가는 줄도 모르니까요. 제게는 하나님과 함께 시간을 보내는 것보다 더 중요한 건 없어요. 하지만 남편은 성경이나 묵상집을 읽으면서 10분을 앉아 있는 것도 어려워해요. 오히려 교회에서 찬송가를 부를 때 하나님이 함께하시는 것을 느낄 수 있다고 해요. 이제는 그런 남편을 이해할 수 있을 것 같아요. 남편과 제가 각각 자신이 사용하는 사랑의 언어로 하나님께 사랑을 표현하고 있다는 걸 알게 되었으니까요."

## 로드가 배운 것

그레타와 이야기를 마친 후 나는 언젠가 하나님이 사용하시는 사랑의 언어에 관한 책을 쓸 수 있게 되기를 희망했다. 2년 전 결혼을 주제로 하는 수련회에서 다시 그레타를 만났을 때, 그녀는 남편 로드를 내게 소개해 주었다.

그녀는 로드에게 나를 이렇게 소개했다.

"이분이 바로 내가 당신을 어떻게 사랑해야 하는지를 가르쳐 주신 분이에요."

로드는 어리둥절한 표정을 지었다. 그러자 그레타는 덧붙여 말했다.

"『다섯 가지 사랑의 언어』라는 책을 쓰신 분이에요."

그러자 로드는 미소를 지으며 이렇게 말했다.

"우리의 결혼 생활이 달라졌어요. 그레타가 집으로 돌아와서 제가 사용하는 사랑의 언어로 말하는 것을 보고 깜짝 놀랐지요. 저희는 일주일에 하루를 정해서 데이트를 하고, 매일 밤 15분씩 '부부 시간'을 갖고 있어요. 요즘 아내의 사랑의 저수지가 가득 차 있는 것을 확인하고 있습니다."

나는 사랑의 언어라는 개념이 하나님을 예배하는 일에 어떤 영향을 미쳤는지를 물어보았다. 로드는 이렇게 대답했다.

"아, 저는 여전히 손을 들고 하나님을 찬양해요. 아내는 여전히 묵상하면서 시간을 보내지요."

두 사람은 같이 웃었다. 그리고 그레타가 이렇게 말했다.

"맞아요. 그렇지만 이제는 하나님을 향한 사랑을 각기 다른 방식으로 표현할 수 있도록 서로에게 자유를 주고 있어요."

## 하나님과 나누는 친밀한 시간

유대의 족장들, 고대 이스라엘 백성과 함께하신 하나님

그레타와 로드가 하나님의 사랑을 경험하면서 배운 것과 같은 수많은 예를, 우리는 성경에 기록된 역사와 그 이후 계속된 역사 속에서 찾아볼 수 있다. 구약성경은 아담과 하와와 더불어 친밀한 시간을 보내시는 하나님을 보여 준다. 하나님은 선선한 저녁에 그들과 함께 에덴동산을 거닐며 이야기를 나누셨다. 다만 아담과 하와가 하나님의 명령을 거역한 후 자신들이 하나님의 사랑을 배신했다는 것을 깨닫게 되면서, 스스로 하나님을 피해 숨게 된 것이다(창 1-3장 참조).

아브라함은 '하나님의 친구'로 불렸다. 성경을 보면 하나님이 아브라함과 자주 말씀을 나누셨던 것으로 보인다. 아브라함의 조카 롯이 살고 있던 도시에 악이 만연하였을 때, 하나님은 그 도시를 심판하기로 하시며 "내가 하려는 것을 아브라함에게 숨기겠느냐"(창 18:17)라고 말씀하셨다. 그리고 실제로 아브라함에게 자신의 뜻을 숨김없이 알려 주셨다. 아브라함이 의인을 악인과 함께 멸하지 말아 달라고 하나님께 간청했을 때, 하나님은 의인 열 사람만 있어도 그 도시를 멸망시키지 않겠다고 말씀하셨다. 그리고 도시를 멸하기 직전에 아브라함의 조카 롯을 그곳에서 구해 내셨다.

시편에는 피조물을 향한 하나님의 사랑과 그 피조물과 함께 친밀한 시간을 나누고 싶어 하시는 하나님의 마음이 잘 드러나 있다. 그 한 예로 "여호와께서는 그 모든 행위에 의로우시며 그 모든 일에 은혜로우시도다 여호와께서는 자기에게 간구하는 모든 자 곧 진실하게 간구하는 모든 자에게 가까이 하시는도다"(시 145:17-18)라는 구절을 들 수 있다. 이사야서를 통해 하나님은 이스라엘을 향한 사랑을 말씀하시고, 곤경 속에서 그들과 함께하실 것을 약속하셨다. "너는 두려워하지 말라 내가 너를 구속하였고 내가 너를 지명하여 불렀나니 너는 내 것이라 네가 물 가운데로 지날 때에 내가 너와 함께 할 것이라 강을 건널 때에 물이 너를 침몰하지 못할 것이며"(사 43:1-2).

시편 기자는 자신에게 관심을 갖고 주목하시는 하나님과의 친밀한 사랑의 관계에 관해 이야기했다. "여호와께서 내 음성과 내 간구를 들으시므로 내가 그를 사랑하는도다 그의 귀를 내게 기울이셨으므로 내가 평생에 기도하리로다"(시 116:1-2). 시편 기자는 어려움에 처했을 때 늘 함께하시고 말씀하시는 하나님께 마음이 끌렸다. 신약성경의 사도 야고보는 "하나님을 가까이하라 그리하면 너희를 가까이하시리라"(약 4:8)라고 말하며, 하나님과의 친밀한 관계를 강조했다.

### 기독교 신앙 속에서 볼 수 있는 함께하시는 하나님

영원하신 하나님이 그분의 피조물인 인간과 친밀한 시간을 함께 나누고 싶어 하신다는 것은 기독교 신앙만이 가지는 독특한 면이다. 인간이 독창적으로 만들어 낸 신들은 모두 인간의 일상생활과 멀리 동떨어져 있다. 고대 그리스 로마 세계의 기이한 신들은, 두려움의 대상이거나 기분을 맞추어 주어야 하는 대상이었다. 그런 신들과 개인적인 친밀한 교제를 나눈다는 것은 있을 수 없는 일이었다.

그러나 예수님은 하나님의 사랑에 응답하는 사람과 함께 거하시는 삼위 하나님(아버지 하나님, 아들 하나님, 성령 하나님)의 마음을 드러내 보이셨다(요 14:23-26 참조). 그리고 예수님을 따르는 제자들을 고아처럼 버려두지 않고, 그들과 영원히 함께하시겠다고 약속하셨다. 이 땅에서의 사역을 위해 아버지께 기도하시면서 예수님은 이렇게 말씀하셨다. "아버지여 내게 주신 자도 나 있는 곳에 나와 함께 있어 아버지께서 창세 전부터 나를 사랑하시므로 내게 주신 나의 영광을 저희로 보게 하시기를 원하옵나이다"(요 17:24; 요 14:16-18). 예수님은 자신의 사랑에 응답하는 모든 사람과 친밀한 시간을 함께 나누고 싶어 하셨다.

## 예수님이 보여 주신 친밀한 시간

예수님은 친밀한 시간을 함께 보낸다는 개념을, 하나님이 예수님의 지상 사역 가운데 보이셨던 사랑의 표현을 통해 설명하셨다. 예수님은 많은 무리에게 설교하셨지만, 특별히 제자 열두 명과 친밀한 시간을 보내셨다. 마가복음서에는 "이에 열둘을 세우셨으니 이는 자기와 함께 있게 하시고 또 보내사 전도도 하며"(막 3:14)라고 기록되어 있다. 나중에 그들은 예수님의 사역을 이어가는 사도로 임명되었다. 그들이 준비되기 위해서는 먼저 인류를 향한 하나님의 사랑을 확신할 수 있어야 한다는 것을 예수님은 알고 계셨다. 그래서 그들과 친밀한 시간을 보내셨던 것이다.

예수님은 친밀한 시간이라는 사랑의 언어를 통해 열두 제자에게 관심을 쏟으셨다. 예수님은 사역을 넓게 펼치는 대신 가능한 사역에 깊이를 더하셨다. 제자들이 주님의 사랑을 가능한 깊이 경험할 수 있기를 바라셨던 것이다.

요즘 식으로 말하자면, 예수님은 3년 6개월가량을 제자들과 붙어 다니신 것이다. 같이 먹고, 같이 다니고, 같이 일하고, 그들과 폭넓은 대화를 나누셨다. 무리에게는 비유로 말씀하셨지만, 제자들에게는 그들의 질문에 구체적으로 대답하시며, 비유의 의미를 하나하나 설명해 주셨다. 이렇게 예수님은 사도가 될 제자들과 친밀한 시간을 함께 보내셨다.


## 친밀한 시간을 사랑의 언어로 사용한 사람들

### 마리아와 마르다

제자들 외에 예수님과 친밀한 시간을 보냈던 또 다른 사람들이 있었다. 한번은 예수님이 제자들과 함께 베다니라는 마을로 가셨는데, 그곳에 살고 있던 마르다라는 여인이 예수님과 제자들을 자기 집으로 초대했다. 서로 인사를 나눈 후 마르다는 예수님과 제자들을 위해 음식을 마련하느라 분주하게 움직였다. 그런데 마르다의 동생 마리아는 제자들 틈에 섞여 앉아 예수님의 말씀을 듣는 데 심취해 있었다. 마르다는 음식 준비하는 일을 도와주지 않는 동생 때문에 마음이 언짢아지기 시작했다. 급기야 화가 난 마르다는 방으로 들어가 동생이 자기를 도와줄 수 있게 해 달라고 예수님께 요청했다.

예수님은 접대하려는 마르다를 꾸짖지 않으셨다. 그리고 온 마음을 다해 예수님의 말씀에 귀를 기울인 마리아도 꾸짖지 않으셨다. 그분은 두 자매의 마음을 알고 계셨다. 마르다는 자신이 해야 할 일에 열심을 냈지만, 그 마음에 사랑이 아닌 불평이 자라고 있었다. 의무감으로 일에 열중하고 있었기 때문이다. 내가 보기에 마르다는 봉사라는 사랑의 언어를, 마리아는 친밀한 시간이라는 언어를 사용했다. 하지만 두 경우 모두 하나님께 자신의 사랑을 표현하는 정당한 방법이었다.

그러나 마르다는 관계보다 의식적인 절차에 더 많은 관심을 쏟고 있었다. 예수님보다는 일을 더 중요하게 생각했다. 그녀는 자신에게 자연스럽게 느껴지는 봉사에 우선순위를 두었지만, 마음이 함께하지 않았다. 인정하는 말을 주된 사랑의 언어로 사용하는 사람들의 경우에도 하나님을 향한 사랑 없이 그저 종교적인 빈말을 하는 때가 종종 있다. 하나님을 향한 진정한 사랑은 순수하게 그분을 영화롭게 하고자 하는 마음으로부터 흘러나온다.

### 조지 뮬러

예수님 시대 이후에도 친밀한 시간을 주된 사랑의 언어로 사용한 사람들이 많이 있었다. 그들은 하나님을 향한 사랑을 표현하기 위해 다른 사람들이 보기에는 지나칠 정도로 기도와 성경 읽기와 묵상에 많은 시간을 보냈다. 조지 뮬러는 그들 중 한 사람이었다. 1805년 독일에서 태어난 그는 스무 살에 이미 하나님을 섬기는 일에 전적으로 헌신했다. 그는 할레 대학에서 신학을 공부하는 학생이었고 라틴어, 헬라어, 히브리어, 독일어, 불어와 영어 등 6개 국어에 능통했다.

뮬러는 사역을 시작하면서부터 아무 보수도 받지 않았고, 사역에 필요한 후원금도 받지 않았다. 하나님을 신뢰하고 기도함으로써 모든 필요가 채워질 수 있다고 믿었기 때문이다. 그는 성경과 기독교 서적들을 사람들에게 무료로 나누어 주었고, 가난한 사람들을 위해 기독교 학교를 운영하였다. 무엇보다 고아들을 돌보는 일에 애정을 쏟았는데, 1875년까지 2천 명이 넘는 영국의 어린아이들이 그의 손길을 통해 자라고 공부할 수 있게 되었다. 그가 고아원을 운영한 데는 두 가지 목적이 있었다. 그는 다음과 같이 말했다.

"부모를 모두 잃은 가난한 아이들을 돕는 일에 하나님이 나를 사용하시기를 바라는 마음과 하나님의 도우심을 입어 이 땅에서 그들에게 선을 베풀고자 하는 마음으로 이 일을 시작했다. 그리고 소중한 이 아이들이 하나님을 경외하도록 훈련하는 일에 특별히 나를 사용해 주시기를 간절히 바랐다. 그러나 이 일을 하는 가장 중요한 목적은 나와 내 동역자들이 그 누구에게도 도움을 구하지 않고 기도와 믿음만으로 우리가 돌보는 고아들의 모든 필요를 채워 줌으로써 하나님은 신실하시고 기도를 들어 주시는 분이라는 사실을 드러내는 것이다. 그래서 하나님께 영광을 돌리는 것이다."[3]

고아원을 시작하기 전부터 뮬러는 하나님과 오랜 기간 친밀한 시간을 보내는 삶을 살았다. 다음 글은 그의 일기장에서 발췌한 내용들이다.

- 1832년 7월 18일: "조용한 시간을 갖기 위해 오전 내내 교구 사무실에 있었다. 많은 약속이 있었기 때문에, 이렇게 하는 것이 기도와 말씀 읽기와 묵상 시간을 잠시라도 확보하기 위한 유일한 방법이었다."
- 1832년 7월 19일: "저녁 9시부터 새벽 1시까지 교구 사무실에 있었다. 주님과 친밀한 교제를 나누었다. 이런 조용한 시간을 위해 내게 교구 사무실을 사용하려는 마음을 주신 주님은 찬양받으시기에 합당한 분이시다."
- 1834년 6월 25일: "지난 3일 동안 하나님과 깊이 교제하는 시간을 거의 갖지 못했다. 그래서 영적으로 상당히 연약할 수밖에 없었고, 몇 차례 조급하게 화가 치미는 것을 느꼈다."
- 1834년 6월 25일: "하나님의 은혜로 일찍 일어나서 아침을 먹기 전 거의 두 시간 동안 기도할 수 있었다. 그리고 마음이 많이 편안해졌다."
- 1835년 9월 29일: "어젯밤 가족들이 잠든 후 나도 쉬고 싶었다. 몸이 피곤

하고 밤 날씨가 찬 데다 조금 전까지 기도했기 때문에 이제 그만 쉬고 싶다
는 생각이 들었다. 그러나 다시 무릎을 꿇고 기도를 시작했을 때 곧 주님
이 내 영혼에 빛을 비춰 주시고 몇 주 동안 누릴 수 없었던 기도의 영을 허
락해 주셨다. 주님은 내 마음속에서 다시 한 번 자비롭게 일하셨다. 가까
이 계시는 하나님을 즐거워하며 한 시간 이상이나 간절히 기도할 수 있었
다. 그것은 내가 지난 몇 주 동안 간절히 열망하던 일이었다. … 행복을 느
끼며 잠자리에 들었고 아침에는 깊은 평안을 느끼며 다른 날보다 일찍 잠
에서 깨어나 다시 한 시간 이상 기도하고 아침 식사를 하기 전까지 주님과
깊은 교제를 나누었다. 주님께서 자비를 베푸셔서 이런 상태가 계속될 수
있기를 바란다."⁴

하나님과 함께하는 친밀한 시간이 조지 뮬러의 삶을 이루는 중심이었다.
이 시간을 통해 그는 하나님이 자신과 함께하셔서 평안을 주신다는 것을 느
꼈다. 그리고 이 시간을 갖지 못하면 하나님과 멀어진 것과 같은 거리감이 생
겼다.(그는 동료 그리스도인들에게 "하나님을 위한 일 그 자체가 우리 영혼에 없어서는 안
될 하나님과의 교제를 종종 방해할 수 있다."라고 경고했다.⁵) 3개월 동안 병상에 누워
지내는 동안 그는 1838년 1월 14일 일기에 이렇게 기록했다.

"오늘은 대여섯 시간 기도한 다음 무릎을 꿇고 성경을 읽었다. 그리고 시
편 63편을 묵상하며 두 시간을 더 기도했다. 하나님이 내 영혼에 놀라운 은
총을 더하셨다. 비록 건강은 좋지 않았지만, 하나님의 뜻 안에서 나 자신을
기뻐할 수 있을 정도였다."⁶

뮬러가 하나님과 나눈 친밀한 시간은 종교적 의식이 아니라 깊은 인격적
교제였던 것이 분명하다. 그 시간은 그의 삶 전체에 영향을 미쳤고, 하나님

과 나누는 사랑의 교제의 중심을 이루었다.

1841년 5월 7일 그는 이렇게 썼다.

"이제 내가 해야 할 가장 중요한 일은 하나님의 말씀을 읽고 묵상함으로써 내 마음이 위로와 격려를 받고 책망과 교훈과 훈계를 얻게 되는 것이라는 사실을 알게 되었다. 곧, 하나님의 말씀을 묵상함으로 주님을 만나는 경험을 하는 것이다."[7]

'주님을 만나는 경험'이 바로 뮬러의 사역을 가능하게 한 원동력이었다. 수백 년 전에 살았던 뮬러의 삶을 돌아보면서, 많은 사람은 영국의 가난한 아이들을 위해 학교를 설립하고 고아원을 운영했던 그의 업적을 칭찬한다. 그가 오늘날에는 너무나 흔한 박애사업 기금을 후원받지 않았다는 사실에 현대 그리스도인들은 신선한 매력을 느낀다. 그러나 이 모든 것은 뮬러가 하나님과 나눈 친밀한 시간에서 비롯한 것이었다. 그에게는 가난한 사람들을 돌보는 일보다 하나님과 나누는 친밀한 교제가 훨씬 더 중요했다. 그는 이렇게 적었다.

"기도하고 묵상하는 일에 많은 시간을 보내지 않으면서 말과 교리를 통해 좋은 결과를 얻게 되리라고 기대해서는 안 된다고 나는 확실히 믿는다."[8]

뮬러가 인정하는 말과 봉사로써 다른 사람들의 유익을 구하는 삶을 살았던 것은 분명하지만, 그가 사용했던 주된 사랑의 언어는 바로 친밀한 시간이었다. 그는 하나님과 사랑의 교제를 나누며 친밀한 시간이라는 사랑의 언어를 유창하게 구사했다.

## 하나님과의 친밀한 시간을 통해 얻게 되는 힘과 비전

뮬러와 같은 시대를 살았거나 그 이후 그의 삶과 사역에 관한 글을 접한 많은 사람은 오랜 시간 하나님과 교제하는 것이 거의 불가능한 일이라고 생각한다. 뮬러를 일컬어 하나님을 기쁘시게 하기 위해 자신을 혹사한 '예외적인 성자'라고 말하는 사람들도 있다. 또 어떤 사람들은 그가 살았던 당시의 문화적인 배경에 초점을 맞추어 그의 삶을 설명하기도 한다. 175년 전에는 사람들의 생활이 지금보다 훨씬 더 단순하고 그리 분주하지도 않았기 때문에 기도하고 묵상하는 시간을 많이 가질 수 있었을 것이라고 추측한다.

물론 그것은 사실이다. 그러나 뮬러는 그 당시 가장 바쁜 사람들 중 한 명이었다. 여러 지역에 흩어져 있던 수많은 고아원과 가난한 아이들을 위한 수많은 학교를 돌보기 위해 얼마나 많은 시간이 필요했을지 생각해 보라. 아마도 오늘날 그 어떤 행정가 못지않게 많은 시간이 필요했을 것이다. 따라서 그가 하나님과 친밀한 시간을 나눌 때 하나님의 사랑을 가장 깊이 경험할 수 있었다고 보는 것이 더 나은 설명일 것이다. 그 시간에 그는 힘을 얻었을 뿐 아니라 비전을 발견할 수 있었다. 성경을 통해 하나님의 음성을 들으면서 그는 자신이 맡은 사역을 수행할 힘을 충전할 수 있었다.

주된 사랑의 언어가 친밀한 시간인 사람에게는 하나님과 교제하는 것이 힘든 시간이 아니라 오히려 즐거운 시간이며, 부담스러운 시간이 아니라 부담을 더는 시간이다. 뮬러는 이렇게 말했다.

"내가 매일 해야 하는 가장 중요하고 가장 소중한 일은 주님 안에서 내 영혼이 기쁨을 누리는 것이다. 가장 먼저 생각해야 할 것은 내가 얼마나 많이 주님을 섬기고 하나님께 영광을 돌리느냐가 아니라, 어떻게 내 영혼이 행

복을 누리고 내 속사람이 영양을 공급받을 수 있는가 하는 것이다."⁹

## 모국어로 말하기

뮬러나 그와 비슷한 수많은 사람에게 친밀한 시간은 그들의 모국어라고 할 수 있다. 친밀한 시간을 갖는 것은 하나님의 사랑을 경험하고, 그 사랑에 응답하는 가장 자연스러운 방법이기 때문이다. 최근에 한 사람은 내게 이렇게 말했다.

"전 매일 아침에 갖는 경건 시간에 하나님과 가장 가까워져요. 그 시간이 제 하루 일과 중 가장 중요한 부분이에요. 그 시간을 갖지 못하면 하루 종일 공허감을 느끼고 하나님을 가까이 느낄 수가 없어요. 주님과 함께하는 바로 그 시간에 하나님의 사랑을 느낄 수 있거든요. 제가 경건의 시간을 놓친다 해도 하나님이 절 사랑하신다는 것을 알고 있어요. 그러나 그 사랑을 느낄 수가 없어요."

물론 모든 사람이 다 그런 것은 아니다. 그러나 친밀한 시간을 주된 사랑의 언어로 사용하는 사람들에게는 확실히 맞는 말이다.

지면에 한계가 있기 때문에 친밀한 시간을 주된 사랑의 언어로 사용한 사람들을 더 많이 다룰 수는 없다. 그러나 데이비드 브레이너드(David Brainard), 이 엠 바운즈(E. M. Bounds), 찰스 피니(Charles Finney), 기도자 하이드(Praying Hyde), 이 네 사람을 대표적인 인물로 들 수 있을 것이다.¹⁰

오스틴 마일즈(C. Austin Miles)가 쓴 아래의 찬송시는 그들의 정서를 잘 표현해 준다.

저 장미꽃 위에 이슬 아직 맺혀 있는 그때에
귀에 은은히 소리 들리니 주 음성 분명하다.
주가 나와 동행을 하면서 나를 친구 삼으셨네.
우리 서로 받은 그 기쁨은 알 사람이 없도다.

하나님과 나누는 친밀한 시간을 찾는 사람들은 언제나 그들을 만나기 위해 준비하고 기다리시는 그분을 보게 될 것이다. 친밀한 시간은 하나님이 사용하시는 놀라운 사랑의 언어이다.

# 4

## 하나님이 쓰시는 사랑의 언어

### #3 선물

"저희가 캘리포니아로 이사를 와서 처음 나간 교회 목사님이 그런 분이셨지요. 분명히 그 목사님은 선물을 사랑의 언어로 사용하는 분이셨어요. 저희가 교회에 나간 첫 번째 달에는 피아노를 주셨고, 그 후에는 늘 야채를 가져다주셨지요. 어떤 때는 다른 사람들이 목사님께 드린 야채를 저희에게 가져다주기도 하셨어요. 그리고는 '뭐 더 필요한 거 없어요?'라고 물으시곤 했어요. 저는 목사님이 선물을 사랑의 언어로 사용하셨고, 저희가 그 사랑을 받는 대상이 되었다는 걸 알게 되었어요. 저희가 '고맙습니다'라고 말씀드리면, 목사님은 '하나님께 감사하세요. 모든 좋은 선물은 다 하나님께로부터 오는 거니까요.'라고 대답하셨어요."

**20**번 고속도로가 생기기 전까지 북캐롤라이나에서 텍사스 포트워스까지는 정말 먼 길이었다. 나는 텍사스 롱뷰를 지나가고 싶었기 때문에 남쪽 루트를 택했다. 한 해 전, 하나님과 동행하는 탁월한 삶을 살았던 르토뉴(R. G. LeTourneau)의 자서전 『인간과 산을 움직이는 사람』(*Mover of Men and Mountain*)을 읽으면서, 토공 장비(earth-moving equipment)를 고안해 낸 이 천재적인 기계 기술자를 꼭 한 번 만나 보고 싶었다.

밤새도록 달려 오전 9시경 롱뷰 외곽 지대에 도착한 나는 기름을 넣으려고 주유소에 들렀다. 그리고 그 직원에게 르토뉴가 운영하는 기계 공장에 가려면 어떻게 가야 하는지 물어보았다.

그런데 나는 곧 이런 대답을 들었다.

"그 멍청한 부자 기독교인 말씀인가요?"

나는 그 직원의 말에 되물었다.

"왜 그 사람을 그런 식으로 말하는 건가요?"

"왜냐하면 그 사람은 자기가 번 돈의 90퍼센트를 다른 사람들에게 나누어 주거든요. 전 그런 사람을 도무지 이해할 수가 없어요."

르토뉴를 이해하는 사람은 그리 많지 않다. 1920년대 그는 교육을 잘 받은 기계 기술자들 사이에서 웃음거리가 되곤 했다. 그는 중학교 1학년을 다니다가 그만두었고, 따로 기계공학을 공부한 적도 없었다. 그러나 그는 1960년에 세상에서 가장 큰 토공 기계를 제작했다. "위대한 제품은 없다. 작은 부품들이 있을 뿐이다."[11]라는 것이 그의 철학이었다. 제2차 세계대전 당시 그가 만든 기계는 '비밀 무기'가 되었다. 전쟁이 끝난 후, 그는 방위 수송 협회에서 주는 상을 받은 열 번째 인물이 되었다. 그것은 나라의 안전을 지원하는 교통산업 분야에서 가장 효과적인 기여를 한 사람에게 주는 상이었다.[12]

그는 그 당시 기계 기술자들이 감히 견줄 수 없는 천재적인 독창성으로 꿈을 꾸는 사람이었다. 그는 이렇게 말했다.

"교육을 받지 못한 것이 내게는 잘된 일이었다. 왜냐하면 교육은 내 아이디어를 하찮은 것으로 여기게 만들었을 것이기 때문이다."


## 성공의 비결

르토뉴는 자신의 성공 요인을 두 가지로 꼽았다. 한 가지는 하나님이 기계를 사랑하는 마음과 재능을 주셨다는 것이다. 그는 기계에 몰두하다가 하나님의 사랑에서 멀어지게 될까봐 두려워하곤 했다. 그러나 어려서부터 그는 '주님만 따르면서 내 힘으로 살아가고 있다고 생각하지 않는 한 정도를 벗어나지 않게 될 것이다.'라는 생각을 갖고 있었다.[13]

또 다른 요인은 그가 하나님과 동역한다는 의식을 갖고 있었다는 점이다. 그가 선교사로 헌신하려고 했을 때 "하나님은 목사나 선교사뿐 아니라 사업자도 필요로 하신다."라고 말해 주었던 목사님이 있었다. 경제공황 중 십만 달러의 빚을 진 상태에서도 그는 하나님이 자기 사업의 동업자이심을 잊지 않았다. 거대한 빚에도 불구하고, 그는 선교 사역을 후원하기 위해 그 해 5천 달러를 헌금했다.

1930년대 말, 그의 작은 공장은 호기를 맞이했다. 빚을 모두 청산했을 뿐 아니라 50만 달러가 넘는 이익이 발생한 것이다. 그러자 그는 아내에게 "좀 더 해야겠어."라고 말했다. 그의 아내 에벌린이 "무슨 생각을 하고 있는 거예요?"라고 묻자, 그는 구약 시대의 십일조에 관한 규정을 설명했다.

그는 이렇게 썼다.

"우리는 하나님께 드려야 한다는 것을 강요받고 있지는 않다. 자발적으로 드릴 뿐이다. 그러나 하나님이 우리를 위해 하신 일을 생각할 때, 우리는 믿지 않는 사람들이 법적 의무로 이행하는 것보다 더 많은 것을 하나님께 순전히 감사하는 마음으로 드려야 한다."[14]

그는 아내와 함께 회사 주식의 반을 한 재단에 기부하기로 결정했다. 그리고 소득의 반을 전 세계 기독교 사역을 위해 사용하기로 했다. 그는 자신의 변호사에게 이렇게 말했다.

"우리를 위해 재단을 하나 설립해 주세요. 그 재단을 통해 하나님의 영광을 위한 교육과 선교와 종교 활동을 지원할 것입니다. 나는 법을 잘 모릅니다. 그러니 재단의 재정이 회사나 개인의 목적을 위해 사용되는 일이 없도록 조처해 주시기 바랍니다."

그 변호사가 어떻게 대답했을 것이라 생각하는가?

"정신이 나갔군요. 하지만 뭐 늘 그러셨지요."[15]

주유소 직원이 "그 멍청한 부자 기독교인 말씀인가요?"라고 말했던 것은, 그 사람 혼자만의 생각은 아니었던 것이다.

## 주는 기쁨

나중에 르토뉴는 회사 주식의 90퍼센트를 그 재단에 기부했고, 수입의 90퍼센트를 전 세계 기독교 사역을 위해 사용할 수 있도록 내놓았다. 그 거액의 기부금으로 기독교 캠프 센터(인디애나주 위노나 레이크)와 기독교 대학(조지아주 토코아와 텍사스주 롱뷰) 두 개를 설립했다. 또 리베리아와 페루의 선교 활동을 위해서도 수백만 달러를 기부했다. 그는 주는 삶을 살았다. 하나님께 되돌려 드리는 것이 그의 가장 큰 기쁨이었고, 주는 것을 통해 하나님의 일을 성취하는 것이 가장 큰 행복이었다.

1942년, 회사의 순수익이 처음으로 200만 달러를 넘었다. 그는 10만 달러의 빚을 지고 있는 상태에서 5천 달러의 헌금을 했던 사업 초기를 되돌아보았다. 그는 "그때보다 지금 더 행복하십니까?"라는 질문을 받자 이렇게 대답했다.

"그때 우리가 원했던 것을 하나님이 허락해 주셨으니까 더 감사하다고 해야 할 겁니다. 그런데 더 행복하냐고요? 우리는 그때도 하나님을 섬겼고, 지금도 하나님을 섬기고 있어요. 하나님을 섬기는 행복은 순수입 200만 달러로 더해지거나, 순수입 200만 달러로 살 수 있는 것이 아니지요."[16]

그 당시 많은 사람은 그렇게 나누어 주는 삶을 사는 르토뉴를 이상하다고 생각했다. 지금 이 글을 읽고 있는 사람들 중에도 그렇게 느끼는 이들이 있을 것이다. 그러나 선물을 주된 사랑의 언어로 사용하는 사람들에게는 그리 이상한 일이 아니다. 르토뉴는 그러한 삶을 사는 것이 세상에서 가장 논리적인 것이라 생각했다. 그는 삶 전체를 하나님이 주신 선물이라고 여겼다. 그의 자서전을 보면 이러한 삶의 자세가 분명히 드러나 있다. 그는 기계에 대한 자신의 관심을 하나님이 주신 선물로 보았다. 저녁 식사 후에 설계 도면을 보면서 토공 기계의 새로운 도안을 구상하거나 밑그림을 그리는 것을 전혀 일로 생각하지 않았다. 그것은 그에게 '커다란 장난감을 가지고 놀 수 있는' 기회였다. 또한 그는 시간도 하나님이 주신 선물로 생각했기 때문에 감사하는 마음으로 주어진 시간을 사용했다. 그는 이렇게 말했다.

"누군가가 나를 위해 돈을 쓰는 것은 그리 대단한 일이 아니다. 언젠가는 갚아 줄 수 있기 때문이다. 그러나 내 시간을 낭비하게 만들지 마라. 낭비된 시간은 결코 되찾을 수 없기 때문이다."[17]

어린 시절 그는 매우 과묵했지만, 어른이 되어서는 수많은 사람 앞에서 연설을 하기도 했다. 그는 언제나 "나는 하나님의 복을 받은 기계공에 불과합니다. 은혜로 구원받은 죄인에게 하나님은 은총을 더해 주셨습니다."라는 말로 이야기를 시작했다. 은혜라는 단어는 '분에 넘치는 호의'를 뜻하는 헬라어에서 나온 말이다. 르토뉴는 자신이 분에 넘치는 호의를 받은 사람이라고 생각했다. 그는 언제나 하나님을 동역자로 생각했고, 자신이 의미 없는 삶에서 열매 맺는 삶으로 '구출된' 사람이라고 생각하였다.

16살에 그가 찾은 '내면의 평안'은 은혜의 결과였다. 그는 그날 밤 어떤 일이 일어났는지에 대해 이렇게 설명했다.

"벼락이 나를 덮친 것도 아니었고, 어떤 엄청난 자각도 없었다. 그저 구원해 주시기를 주님께 기도했을 때, 다른 존재가 나와 함께하고 있는 것이 느껴졌을 뿐이다. 아무런 말도, 아무런 메시지도 없었지만 내 모든 비통함이 물러갔고 내 속에 다 담고 있을 수 없을 만큼 어마어마한 안도감이 나를 채웠다. 나는 어머니에게 달려가 '어머니, 제가 구원받았습니다.'라고 외치며 눈물을 흘렸다."[18]

하나님과의 관계를 선물로 보았던 르토뉴에게는 그의 재산 역시 그에게 주신 선물이었다. 그는 세상 사람들을 향해 깊은 관심을 지니고 있었다. 다른 문화권의 사람들을 만날 때마다 그는 언제나 같은 질문을 했다. '먹을 것을 얼마나 가지고 있는가? 얼마나 편안한 집에서 살고 있는가? 영원한 삶에 대해서는 어떤 확신을 가지고 있는가?' 그는 자신의 자서전에 이렇게 썼다.

"과학의 진보는 아프리카와 남아메리카 정글에서 책을 읽을 수 있게 해 주지만, 좋은 음식과 집과 함께하시는 그리스도의 임재는 지금과 내세에 사람들의 삶을 풍성하게 한다. 그리고 나는 그것이 어느 곳에서나 마찬가지일 것이라고 생각한다."[19]

르토뉴가 하나님의 사랑에 대한 경험 때문에 사람들에게 자신의 사랑을 표현하는 것을 사명으로 여긴다는 점은 분명했다.

르토뉴의 삶은 하나님과 사랑을 나누는 관계로 특징지을 수 있다. 그는 그 사랑의 관계를 다음과 같이 표현했다.

나는 하나님은 사랑이시며, 사랑에는 사랑받고 싶어 하는 속성이 있다는 것을 배웠다. 하나님은 그분의 성품에 따라 우리를 지으시고, 사랑하고 미워할 수 있는 힘과, 선과 악을 선택할 수 있는 힘과, "할 것이다" 또는 "하지 않을 것이다"라고 말할 수 있는 힘을 주셨다. 하나님은 죄인들을 사랑하시지만, 죄는 미워하신다. 그분은 온 우주와 그 안에 있는 만물을 다 지으시고 보시기에 좋았다고 하셨다. 그러나 그것으로 만족하신 것이 아니라 "우리의 형상을 따라 우리의 모양대로 우리가 사람을 만들고"라고 말씀하시며, 사람에게 생기를 불어넣으시고 생령이 되게 하셨다. 나는 하나님이 항상 자신과 교제할 수 있는, 하나님을 닮은 피조물을 원하셨다고 생각한다.

　　하나님과 교제하는 특권도 우리의 이해를 넘어서는 것이지만, 하나님은 거기서 멈추지 않으셨다. 하나님을 사랑하고 섬기게 되면 모든 것이 지금 그리고 영원히 우리의 것이 된다. 하나님을 위해 내가 여기서 할 수 있는 일을 다 마치고 나면 하나님이 내 몸을 그분의 영광의 형체와 같이 변하게 하실 것을 믿는다(빌 3:21). 내가 선하기 때문이 아니다. 주 예수 그리스도는 나를 위해 돌아가실 만큼 선하신 분이시며, 내가 그분이 주시는 구원의 선물을 받아들이고 하나님의 가족으로 거듭났기 때문이다(요 3:16). 이 선물은 모두에게 개방되어 있다. 이보다 더 좋은 선물은 어디에도 없다.[20]

르토뉴가 자기 삶 전체를 하나님 사랑의 표현으로 보았던 것을 이해하면, 그가 종종 "내가 얼마나 많은 돈을 하나님께 드리느냐가 아니라 나를 위해 하나님의 돈을 얼마나 많이 쓸 것이냐가 문제다."[21]라고 말했던 의미도 이해할 수 있을 것이다.


## 하나님, 선물을 주는 일에 능숙하신 분

하나님이 선물을 주는 일에 능숙하신 분이라는 르토뉴의 인식은 히브리어로 기록된 구약성경과 헬라어로 기록된 신약성경에서도 찾아볼 수 있다. 구약성경이 시작되는 첫 번째 장에는 다음과 같은 내용이 있다.

"하나님이 자기 형상 곧 하나님의 형상대로 사람을 창조하시되 남자와 여자를 창조하시고 … 하나님이 이르시되 내가 온 지면의 씨 맺는 모든 채소와 씨 가진 열매 맺는 모든 나무를 너희에게 주노니 너희의 먹을 거리가 되리라 또 땅의 모든 짐승과 하늘의 모든 새와 생명이 있어 땅에 기는 모든 것에게는 내가 모든 푸른 풀을 먹을 거리로 주노라 하시니 그대로 되니라 하나님이 지으신 그 모든 것을 보시니 보시기에 심히 좋았더라"(창 1:27, 29-31).

하나님을 '선물을 주시는 분'으로 묘사하고 있는 이 성경구절과, 새로운 세계의 시작을 예수 그리스도의 재림과 함께 묘사하는 성경 마지막 장의 다음 구절을 비교해 보라.

"보라 내가 속히 오리니 내가 줄 상이 내게 있어 각 사람에게 그가 행한 대로 갚아 주리라 나는 알파와 오메가요 처음과 마지막이요 시작과 마침이라 … 나 예수는 교회들을 위하여 내 사자를 보내어 이것들을 너희에게 증언하게 하였노라 나는 다윗의 뿌리요 자손이니 곧 광명한 새벽 별이라 하시더라 성령과 신부가 말씀하시기를 오라 하시는도다 듣는 자도 오라 할 것이요 목마른 자도 올 것이요 또 원하는 자는 값없이 생명수를 받으라 하시더라"
(계 22:12-13, 16-17).

하나님은 성경 전체를 통해 '주시는 분'으로서 자신을 드러내셨다. 애굽의 노예로 종살이하던 이스라엘 백성을 구원하기 위해 하나님이 사용하셨던 사람 모세는 하나님에 대해 "너를 사랑하시고 복을 주사 너로 번성케 하시되 네게 주리라고 네 열조에게 맹세하신 땅에서 네 소생에게 은혜를 베푸시니"(신 7:13)라고 증거했다.

하나님은 분명히 고대 이스라엘 백성과 사랑의 관계를 맺으셨다. 그리고 그들이 의미 있고 열매 맺는 삶을 살아갈 수 있는 지침을 제시해 주셨다. 그 지침을 따름으로써 그들은 여호와에 대한 사랑과 신뢰를 표현했다. 그리고 하나님은 그들에게 사랑의 선물을 부어 주셨다. 언약을 기초로 하나님과 주고받는 이런 사랑의 관계를 모세는 "내가 오늘 너희에게 명하는 내 명령을 너희가 만일 청종하고 너희의 하나님 여호와를 사랑하여 마음을 다하고 뜻을 다하여 섬기면 여호와께서 너희의 땅에 이른 비, 늦은 비를 적당한 때에 내리시리니 너희가 곡식과 포도주와 기름을 얻을 것이요"(신 11:13-14)라고 묘사했다.


## 개인적인 사랑


선물을 줌으로써 표현되는 상호간의 사랑의 관계는 사적인 차원에서도 보인다. 하나님은 이스라엘의 어린 왕 솔로몬에게 "내가 네게 무엇을 줄꼬?"라고 물으시며 사랑을 표현하셨다. 히브리 역사서는 하나님께서 솔로몬이 구한 것보다 훨씬 더 많은 것을 주셨다고 기록한다.

"나의 하나님 여호와여 주께서 종으로 종의 아버지 다윗을 대신하여 왕이 되게 하셨사오나 종은 작은 아이라 출입할 줄을 알지 못하고 … 누가 주의 이 많은 백성을 재판할 수 있사오리이까 듣는 마음을 종에게 주사 주의 백성을 재판하여 선악을 분별하게 하옵소서 … 이에 하나님이 그에게 이르시되 네가 이것을 구하도다 자기를 위하여 장수하기를 구하지 아니하며 부도 구하지 아니하며 자기 원수의 생명을 멸하기도 구하지 아니하고 오직 송사를 듣고 분별하는 지혜를 구하였으니 내가 네 말대로 하여 네게 지혜롭고 총명한 마음을 주노니 네 앞에도 너와 같은 자가 없었거니와 네 뒤에도 너와 같은 자가 일어남이 없으리라 내가 또 네가 구하지 아니한 부귀와 영광도 네게 주노니 네 평생에 왕들 중에 너와 같은 자가 없을 것이라"(왕상 3:7, 9, 11-13).

많은 히브리 시가서는 하나님의 모습을 '선물을 주시는 분'으로 묘사한다. 예를 들어, 시편 5편 12절은 "여호와여 주는 의인에게 복을 주시고 방패로 함 같이 은혜로 그를 호위하시리이다."라고 노래한다.

## 하나님을 사랑하는 사람에게 주시는 선물

신약성경은 자신을 사랑하는 자들에게 선물을 후히 주시는 하나님의 사랑을 계속 보여 준다. 성경 전체의 메시지는 흔히 "하나님이 세상을 이처럼 사랑하사 독생자를 주셨으니 이는 그를 믿는 자마다 멸망하지 않고 영생을 얻게 하려 하심이라."라는 요한복음 3장 16절의 말씀으로 요약된다.

그런데 예수님의 이러한 말씀을 이해하지 못하는 사람들이 많다. 예수님은 자신을 하나님의 독생자라고 주장하시며, 이 땅에서 해야 할 일에 대해 말씀하셨다. "하나님이 그 아들을 세상에 보내신 것은 세상을 심판하려 하심이 아니요 그로 말미암아 세상이 구원을 받게 하려 하심이라 … 아버지께서 아들을 사랑하사 만물을 다 그의 손에 주셨으니 아들을 믿는 자에게는 영생이 있고 아들에게 순종하지 아니하는 자는 영생을 보지 못하고 도리어 하나님의 진노가 그 위에 머물러 있느니라"(요 3:17, 35-36).

예수님이 약속하신 선물

예수님의 가르침에는 하나님이 자신을 사랑하는 자들에게 좋은 선물을 주고 싶어 하신다는 개념이 담겨 있다. 예수님은 예루살렘에서 붙잡히시기 전 제자들에게 이렇게 말씀하셨다. "조금 있으면 너희가 나를 보지 못하겠고 또 조금 있으면 나를 보리라 … 내가 아버지께로 감이라 … 진실로 진실로 너희에게 이르노니 너희는 곡하고 애통하겠으나 세상은 기뻐하리라 너희는 근심하겠으나 너희 근심이 도리어 기쁨이 되리라"(요 16:16-17, 20).

이 말씀의 메시지는 분명하다. 예수님은 돌아가실 것이며, 그 후에 부활하셔서 베들레헴에서 아기로 태어나기 전에 함께 계셨던 아버지께로 돌아가실 것이다. 그러나 예수님은 하나님이 계속해서 좋은 선물을 주실 것이라는 점을 제자들이 알기를 원하셨다. 그리고 이렇게 말씀하셨다. "그 날에는 너희가 아무 것도 내게 묻지 아니하리라 내가 진실로 진실로 너희에게 이르노니 너희가 무엇이든지 아버지께 구하는 것을 내 이름으로 주시리라 … 구하라 그리하면 받으리니 너희 기쁨이 충만하리라"(요 16:23-24).


사도들이 주장한 선물

신약성경은 대부분 바울에 의해 쓰였다. 그는 다소에서 출생하여 고등 교육을 받은 유대인으로 젊은 시절에는 그리스도를 따르는 사람들을 핍박하고 제거하는 일에 앞장섰다. 그는 유대교를 위반하는 것으로 보이는 사람들을 소탕하는 일에 진력했다. 그러나 회심한 후에는 예수님이 이사야 선지자가 예언했던 바로 그 메시아이고, 예수님 안에 영원한 생명의 선물이 있다고 선포하며, 유대인과 이방인을 위한 사도로서 열정적으로 복음을 전했다.

바울의 메시지는 하나님과 하나님의 피조물 사이에 언약으로 맺어진 사랑의 관계를 반영한다. 바울은 이렇게 말했다. "그러므로 사랑을 받는 자녀 같이 너희는 하나님을 본받는 자가 되고 그리스도께서 너희를 사랑하신 것 같이 너희도 사랑 가운데서 행하라 그는 우리를 위하여 자신을 버리사 향기로운 제물과 희생제물로 하나님께 드리셨느니라"(엡 5:1-2).

다른 사도 두 명도 하나님을 선물을 주시는 분으로 보았다. 사도 야고보는 "온갖 좋은 은사와 온전한 선물이 다 위로부터 빛들의 아버지께로부터 내려오나니 그는 변함도 없으시고 회전하는 그림자도 없으시니라"(약 1:17)라고 말했고, 사도 요한은 "보라 아버지께서 어떠한 사랑을 우리에게 베푸사 하나님의 자녀라 일컬음을 받게 하셨는가 … 사랑하는 자들아 우리가 지금은 하나님의 자녀라 장래에 어떻게 될지는 아직 나타나지 아니하였으나 그가 나타나시면 우리가 그와 같을 줄을 아는 것은 그의 참모습 그대로 볼 것이기 때문이니"(요일 3:1-2)라고 썼다. 하나님이 주시는 최고의 선물은 그리스도가 다시 돌아오실 때 재창조될 우리들 자신일 것이다.

하나님은 인간의 역사를 통해 그분을 인정하는 사람들을 사랑하시는 분으로 자신을 드러내셨다. 그리고 선물을 주심으로써 하나님의 사랑을 표현하셨다. 그 선물들은 종종 음식이나 옷이나 보금자리와 같이 맛보고 만질 수 있는 물질적인 것이다. 또한 영원한 생명이나 죄 사함, 마음의 평안, 인생의 목적과 같은 영적인 것도 있다.

이런 영적인 선물 중에는 초대 교회, 특히 그 지도자들에게 허락된 은사들이 있었다. "그가 어떤 사람은 사도로, 어떤 사람은 선지자로, 어떤 사람은 복음 전하는 자로, 어떤 사람은 목사와 교사로 삼으셨으니"(엡 4:11). 교회에 주신 이런 선물은 성도를 온전케 하고 봉사의 일을 하도록 하며 그리스도의 몸을 세우기 위한 것이었다(엡 4:12).

초대 교회 이래로 그리스도 안에 있는 모든 신자는 특정한 과업을 수행할 수 있는 특정한 '영적 은사'를 받았다. 이런 은사는 지혜, 지식, 믿음, 치유, 예언, 영분별, 지도력 등을 포함한다. 이것은 '유익하게' 하기 위해 하나님이 주시는 선물이다(고전 12:7). 그리스도의 제자들은 다양한 은사들을 사용하면서 2천 년 동안 그리스도의 사역을 계속 이어 올 수 있었다.

## 선물을 주된 사랑의 언어로 사용하는 사람들

선물을 주는 분이신 하나님에 관한 주제는 히브리인 역사와 기독교 역사 속에 깊이 흐른다. 선물을 주된 사랑의 언어로 사용하는 사람들에게는 이런 하나님의 속성이 매우 강하게 부각된다. 그들은 하나님을 좋은 선물을 주시는 분으로 바라본다.

### 모니카를 만나다

내가 모니카를 만났을 때, 그녀는 26살이었다. 내가 강의를 맡은 세미나에 참석했던 그녀는 토요일 아침 새로 구운 신선한 빵을 내게 선물로 가져다주었다. 그녀는 나와 이야기를 나누며 이렇게 말했다.

"3년 전까지만 해도 저는 그리스도인이 아니었어요. 부모님은 제가 어릴 때부터 교회에 가게 하셨지만, 아버지는 술에 찌든 삶을 사셨고 어머니는 제게 지나치게 많은 것을 요구하셨지요. 16살에 저는 가출을 했고, 그 이후 다시는 집으로 돌아가지 않았어요. 그리고 제가 하고 싶은 대로 하면서 살았어요. 부모님은 자신들을 그리스도인이라고 했었는데, 그 때문에 하나님의 교회와는 아무런 관계도 맺고 싶지 않았어요."

7년 동안 그녀는 술과 성적인 쾌락을 즐기며 살다가 결국 마약에까지 손을 뻗게 되었다. 그러나 그녀는 거기에서도 행복을 발견하지 못했다. 마침내 틴 챌린지 선교회(Teens Challenge Ministries)에서 마약 중독자들을 돕기 위해 운영하는 재활 센터에 머물게 되었다.

"거기서 처음으로 하나님이 저를 사랑하신다는 말을 들었어요. 예수님이 십자가에 달려 제 죄의 대가를 다 지불하셨기 때문에 하나님이 저를 용서하시고 영원한 생명을 선물로 주셨다는 것을 알게 된 거죠. 처음에는 믿을 수가 없었어요. 저는 하나님이 우리에게 완벽을 요구하실 뿐 아니라 자신의 법을 따르지 않는 사람들을 심판하신다고 생각했거든요. 저를 사랑하고 제게 무언가를 주고 싶어 하는 분으로는 한 번도 생각해 본 적이 없었어요. 제가 한 모든 일을 용서해 주시고 저를 가족으로 맞아 주시고 천국에서 영원히 함께 살도록 해 주실 수 있는 하나님을 도무지 상상할 수가 없었어요. 사실로 받아들이기에는 너무 완벽한 얘기였지요. 그래서 몇 개월 동안은 거부하며 지냈어요.

그러던 어느 날 밤 혼자 성경을 읽다가 하나님께 이런 말씀을 드렸어요. '정말 사실이라면, 정말 하나님이 저를 사랑하신다면, 저를 용서해 주시고 제 삶 속에 들어와 주세요. 저를 깨끗케 해 주시고 마약 중독에서 벗어날 수 있게 해 주세요. 그리고 영원한 생명을 선물로 주세요. 하나님의 사랑을 받아들이고 싶습니다.' 그 후 저는 다른 삶을 살게 되었고, 다시는 예전으로 돌아가지 않았지요."

재활 과정을 마친 모니카는 틴 챌린지 선교회의 소개로 어떤 그리스도인들의 모임을 알게 되었다. 그녀는 그들과 함께 살면서 그들이 순수한 관심으로 서로를 돌보고 있다는 것을 알게 되었다. 2주 후 그들은 모니카가 12살 이래로 한 번도 받아 본 적이 없는 생일 케이크를 준비해 주었다. 그들은 한때 마약에 중독된 사람들이었지만, 하나님의 사랑을 받아들였고 이제 다른 사람들에게 하나님의 사랑을 베풀어 주는 삶을 살고 있었다.

모니카는 거기서 빌이라는 청년을 만나 사랑하게 되었고, 세미나에 참석하기 1년 전에 결혼을 했다. 그녀는 이렇게 설명했다.

"하나님이 제게 너무 많은 것을 주셨어요. 그래서 저는 빵을 구워 다른 사람들에게 선물로 주는 것이 제가 해야 할 일이라고 생각하게 되었어요. 매주 저는 빵 20개 정도를 구워서 하나님이 만나게 하시는 사람들에게 나눠 주고 있어요."

나는 모니카와 빌을 안아 주었다. 그리고 하나님이 그들에게 좋은 선물을 주신 것에 감사드리며, 하나님이 그들의 결혼 생활에 복 주시기를 기도했다.

모니카의 경우는 하나님이 선물이라는 사랑의 언어로 말씀하신다는 것에 대한 하나의 본보기이다. 선물이 주된 사랑의 언어인 수많은 사람에게 있어서, 하나님은 형벌을 내리는 재판관으로서가 아니라 그 사랑을 받아들이는 사람들에게 용서와 영원한 생명을 선물로 주시는 아버지로 서 계셨다. 그래서 그들은 하나님께로 이끌릴 수 있었다.

## 마리아의 목사님

선물을 주된 사랑의 언어로 사용하는 사람들은 선물을 통해 하나님에 대한 사랑을 표현하는 경향을 보인다. 캘리포니아에 살고 있는 마리아라는 한 젊은 주부는 내게 이런 말을 했다. "박사님께서 쓰신 『다섯 가지 사랑의 언어』를 읽으면서 저는 특별히 선물에 관한 이야기에 관심을 갖게 되었어요. 선물이 바로 제가 사용하는 주된 사랑의 언어거든요. 그래서 선물을 사랑의 언어로 사용하는 사람들에 대해 생각해 보기 시작했어요.

저희가 캘리포니아로 이사온 후에 처음으로 나갔던 교회의 목사님이 그런 분이셨지요. 분명히 그 목사님은 선물을 사랑의 언어로 사용하셨어요. 저희가 교회에 나간 첫 번째 달에는 피아노를 주셨고, 그 후에는 늘 야채를 가져다주셨지요. 어떤 때는 다른 사람들이 목사님께 드린 야채를 저희에게 가져다주기도 하셨어요. 그리고는 '뭐 더 필요한 거 없어요?'라고 물으시곤 했어요. 저는 목사님이 선물을 사랑의 언어로 사용하는 분이셨다는 것과 저희가 그 사랑을 받는 대상이었다는 것을 알게 되었어요. 저희가 감사하다고 인사를 드리면, 목사님은 '하나님께 감사하세요. 모든 좋은 선물은 다 하나님께로부터 오는 거니까요.'라고 대답하셨어요."

마리아의 목사님은 성도들에게 선물을 주면서 하나님을 향한 자신의 사랑을 표현하고 있었던 것이 분명하다. 나와 이야기할 기회가 있었다면, 그 목사님은 아마도 마지막 심판 때에 관한 다음과 같은 예수님의 말씀을 인용했을지도 모른다.

"그 때에 임금이 그 오른편에 있는 자들에게 이르시되 내 아버지께 복 받을 자들이여 나아와 창세로부터 너희를 위하여 예비된 나라를 상속받으라 내가 주릴 때에 너희가 먹을 것을 주었고 목마를 때에 마시게 하였고 나그네 되었을 때에 영접하였고 헐벗었을 때에 옷을 입혔고 병들었을 때에 돌보았고 옥에 갇혔을 때에 와서 보았느니라 이에 의인들이 대답하여 이르되 주여 우리가 어느 때에 주께서 주리신 것을 보고 음식을 대접하였으며 목마르신 것을 보고 마시게 하였나이까 어느 때에 나그네 되신 것을 보고 영접하였으며 헐벗으신 것을 보고 옷 입혔나이가 어느 때에 병드신 것이나 옥에 갇히신 것을 보고 가서 뵈었나이까 하리니 임금이 대답하여 이르시되 내가 진실로 너희에게 이르노니 너희가 여기 내 형제 중에 지극히 작은 자 하나에게 한 것이 곧 내게 한 것이니라"(마 25:34-40).

예수님의 메시지는 분명하다. 하나님께 사랑을 표현하는 한 가지 방법은 도움을 필요로 하는 사람들에게 선물을 주는 것이다. 이 진리는 예수님을 따르는 제자들에게 진실한 동기를 부여해 준다. 어떤 사람은 내게 이렇게 말했다.

"다른 사람들에게 뭔가를 줄 때처럼 그렇게 기분 좋을 때도 없어요. 이것이 하나님께서 제게 많은 것을 주신 이유라고 생각해요. 그리고 나눠 주는 것이 제가 하나님께 사랑을 표현할 수 있는 방법인 것 같아요."

또 어떤 사람은 이렇게 말했다.

"사람들이 스스로 공급할 수 없는 것들을 채워 주고 돌봐 줄 때 저는 하나님을 가장 가까이 느낄 수 있어요."

이런 사람들에게는 주는 것이 삶을 살아가는 한 방식이다.

앤의 선물

다른 사람들에게 뭔가를 주는 것으로 하나님에 대한 사랑을 표현하는 사람들을 생각할 때 가장 먼저 내 마음에 떠오르는 사람은 앤이다. 나는 25년 전에 앤을 알게 되었다. 그녀는 언어 교정 치료사였는데, 소아마비 때문에 다리를 절었다. 앤이 은퇴한 후에, 사람들은 언어 교정 치료를 받게 하려고 아이들을 그녀의 집에 데리고 왔다. 앤은 자유롭게 자신의 시간과 전문적인 지식을 사람들에게 나누어 주었다. 그리고 아이들은 언제나 선물을 하나씩 받아들고 집으로 돌아갔다. 그녀는 아이들에게 도움이 되는 책을 주거나 식탁 위에 놓인 과일 바구니에서 사과를 꺼내 주곤 했다. 앤의 현관문은 언제나 열려 있었고, 늘 사람들이 드나들었다.

그중 한 대학생은 앤의 집 마당에 있는 잔디를 깎아 주었고, 같은 교회에 다니던 사람들은 그녀의 집을 청소해 주었다. 가을에는 청년회 회원들이 낙엽을 쓸어 주기도 했다. 사람들은 앤을 위해 무언가를 해 줄 때 행복을 느꼈다. 왜냐하면 그들은 모두 그녀가 주는 선물을 받은 사람들이었기 때문이다.

나 역시 앤에게 선물을 받지 않고 헤어진 적은 한 번도 없었다. 그녀는 다른 사람들을 섬기는 사역에 도움이 될 만한 책을 선물로 주었다. 앤이 양로원으로 들어가기 전 마지막으로 그녀를 봤을 때가 생각난다. 그녀는 "내가 살아 있는 동안에 내 재산을 다 나누어 주고 싶어요. 잘 사용할 수 있는 사람들에게 내 재산이 돌아갔으면 좋겠어요. 아드님에게는 이 책들을 주고 싶군요."라고 말하며, 35권으로 된 세계 명작 전집을 손으로 가리켰다.

나는 앤에게 이렇게 대답했다.

"이 선물을 받으면 우리 데릭이 아주 좋아할 거예요. 그렇지만 따님에게 먼저 얘기해 보세요. 따님에게 필요한 것인지를 먼저 확인하는 것이 좋겠어요. 엘리자베스가 원하는 책이 데릭에게 가는 것은 제가 원치 않아요."

앤은 고개를 끄덕이며 말했다.

"그렇군요. 좋은 생각이에요. 엘리자베스에게 물어볼게요."

2주 후 앤이 전화를 걸어왔다.

"와서 책을 가져가세요. 엘리자베스와 얘기를 했는데 그 아이도 데릭에게 그 책을 주는 것이 좋겠다고 하더군요."

그래서 나는 그녀의 말대로 했다.

그 후 몇 개월 동안 양로원에 있는 앤을 방문했을 때, 그곳에서도 그녀의 주는 삶이 여전히 시들지 않고 있었다. 그때 그녀는 가진 것이 없었지만, 내가 방을 떠나려고 할 때 "여기 이 로션을 캐롤린에게 갖다 주세요. 잘 쓸 수 있을 거예요."라고 말하며 누군가가 그녀에게 가져다주었을 작은 로션 병을 내밀었다.

앤은 수년 동안 그녀가 준 사랑의 기념품을 받은 많은 사람에게 '주는 사람'으로 기억되고 있다. 앤은 25년 동안 자신이 경험한 하나님의 사랑을 이야기해 왔다. 그녀는 하나님을 주시는 분으로 생각했고, 그녀가 다른 사람들에게 준 선물들은 그녀를 통해 보여 주시는 하나님의 사랑을 반영하는 것이었다.

## 하나님이 주시는 선물

하나님이 주시는 사랑의 선물을 어떻게 받을 수 있을까? 하나님이 모든 사람에게 차별 없이 주시는 선물들이 있다. 매일 뜨고 지는 해, 조용히 내리는 비, 봄의 꽃, 새, 계절의 변화, 이런 것들은 모두 하나님이 인간에게 골고루 나누어 주시는 선물이다. 시편 기자는 이렇게 썼다. "하늘이 하나님의 영광을 선포하고 궁창이 그의 손으로 하신 일을 나타내는도다 날은 날에게 말하고 밤은 밤에게 지식을 전하니 언어도 없고 말씀도 없으며 들리는 소리도 없으나 그의 소리가 온 땅에 통하고 그의 말씀이 세상 끝까지 이르도다"(시 19:1-4). 부모가 기본적으로 필요한 의식주를 자녀에게 제공하듯이 하나님은 매일 자신의 창조물들에게 그 필요를 채워 주신다.


## 구하고 받음

그러나 또한 하나님은 구하는 사람들에게 선물을 주신다. 예수님은 이렇게 말씀하셨다. "구하라 그리하면 너희에게 주실 것이요 찾으라 그리하면 찾아낼 것이요 문을 두드리라 그리하면 너희에게 열릴 것이니 구하는 이마다 받을 것이요 찾는 이는 찾아낼 것이요 두드리는 이에게는 열릴 것이니라 너희 중에 누가 아들이 떡을 달라 하는데 돌을 주며 생선을 달라 하는데 뱀을 줄 사람이 있겠느냐 너희가 악한 자라도 좋은 것으로 자식에게 줄 줄 알거든 하물며 하늘에 계신 너희 아버지께서 구하는 자에게 좋은 것으로 주시지 않겠느냐"(마 7:7-11).

영원하신 하나님이 우리에게 구하라고 가르치셨다는 사실을 생각할 때마다 놀라지 않을 수 없다. 그러나 그것이 바로 예수님의 가르침이다. 하지만 우리가 구하는 대로 하나님이 모두 주실 것이라는 뜻은 물론 아니다. 현명한 부모는 아이가 원한다고 해서 한꺼번에 사탕을 한 주먹씩 주지는 않는다. 다만, 하나님은 우리가 구할 때 '좋은 것'으로 주시겠다고 약속하셨다. 아이가 아무리 원한다 할지라도 아이에게 해로운 것을 줄 부모는 없다. 하나님도 마찬가지이다. 그렇게 하기에는 하나님이 우리를 너무나 사랑하신다.

사도 야고보 역시 하나님이 언제나 우리가 구하는 대로 주시지 않는 이유에 대해 설명한다. "구하여도 받지 못함은 정욕으로 쓰려고 잘못 구하기 때문이라"(약 4:3). 하나님은 쾌락과 이기적인 만족을 우선적으로 추구하는 간구에는 응답하지 않으신다. 그분은 우리를 너무 사랑하시기 때문에 잘못된 근거 위에 우리의 삶을 세워 가게 하시지는 않는다.

### 주고받음

하나님과 바른 관계를 맺고 있는 사람은 다른 사람들과 나누기 위한 목적으로 하나님의 선물을 구한다. 그래서 목사는 교인들을 돌보는 데 필요한 지혜를 구하고, 부모는 육체적으로나 감정적으로 자녀에게 책임을 다 하기 위해 필요한 힘을 구한다. 물질적인 것을 구한다면, 그것은 다른 사람을 위한 일에 사용하기 위해서이다. 물질의 소유 그 자체는 성경이 말하고 있는 사랑의 개념과 거리가 멀다. 그리스도를 따르는 신실한 제자는 "하나님이 내게 주신 것을 다른 사람들을 위해 어떻게 쓸 것인가?"라고 자문한다.

우리는 하나님이 주시는 사랑을 다른 사람들에게 전달하는 통로이다. 부모는 딸의 대학 입학금을 위해 기도할 수 있다. 그리고 기도가 응답되면, 그 돈은 자녀의 삶을 풍요롭게 하는 일에 쓰인다. 하나님이 필요 이상으로 주실 때, 우리는 그것을 다른 사람의 삶을 위해 사용할 수 있다. 우리 가족의 필요를 채우고 남는 돈은 목회나 세계 선교를 위해 후원할 수 있다. 이처럼 다른 사람을 사랑함으로써 하나님을 향한 우리의 사랑을 표현하는 것이다. 그들의 삶을 풍요롭게 하기 위해 지혜와 통찰력과 경험과 전문지식과 물질이라는 선물을 받는 것이다.

선물이라는 단어는 '분에 넘치는 호의'라는 뜻을 지닌 '카리스'(charis)라는 헬라어에서 파생된 것이다. 하나님은 우리가 받을 만한 자격이 있어서가 아니라 우리를 향한 사랑의 표현으로 선물을 주신다. 그러므로 우리도 다른 사람이 우리를 위해 한 일이나 또는 그 사람의 선한 행실 때문이 아니라, 그 사람을 향한 우리의 사랑이 흘러넘치기 때문에 선물을 주는 것이다.

하나님은 선물이라는 사랑의 언어를 유창하게 구사하신다. 우리도 다른 사람에게 선물을 줌으로써 하나님의 사랑을 드러낼 수 있다.

# 5

# 하나님이 쓰시는 사랑의 언어
## #4 봉사

"병들고 고통 받는 사람들에게 우리의 손을 대는 것은 고난당하신 그리스도의 몸에 손을 대는 것이다. 예수님께 찾아가서 옷을 입혀 주고, 먹여 주고, 위로해 주는 것이다. 가난하고, 병들고, 나병으로 죽어 가고, 에이즈로 고통 받는 사람들을 찾아가 도와줄 때 우리는 그들을 예수님인 것처럼 섬기는 것이 아니라, 그들이 바로 예수님이기 때문에 그들을 섬기는 것이다." - 마더 테레사

크리스마스가 지나고 새해가 시작하기 전 마지막 주였다. 폴 브라운은 정기 '검진'을 받기 위해 내 사무실에 찾아왔다. 15년 전부터 폴은 크리스마스가 지나면 내 비서에게 전화를 걸어서 한 해의 마지막 주에 나와 약속을 잡았다. 다른 도시에서 수학 교사로 일하고 있는 그는, 방학 중 한 주를 늘 나와 함께 보냈다.

사무실에 온 그는 의자에 앉았다. 그가 작년과 달라진 점은 거의 없었다. 턱수염이 좀 더 많아졌고, 머리가 좀 더 길어졌으며, 아랫배가 좀 더 나왔다. 헐렁한 옷을 입고 온 그는 우리 식구의 안부를 물었다. 그는 줄곧 진지했고, 내 대답에 귀를 기울였다.

그리고 한쪽 주머니에서 구겨진 종이를 꺼내고 다른 쪽 주머니에서 펜을 꺼내면서, 늘 하던 대로 같은 질문을 던졌다.

"결혼을 하는 것이 하나님의 뜻인지 어떻게 알 수 있지?"

42살이 된 폴은 7년간 친구로 지내던 베키와 12년 동안 연애를 했지만, 결혼은 아직 하지 않았다. 나는 냉담한 표정을 지으며 이렇게 물었다.

"왜 그 질문을 하는 건데?"

"베키가 결혼 얘기를 하지 않으려면 다시는 얼씬거리지 말라고 했거든.

난 내가 결혼할 준비가 된 건지 잘 모르겠어. 결혼 생활이 내게는 잘 안 맞을 것 같아. 나는 일주일에 75시간씩 일을 하는데, 아내 될 사람이 그런 내 생활 방식을 잘 견디지 못할 것 같거든."

나는 고개를 끄덕이며 물었다.

"평소에 하루를 어떻게 보내지?"

"공식적으로는 수업이 8시 30분에 시작하는데, 보통 한 시간 일찍 출근해. 오전 8시 30분부터 오후 3시 30분까지 수업을 하고, 3시 30분부터 밤 10시 30분까지는 아이들을 한 명씩 개인적으로 지도하지. 학교에서 가장 엉망진창인 아이들을 내게 맡기거든. 가장 기본적인 수학 공식도 모르는 아이들이 꽤 있어. 수업 시간에는 잘 못 알아듣지만, 일대일로 가르치면 꾀를 피울 수가 없기 때문에 알아들을 수밖에 없지. 수업 시간에 질문을 하면 모두 이해하는 것처럼 굴지만, 실제로는 그렇지 않아. 수학 시험을 통과하지 못하면 고등학교를 졸업할 수 없는데, 개인 지도를 해 주지 않으면 녀석들이 수학 시험을 통과하지 못할 게 뻔해. 난 그렇게 시간 투자하는 것에 대해서는 별로 상관하지 않아. 물론 그렇게 한다고 보수를 더 받는 것도 아니고 말이야. 그러니 아내 될 사람이 이해할 수 있을 것 같지가 않아."

## 소수점 찍기

폴은 7년을 그렇게 해 왔다. 물론 다른 수학 교사들은 아무도 그렇게 하지 않는다. 그러나 그는 이렇게 말했다.

"다른 교사들은 수업 시간에만 설명해도 잘 알아듣는 우수한 학생들을 맡거든. 하지만 내가 맡는 아이들은 그렇지가 못해. 기본을 모르는 아이들을 가르쳐야 한다는 것을 자네도 이해해야 해. 퍼센트로 바꿀 때 소수점을 어느 쪽으로 움직여야 하는지도 모르는 아이들이야.

하나님이 내게 가르쳐 주신 것을 설명해 줄게. 자랑하는 건 아니고, 그냥 어느 날 깨닫게 된 거야. '주님, 어떻게 하면 이 아이들이 소수점을 어느 쪽으로 움직여야 하는지를 이해하고 기억하게 도와줄 수 있을까요?'라고 기도했었거든. 나는 칠판에 알파벳을 적었어. A, B, C, D … P까지 차례로 적은 다음 D와 P에 밑줄을 그었어('D'는 소수점을 뜻하는 Decimal의 첫 자, 'P'는 Percent의 첫 자: 편집자 주). 그리고 D를 가리키며 '소수로 된 숫자가 있는데 이걸 퍼센트로 읽으려면 (이번에는 P를 가리키며) 소수점을 어느 쪽으로 옮겨야 할까?'라고 물었지. 아이들은 '오른쪽이요.'라고 대답을 했어. 그래서 이번에는 P로 가서 '이제 퍼센트로 된 숫자를 소수로 표시하려면 소수점을 어느 쪽으로 옮겨야 하지?'라고 물으며 D를 가리켰어. 아이들은 '왼쪽이요!'라고 외쳤지. 그래서 나는 아이들이 이해했다고 생각했어. 그리고 3주가 지난 다음 시험을 봤는데 아이들은 시험지 상단에 실제로 알파벳을 써넣고 D와 P에 밑줄을 그어 놓았더라고."

우리는 함께 웃음을 터뜨렸다. 그리고 폴은 계속 말을 이었다.

"힘들긴 하지만 난 아이들이 달라질 수 있게 도와주고 있다고 생각해. 내가 시간을 투자해서 가르치기 때문에 그 아이들은 고등학교를 졸업할 수 있게 될 거야. 우리 반에는 수업 시간에 말썽 피우는 아이가 하나도 없어. 아이들은 내가 자기들 편이라는 걸 알고 있거든. 자기들끼리 서로 '브라운 선생님을 힘들게 하지 마. 선생님은 우리 편이야.'라고 말하거든."

## 시간 줄이기

나는 의자에 허리를 기대며 이렇게 말했다.

"폴, 자네 말처럼 일주일에 75시간씩 일하는 남편과 살면서 행복하다고 느낄 아내는 없을 것 같아. 그러니까 이제 결혼을 하려면 일하는 시간을 줄여야 한다는 쪽으로 생각해 보자고. 어떻게 하면 시간을 좀 줄일 수 있을까?"

"수업을 마친 후 아이들을 한 사람씩 지도해 줄 보조 교사가 있으면 돼. 사실 교장 선생님께 나를 보조 교사로 채용해 달라는 건의를 했어. 수업을 다른 교사가 맡아서 해 주면, 매일 3시 30분부터 11시 30분까지 수업 시간에 이해하지 못한 학생들을 내가 개인적으로 지도하면 되니까. 물론 그 제안이 받아들여지지 않을 것 같기는 하지만, 좋은 대안이 될 수는 있을 거라고 생각해.

그리고 내가 생각해 본 또 한 가지 방법은 대학 예비 학교나 대학교에서 수학을 가르치는 거야. 내가 학교에 남아 있는 한 학교에서 다른 반 아이들을 맡길 리가 없거든. 교장 선생님은 아이들 성적을 만족스럽게 생각하고 있고, 부모들도 마찬가지야. 그러니 왜 다른 반 아이들을 맡기겠어? 그 누구도 내가 아이들에게 시간을 투자하는 것만큼 할 수는 없다는 걸 모두 알고 있어. 그런데 나 역시 정말 학교를 옮기고 싶은 건지 잘 모르겠어. 내가 다시 대학으로 돌아가 학위를 받은 것도 바로 그런 학생들을 돕기 위해서였거든. 자네도 기억하지?"

그는 나를 바라보았고, 나는 고개를 끄덕였다.

나는 그 사실을 잘 기억하고 있다. 사실 폴에 관해 나는 많은 것을 기억하고 있다. 폴이 고등학교를 다닐 때 어머니가 암으로 돌아가셨다. 그의 어머니는 헌신적인 가톨릭 신자였고, 자녀 7명을 위해 늘 기도하셨다. 폴은 수학 교사가 되기 위해 대학을 갔다. 대학에서 폴은 예수 그리스도를 신실하게 따르는 제자가 되었다. 그는 가톨릭 신자가 되어야 할지 개신교 신자가 되어야 할지의 문제에 대해서는 별 관심이 없었다. 그러나 예수님의 가르침을 배우고 따르는 일에 헌신했다. 그리고 다른 사람들에게 그리스도의 가르침을 보다 효과적으로 전하기 위해, 수학에서 커뮤니케이션으로 전공을 바꾸었다.

그는 대학을 졸업한 후 몇 년 동안 커뮤니케이션 관련 회사를 다녔는데, 그 일이 정말 평생 해야 하는 일인지를 늘 고민했다. 그러다가 대학으로 돌아가 수학을 다시 전공한 다음, 그가 처음부터 원하고 꿈꾸었던 대로 아이들을 가르치기 위해 학위를 취득했다.

그래서 나는 이렇게 말했다.

"폴, 그러니까 자네는 지금 아이들에게 수학을 가르치고 아이들이 고등학교를 졸업할 수 있도록 도와주면서 수도사처럼 살고 있다는 거 알고 있나? 물론 아이들에게는 큰 도움이 되겠지. 하지만 자네는 결혼을 하고 싶잖아. 그리고 결혼 생활과 수도사 생활이 어울릴 수 없다는 것도 잘 알고 있고…. 그게 바로 오랫동안 수많은 신부와 수녀 앞에 놓여 있던 선택의 문제였어. 그들은 대부분 일찌감치 결정을 내리긴 하지만… 아무튼 자네가 해야 하는 것과 다를 바 없는 것이었지."

## 결혼의 가능성

나는 다시 계속 말을 이었다.

"지금이 자네가 좀 더 실제적으로 결혼의 가능성을 찾아볼 때가 아닌가 싶어. '그냥 가만히 있다가는 결혼하기 어렵다는 게 우리 둘 모두에게 분명해지면, 결혼에 대해 진지하게 생각해 보겠다.'라고 베키에게 말해 둘 필요가 있을 거야. 그리고 결혼 예비 학교 같은 과정에 참여해 보거나 베키와 자네 두 사람이 적합한 결혼 상대자인지를 알아보기 위한 심리 검사를 해 보는 것도 필요할지 모르지. 그리고 자네의 생활 방식을 살펴보면서 '결혼을 하게 되면 이런 일은 어떻게 될 것인가?'라고 자문해 봐야 해. 또 직장 생활과 관련해서도 몇 가지 변화의 가능성들을 생각해 봐야 할 거야. 이런 과정을 거치다 보면 결혼에 대해 바르게 결정할 수 있게 되겠지."

침묵이 흘렀다. 폴은 내가 한 말에 대해 생각해 보는 것 같았다. 마침내 그는 입을 열었다.

"그런 과정을 다 거치고 싶은지 잘 모르겠어. 아직은 아닌 것 같아."

우리는 몇 가지 가벼운 문제들에 대해서도 이야기를 나누었다. 평소처럼 폴은 내게 시간 내준 것에 대한 감사를 표했고, 자기 생각을 되돌아볼 수 있는 공명판의 역할을 해 준 것에 대해 고마워했다. 그가 자리를 뜰 때, 나는 '내년 크리스마스가 지나고 나면 다시 그를 보게 되겠지' 하고 생각했다. 다음 해에 우리는 또다시 '결혼을 하는 것이 하나님의 뜻인지를 어떻게 알 수 있는가'에 대해 이야기하게 될 것이다.

## 봉사를 통해 하나님을 향한 사랑 표현하기

폴이 사용하는 주된 사랑의 언어는 봉사이다. 수학을 잘하지 못하는 학생들을 개인적으로 지도하면서 그는 하나님을 향한 자신의 사랑을 표현한다. 그래서 결혼을 생각하면서도 학생들을 두고 떠나기가 쉽지 않은 것이다. 그러나 폴이 봉사를 사랑의 언어로 사용하는 것은 단지 이 경우 뿐만은 아니다. 커뮤니케이션 관련 회사에서 일할 때에도 폴은 자신이 다니는 교회에서 음향 효과 시스템을 관리하고, 라디오 방송을 위해 목사님의 설교를 편집하는 일을 했다. 그 일을 하느라 일주일에 거의 20시간을 사용했다. 그는 그렇게 하나님을 향한 자신의 사랑을 표현했다.

폴이 결혼하게 될지 아닐지를 짐작할 수는 없지만, 다른 사람을 섬기기 위한 방법을 늘 찾아내리라는 것은 예측할 수 있다. 왜냐하면 다른 사람들을 섬기는 봉사가 그의 주된 사랑의 언어이기 때문이다.


## 사랑의 선지자

폴 브라운을 아는 독자는 별로 없겠지만, 마더 테레사에 대해서는 누구나 잘 알고 있을 것이다. 그녀는 20세기를 대표하는 사랑의 선지자였다. 또한 그녀가 사용한 주된 사랑의 언어는 봉사였다.

소녀 시절 아그네스 보야주(Agnes Bojaxhiu, 마더 테레사의 본명: 편집자 주)는 고향인 알바니아 스코플리에(Skoplje) 마을에 있는 시크릿 하트(Secret Heart)라는 예수회 교단에서 가톨릭 청년회 멤버로 활동했다. 18살에 아일랜드로 이

사한 후에는 로레토 수녀회에 가담했다. 그로부터 3개월 후 인도의 캘커타로 갔다가 히말라야 근처에 있는 다르질링(Darjeeling)이라는 곳으로 향했다. 그녀는 1937년에 그곳에서 서약을 하고 '테레사'라는 이름을 얻게 되었다. 부유한 가정에서 자란 아이들이 모이는 캘커타의 가톨릭 여학교에서 9년을 가르친 뒤, 테레사 수녀는 로레토를 떠나 가난한 사람들과 함께 살며 그들을 돕는 일에 생애를 바치기로 결심했다.

"로레토를 떠나는 일은 가족들을 떠나는 일보다 더 큰 희생이었다. 그러나 그렇게 하지 않을 수 없었다. 그것이 나의 소명이고, 이제 떠나야 한다는 것을 알았기 때문이다. 그러나 어디로 가야 할지는 알 수 없었다."[22]

마더 테레사의 몇몇 제자들이 그녀를 따랐고, 그들은 '사랑의 선교회'(Missionaries of Charity)의 핵심 구성원이 되었다. 마더 테레사는 가장 먼저 만난 사람들을 위해 일하기 시작했다. 그녀가 만난 첫 번째 사람들은 도시 공원에 살고 있는 버림 받은 아이들이었다. 그녀는 아이들에게 먼저 기본적인 위생 습관을 가르치기 시작했다. 그리고 알파벳을 배울 수 있게 도와주었다. 사역에 대한 청사진은 없었지만, 그녀의 목표는 분명했다. 그것은 가난한 사람들을 사랑하고 섬기며 그들 안에 계시는 예수님을 보는 것이었다. 그녀는 이렇게 말했다.

"어떤 일을 해야 할 것인지에 대해서는 전혀 아무런 계획도 없었다. 나는 사람들의 고통을 보고 느끼는 대로 반응했고, 하나님은 그분이 내게 원하시는 일들을 볼 수 있게 하셨다."[23]

테레사 수녀는 길에서 죽어 가는 여인을 발견하고 그녀를 집으로 데려갔다. 그리고 그런 사람들을 위해 '니르말 흐리다이'(Nirmal Hriday)라는 곳을 마련해서 그들이 편안하게 마지막을 보낼 수 있게 해 주었다. 또한 버려진 아이들을 만났을 때는, 그녀가 만든 첫 번째 고아원이 된 '시슈 브하반'(Shishu Bhaban)을 열었다. 그 아이들 중에는 '니르말 흐리다이'에 머무는 사람들의 자녀들도 있었다. 그와 비슷한 방법으로 나환자와 에이즈 환자와 미혼모들을 위한 집도 열었다. 1979년 노벨평화상을 수상한 그녀는 그 상금이 자신을 위한 것이라고 생각하지 않았다. 그 대신 가난한 사람들의 이름으로 상금을 받아 그들을 위해 모두 사용했다.

마더 테레사를 그저 평범하지 않은 이타적인 사람으로만 보는 것은 "가난한 사람들 중에서도 가장 가난한 사람들은 바로 고통 받는 인간의 모습으로 가장한 그리스도이다. 그들에게 도움을 베풀 때마다 그것은 실제로 그리스도를 돕는 것이다."라고 말한 그녀의 삶을 다 이해하지 못한 것이다. 그녀는 또한 이렇게 말했다.

"병들고 고통 받는 사람들에게 우리의 손을 대는 것은 고난당하신 그리스도의 몸에 손을 대는 것이다. 예수님을 찾아가서 옷을 입혀 주고, 먹여 주고, 위로해 주는 것이다. 가난하고, 병들고, 나병으로 죽어 가고, 에이즈로 고통 받는 사람들을 찾아가 도와줄 때 우리는 그들을 예수님인 것처럼 섬기는 것이 아니라 그들이 바로 예수님이기 때문에 그들을 섬기는 것이다."[24]


## 사람들을 섬기는 것은 하나님을 섬기는 것이다

마더 테레사의 봉사의 중심에는 영적인 특성이 있었다. "나에게 있어서 예수님은 살고 싶은 생명이며, 반영하고 싶은 빛이며, 아버지께로 가는 길이며, 표현하고 싶은 사랑이며, 나누고 싶은 기쁨이며, 주위에 뿌리고 싶은 평안이다."[25]

그녀에게는 다른 사람들을 섬기는 것이 하나님을 사랑하는 것과 다름없었다. 마더 테레사의 사랑에는 언제나 희생과 봉사가 포함되어 있었다. 그녀는 이에 대해 하나님이 우리에게 자신의 사랑을 그렇게 표현하셨기 때문이라고 말한다.

"진정한 사랑에는 고통이 따른다. 예수님은 우리에게 사랑을 보여 주시기 위해 십자가에서 돌아가셨다. 아기를 출산하기 위해 어머니는 해산의 고통을 겪어야 한다. 정말 사랑한다면, 희생을 피할 수 없을 것이다."[26]

마더 테레사가 하나님을 사랑하는 일에 동참할 것을 사람들에게 말할 때도 그것은 주로 봉사의 형태로 표현되었다.

"사랑받지 못하는 사람들을 기꺼이 사랑하며, 섬기기 원하는 모든 사람들을 초청한다. 사랑을 전하는 사람들이 되어야 하지 않겠는가? 그저 돈을 주는 것으로만 만족해서는 안 된다. 돈이 전부는 아니다. 가난한 사람들에게는 사랑의 마음과 손길이 필요하다. 풍성한 사랑이 바로 우리 기독교를 표현하는 것이다."[27]

마더 테레사는 그녀를 본받고자 하는 사람들에게, 이웃을 사랑하는 것과 하나님을 사랑하는 것 사이의 관계를 다음과 같이 강조했다.

'사랑의 선교회'를 처음 설립했을 때, 한 형제가 나를 찾아왔다. 그는 "마더 테레사, 제게는 나환자들과 함께 일하는 것에 대한 특별한 소명이 있습니다. 제 삶을 그들에게 바치고 싶습니다. 그 일보다 더 제 마음을 끄는 일은 없습니다."라고 말했다. 나는 그 청년이 나병을 앓고 있는 사람들을 정말로 사랑한다는 것을 알 수 있었다. 그래서 그에게 이렇게 대답했다. "그러나 형제님,

무언가 잘못 생각하고 있는 것 같군요. 우리의 소명은 예수님 안에 거하는 것입니다. 일은 그저 예수님을 향한 우리의 사랑을 표현하는 것에 불과합니다. 일 자체는 중요한 것이 아닙니다. 중요한 것은 예수님께 속하는 것입니다. 예수님은 우리가 그분께 속해 있음을 표현할 수 있는 수단까지도 제공해 주시는 분이십니다."[28]

마더 테레사는 사람들의 영적인 필요를 돌보는 것을 물질적인 필요를 채우는 것보다 훨씬 더 중요하게 생각했다.

"우리는 슬럼가뿐 아니라 세상 어느 곳에서나 가난한 사람들 중에서도 가장 가난한 사람들에게 물질적·영적 도움을 주는 구체적인 일을 한다. … 아픈 사람들을 씻겨 주고 약을 발라 주고 먹을 것을 주는 것만이 우리의 일이었다면, 우리 센터는 오래 전에 문을 닫았을 것이다. 사람들의 영혼을 돌보는 것이 우리 센터에서 할 수 있는 가장 중요한 일이다."[29]

## 최고의 봉사 : 희생하는 삶

하나님은 독생자 예수님을 세상에 보내심으로 우리를 향한 하나님의 사랑을 나타내셨고, 예수님은 우리의 죄를 대속하기 위해 생명을 바치는 최고의 봉사로 그 사랑을 표현하셨다. 어린 소녀 아그네스는 그 사랑에 응답하며, 자신이 살아야 할 삶의 궤도를 정했다. 그녀는 가난한 사람들을 섬기는 봉사를 통해 동정을 베풀고 관대함을 실천하면서 사심 없이 살았다. 그녀의 삶은 세상 사람들의 이목을 끌었지만, 그것은 단지 예수님을 향한 사랑에 의해서 움직였던 것뿐이었다. 봉사를 주된 사랑의 언어로 사용하며 예수 그리스도를 따르는 수많은 사람에게 그녀의 삶은 좋은 본보기가 되었다.


## 하나님이 보여 주신 봉사

아그네스의 마음을 사로잡아 마더 테레사가 되게 하신 하나님은 어떤 분이신가? 그 대답은 어렵지 않다. 그분은 아브라함과 이삭과 야곱과 요셉의 하나님이다. 또한 성경이 '우리 주 예수 그리스도의 아버지'(롬 15:6; 고후 1:3; 엡 1:3)라고 선언하고 있는 분이시며, 봉사라는 사랑의 언어를 유창하게 구사하는 분이시다.

애굽에서 종살이하던 이스라엘 백성을 구출하신 하나님의 사랑 이야기를 모르는 유대인 아이는 아마 없을 것이다. 이러한 사랑의 역사는 너무 중요하기 때문에 유대인 사회에서는 이를 기념하여 3천 500년 동안 유월절로 지켜 왔다.

이스라엘 백성은 애굽에서 가나안까지 가는 40년의 기간 동안, 그들을 섬기시고 자신의 사랑을 표현하시는 하나님을 수많은 기회를 통해 볼 수 있었다. 세실 데밀(Cecil B. DeMille)이 제작한 영화 "십계"(The Ten Commandments)를 통해 현대인들에게 잘 알려진 것처럼, 하나님은 홍해를 가르셔서 이스라엘 백성이 바닷길을 건너가게 하셨다. 그뿐만 아니라 광야에서 마실 물과 만나와 메추라기를 양식으로 주셨다. 유대인들은 섬김을 통한 하나님의 사랑에 깊은 영향을 받았기 때문에, 그들을 위해 일하셨던 하나님의 전능하심에 관한 말씀을 암송하며 자신들의 역사를 설명한다.

사람들의 기도와 희생 제물에 아무 응답도 하지 않는 바알이나 이웃 나라의 이방 신과는 달리, 이스라엘의 하나님은 백성의 기도에 응답하시고 그들을 섬겨 주심으로 자신의 백성을 향한 사랑을 드러내셨다. 이스라엘 백성이 하나님을 부를 때, 적들이 달아나고 재앙이 물러가며 가뭄이 끝나고 병에서 회복되었다.

하나님을 '행하시는 분'으로 여기는 개념이 유대인들의 생각 속에 너무 깊이 박혀 있기 때문에, 그들은 하나님을 전능하신 하나님, 즉 '엘로힘'(Elohim)이라 불렀다.

이스라엘을 대신해서 시편 기자는 행하시는 하나님의 전능함을 강조함으로써, 이스라엘의 하나님을 이방 신들과 다른 분으로 부각시켰다. 이방 신들에 대해 시편 기자는 이렇게 썼다. "그들의 우상들은 은과 금이요 사람이 손으로 만든 것이라 입이 있어도 말하지 못하며 눈이 있어도 보지 못하며 귀가 있어도 듣지 못하며 코가 있어도 냄새 맡지 못하며 손이 있어도 만지지 못하며 발이 있어도 걷지 못하며 목구멍이 있어도 작은 소리조차 내지 못하느니라"(시 115:4-7).

그와는 대조적으로 이스라엘의 하나님에 대해서는 이렇게 말했다.

"이스라엘아 여호와를 의지하라 그는 너희의 도움이시요 너희의 방패시로다 … 여호와께서 우리를 생각하사 복을 주시되 이스라엘 집에도 복을 주시고 아론의 집에도 복을 주시며 높은 사람이나 낮은 사람을 막론하고 여호와를 경외하는 자들에게 복을 주시리로다"(시 115:9, 12-13).

분명히 이스라엘의 하나님은 그분을 찾는 사람들을 위해 일하심으로 그들을 향한 사랑을 표현하시는 분이다.

## 봉사와 예수님의 말씀

마더 테레사가 보여 준 봉사활동의 초점은 엘로힘 하나님이 아닌 예수님께 맞추어져 있었다. 그 이유는 무엇일까? 나사렛 예수님의 생애를 살펴보면, 예수님이 자신을 이스라엘의 하나님과 동일시하셨다는 것을 볼 수 있다. 이런 주장은 매우 분명했을 뿐 아니라 예수님의 생각 속에 깊이 배어 있었다. 어떤 사람들은 그러한 주장을 황당한 것으로 매도하면서, 예수님을 심한 착각에 빠진 사람으로 치부하거나 믿을 만한 종교지도자로 진지하게 고려할 필요가 없는 존재라고 결론을 내린다.

이처럼 어떤 이들에게는 이것이 믿을 수 없는 것으로 여겨졌음에도 불구하고, 마더 테레사와 또 셀 수 없이 많은 사람이 진리로 받아들였던 예수님에 관한 주장들은 무엇이었는가? 성인이 되어 고향 나사렛을 다시 찾아가신 예수님은 안식일에 회당으로 가셨다. 성경을 읽으라는 청을 받고 예수님은 이사야서 61장을 펴서 읽어 내려 가셨다.

"주의 성령이 내게 임하셨으니 이는 가난한 자에게 복음을 전하게 하시려고 내게 기름을 부으시고 나를 보내사 포로 된 자에게 자유를, 눈 먼 자에게 다시 보게 함을 전파하며 눌린 자를 자유롭게 하고 주의 은혜의 해를 전파하게 하려 하심이라 하였더라"(눅 4:18-19).

일반적으로 이 구절은 언젠가 이스라엘에 오실 메시아에 대한 예언으로 이해되었다. 다 읽으신 후 예수님은 이렇게 말씀하셨다. "이 글이 오늘 너희 귀에 응하였느니라 하시니"(눅 4:21). 즉, 자신이 바로 오랫동안 기다려 온 그 메시아라고 말씀하신 것이다. 그 말을 듣고 화가 난 회당의 지도자들은 예수님을 마을 밖으로 몰아내려 했다. 그러자 예수님은 또 이렇게 말씀하셨다. "선지자가 고향에서는 환영을 받는 자가 없느니라"(눅 4:24). 그 이후 예수님은 봉사로 가득 찬 3년간의 사역을 시작하셨다. 예수님은 또 다른 곳에서 하늘을 우러러보며 이렇게 기도하셨다.

"아버지여 때가 이르렀사오니 아들을 영화롭게 하사 아들로 아버지를 영화롭게 하게 하옵소서 아버지께서 아들에게 주신 모든 사람에게 영생을 주게 하시려고 만민을 다스리는 권세를 아들에게 주셨음이로소이다 영생은 곧 유일하신 참 하나님과 그가 보내신 자 예수 그리스도를 아는 것이니이다 아버지께서 내게 하라고 주신 일을 내가 이루어 아버지를 이 세상에서 영화롭게 하였사오니 아버지여 창세 전에 내가 아버지와 함께 가졌던 영화로써 지금도 아버지와 함께 나를 영화롭게 하옵소서"(요 17:1-5).

예수님은 분명히 자신을 하늘에서 엄청난 영화를 누렸던 하나님의 독생자로 선언하셨다. 그리고 하나님이 정하신 죽음을 앞두고 있을 때, 예수님은 제자들을 준비시키기 위해 다음과 같이 말씀하셨다.

"너희는 마음에 근심하지 말라 하나님을 믿으니 또 나를 믿으라 내 아버지 집에 거할 곳이 많도다 그렇지 않으면 너희에게 일렀으리라 내가 너희를 위하여 거처를 예비하러 가노니 가서 너희를 위하여 거처를 예비하면 내가 다시 와서 너희를 내게로 영접하여 나 있는 곳에 너희도 있게 하리라 내가 어디로 가는지 그 길을 너희가 아느니라 도마가 이르되 주여 주께서 어디로 가시는지 우리가 알지 못하거늘 그 길을 어찌 알겠사옵나이까 예수께서 이르시되 내가 곧 길이요 진리요 생명이니 나로 말미암지 않고는 아버지께로 올 자가 없느니라 너희가 나를 알았더라면 내 아버지도 알았으리로다 이제부터는 너희가 그를 알았고 또 보았느니라"(요 14:1-7).

예수님은 제자들을 위해 '처소'를 예비하는 일을 포함한 자신의 '봉사'를 아버지 하나님이 하신 사랑의 봉사와 같은 것으로 여기셨다.

"빌립이 이르되 주여 아버지를 우리에게 보여 주옵소서 그리하면 족하겠나이다 예수께서 이르시되 빌립아 내가 이렇게 오래 너희와 함께 있으되 네가 나를 알지 못하느냐 나를 본 자는 아버지를 보았거늘 어찌하여 아버지를 보이라 하느냐 내가 아버지 안에 거하고 아버지는 내 안에 계신 것을 네가 믿지 아니하느냐 내가 너희에게 이르는 말은 스스로 하는 것이 아니라 아버지께서 내 안에 계셔서 그의 일을 하시는 것이라 내가 아버지 안에 거하고 아버지께서 내 안에 계심을 믿으라 그렇지 못하겠거든 행하는 그 일로 말미암아 나를 믿으라"(요 14:8-11).

하나님이 인간이 되셨던 이러한 성육신이 불가능한 것이라고 생각하는 사람은 예수님의 가르침을 믿기가 매우 어려울 것이다. 그러나 흥미로운 사실은 예수님이 봉사의 일을 자신이 주장한 것에 대한 진실성을 보여 주는 증거로 사용하셨다는 점이다. 예수님은 제자들에게 이렇게 말씀하셨다. "내가 아무도 못한 일을 그들 중에서 하지 아니하였더라면 그들에게 죄가 없었으려니와 지금은 그들이 나와 내 아버지를 보았고 또 미워하였도다 그러나 이는 그들의 율법에 기록된 바 그들이 이유 없이 나를 미워하였다 한 말을 응하게 하려 함이라"(요 15:24-25).

## 기적의 봉사

예수님이 행하신 기적들은 결코 즉흥적이거나 변덕스러운 것이 아니었다. 그것은 언제나 사람들을 향한 사랑의 표현이었다. 병든 자를 고쳐 주시고, 소경의 눈을 뜨게 해 주시고, 폭풍우를 잔잔케 하시고, 귀신을 쫓아내시고, 죽은 자를 세 번에 걸쳐 살리신 이 모든 일(눅 7:11-17, 8:41-42, 요 11:1-44 참조)은 분명히 자신을 하나님과 동일한 분으로 드러내신 초자연적인 기적이었다. 또한 그분의 사랑을 표현하기 위한 것이었다. 이 사실은 "아버지께서 나를 사랑하신 것 같이 나도 너희를 사랑하였으니 나의 사랑 안에 거하라"(요 15:9)라고 하신 예수님의 말씀 속에서 분명히 볼 수 있다.

"내 계명은 곧 내가 너희를 사랑한 것 같이 너희도 서로 사랑하라 하는 이것이니라 사람이 친구를 위하여 자기 목숨을 버리면 이보다 더 큰 사랑이 없나니"(요 15:12-13)라고 말씀하신 예수님은 자신의 죽음을 봉사로 여기셨다. 그리고 그 사랑은 예수님이 십자가에 달려 죽으실 때 "아버지 저들을 사하여 주옵소서 자기들이 하는 것을 알지 못함이니이다"(눅 23:34)라고 하셨던 말씀 속에 더 분명히 드러나 있다.

사도 바울 역시 그리스도의 죽음을 하나님 사랑의 표현으로 보았다. 그는 로마에 있는 교회들에게 이렇게 썼다. "우리가 아직 연약할 때에 기약대로 그리스도께서 경건하지 않은 자를 위하여 죽으셨도다 의인을 위하여 죽는 자가 쉽지 않고 선인을 위하여 용감히 죽는 자가 혹 있거니와 우리가 아직 죄인 되었을 때에 그리스도께서 우리를 위하여 죽으심으로 하나님께서 우리에 대한 자기의 사랑을 확증하셨느니라"(롬 5:6-8).

바울은 그리스도가 의인이 아닌 죄인을 위해 돌아가셨다는 사실에 압도당했다.

앞서 예수님은 이렇게 기도하셨다. "아버지여 내게 주신 자도 나 있는 곳에 나와 함께 있어 아버지께서 창세 전부터 나를 사랑하시므로 내게 주신 나의 영광을 그들로 보게 하시기를 원하옵나이다 의로우신 아버지여 세상이 아버지를 알지 못하여도 나는 아버지를 알았사옵고 그들도 아버지께서 나를 보내신 줄 알았사옵나이다 내가 아버지의 이름을 그들에게 알게 하였고 또 알게 하리니 이는 나를 사랑하신 사랑이 그들 안에 있고 나도 그들 안에 있게 하려 함이니이다"(요 17:24-26).

## 예수님의 봉사에 대한 반응

아버지 하나님을 자신과 동일시하시면서, 창세전부터 하나님과 함께 계셨고, 아버지를 떠나 이 세상에 오셨으며, 죽었다가 다시 살아나 아버지께로 돌아갈 것이라고 말씀하신 예수님의 주장은 논리적인 사람들에게 다음의 세 가지 가능성을 생각하게 만들었다.

예수님은 무시해야 할 사기꾼이거나, 망상에 사로잡힌 불쌍한 시골 촌뜨기이거나, 혹은 경배해야 할 주 하나님인 것이다. 물론 그분을 위대한 종교적 지도자로 여겨야 할 지적인 근거는 없다. 신성에 관한 그의 주장은 우리에게 그런 선택을 허락하지 않기 때문이다.

그러나 예수님의 생애를 면밀히 살펴본 모든 사람에게 그분은 인생행로의 한 분기점이 된다. 그분께 엎드려 경배하고 마음을 드리며 그분의 종으로 겸손히 사는 순종의 길을 선택한 많은 사람에게는, 자신들의 마음을 사로잡은 것이 궁극적으로 자신들의 죄의 형벌을 담당하려는 그분의 자발적 희생으로서의 죽음과 봉사의 기적들로 표현된 하나님의 사랑이었음을 알게 될 것이다.

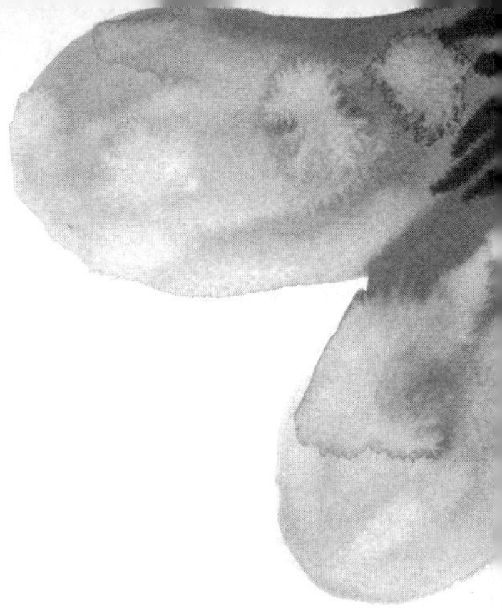

# 6

## 하나님이 쓰시는 사랑의 언어
## #5 신체적 접촉

"자전거를 멈추고 섰는데 마치 하나님이 두 팔로 저를 감싸 안아 주시는 것 같은 느낌이 들었어요. 저는 하나님이 함께하신다는 것을 느끼며, 그 자리에서 울음을 터뜨렸지요. 하나님이 살아 계실 뿐 아니라 저를 사랑하신다는 것을 알게 된 거예요. 그 이후 저는 예수님을 따르게 되었어요. 하나님이 제 사랑의 언어로 말씀하셨던 거죠."

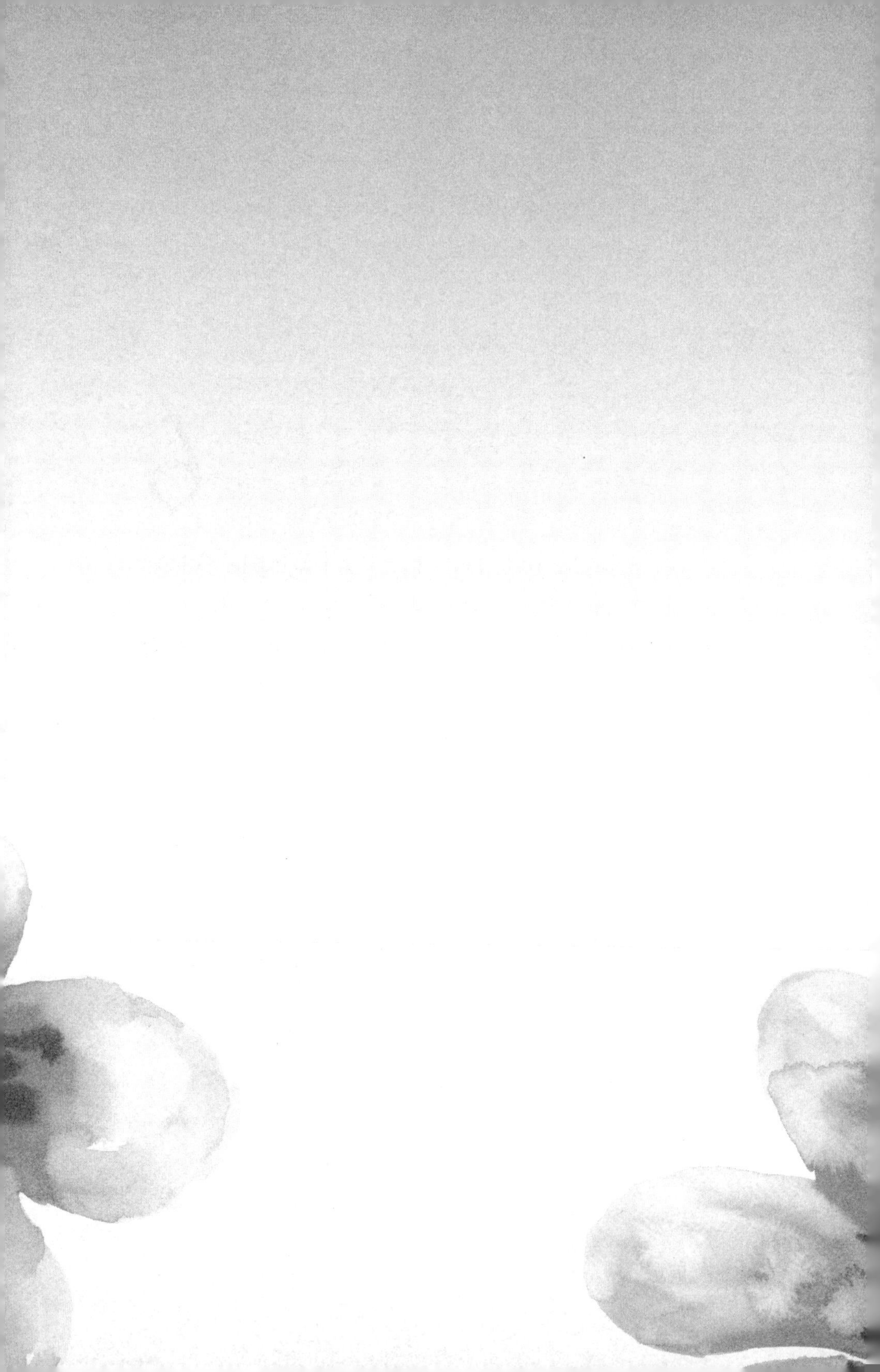

몇 년 전, 나는 한 주 동안 결혼 세미나를 인도하고, 그 다음 한 주 동안은 자녀양육에 관한 세미나를 인도하기 위해 독일 남부 지역에 가 있었다. 카를이라는 사람이 통역을 맡았는데, 그동안 많은 여행을 다녔지만 그렇게 열정적으로 통역하는 사람은 본 적이 없었다.

첫 강의에서 나는 그와 함께 강의하는 것이 즐거운 일이 되리라는 것을 알 수 있었다. 내가 인물들의 성격을 묘사하는 이야기를 시작했을 때, 카를은 이미 내 이야기 속에 완전히 빠져 있었다. 내가 강한 어조로 말하면 그도 강한 어조로 말했고, 내가 가성을 쓰면 그도 가성을 썼다. 내가 손을 움직이면 그도 자기 손을 움직였다. 내가 웃음을 터뜨리면 그도 웃음을 터뜨렸다. 그가 나를 따라 그대로 흉내 내는 것을 보고 웃음을 참지 못한 적도 있었다.

청중들 중 반 정도는 영어를 이해했다. 내가 이야기를 마치면 바로 웃음을 터뜨리는 이들이 있었다. 나머지 반은 카를의 통역이 끝나고 나서야 웃음을 터뜨렸다. 신나는 일이었다!

주말에는 세미나에 참석했던 사람들과 개인적으로 이야기를 나누었는데, 그때도 카를이 통역을 맡아 주었다. 나는 카를과 이야기를 나누면서 상당한 시간을 보냈다. 내가 쓴 책 7권이 독일어로 번역되었는데, 카를은 「다섯 가지 사랑의 언어」에 대해 잘 알고 있었다. 그리고 그 책에 관한 내 강의에 특별한 관심을 보이고 있었다. 그는 자신이 사용하는 사랑의 언어가 분명히 신체적 접촉이라고 말했다. 아내의 애정 어린 신체 접촉은 그에게 매우 소중한 것이었다.

두 번째 세미나가 중간쯤에 다다랐을 때 나는 카를을 상당히 잘 알게 되었다. 그는 내게 "지금은 어떤 책을 쓰고 계십니까?"라고 물었다.

"지금은 하나님이 사용하시는 사랑의 언어에 관한 책을 쓰고 있습니다. 하나님이 각 사람이 쓰는 주된 사랑의 언어로 말씀하실 때, 우리가 하나님의 사랑을 더 깊이 경험할 수 있다는 생각을 전제로 하고 있습니다. 예를 들어, 어떤 사람의 주된 사랑의 언어가 인정하는 말이라면 그것이 말씀을 통해 다가올 때 하나님의 사랑을 보다 깊이 경험하게 되리라 생각합니다."

나는 카를에게, 작은 호텔에 머물던 중에 하나님을 만나게 된 한 젊은이가 몇 주 전에 내게 들려준 이야기를 그대로 전해 주었다. 부모에게서 떠나와 가진 돈도 거의 없었던 그 젊은이는 그곳에서 우연히 성경을 집어 들었다.

그는 이렇게 말했다.

"절망감에 빠져 있던 저는 기드온 성경을 펴고 예레미야서 31장을 읽게 되었어요. 거기에는 '내가 무궁한 사랑으로 너를 사랑하는 고로 인자함으로 너를 인도하였다.'라는 구절이 있었지요. 그리고 조금 더 읽어 내려가자 '이스라엘을 흩으신 자가 그를 모으시고 목자가 그 양무리에게 행함같이 그를 지키시리로다'라는 말씀이 있었어요.

그것은 선지자가 이스라엘 백성에게 했던 말이었지만, 그날 밤 그 구절은 분명 제게 주신 하나님의 말씀이었어요. 저는 하나님을 만났고, 다음 날 부모님께로 다시 돌아가게 되었습니다."

나는 하나님의 말씀이 그 젊은이의 영혼 속에 힘 있게 파고들었다는 것을 카를에게 설명해 주었다. 하나님은 그 젊은이가 사용하는 주된 사랑의 언어를 통해 그에게 말씀하셨던 것이다.


## 손을 찰싹 치신 하나님

카를은 내가 빨리 그 청년의 얘기를 끝내기를 바라고 있는 것이 분명했다. 그는 흥분해서 이렇게 말했다.

"그건 제게도 맞는 말이에요. 지난주에 제 주된 사랑의 언어가 신체적 접촉이라고 말씀드렸지요? 이제 제가 어떻게 그리스도인이 되었는지를 말씀드릴게요. 17살 때 저는 하나님에 대해 무엇을 어떻게 믿어야 할 것인지를 고민하고 있었어요. 하나님이 계신다는 사실을 잘 확신할 수는 없었지만, 만일 하나님이 계신다면 그분을 알고 싶었어요. 어느 날 밤 해가 진 뒤에 저는 자전거를 타면서 손에 담배를 들고 있었어요. 13살 때부터 담배를 배웠거든요. 몸에 좋지 않다는 것을 알았기 때문에 정말 끊고 싶었지만, 여러 차례 시도해봐도 번번이 실패하고 말았어요. 저는 손에 든 담배를 쳐다보며 '하나님, 하나님이 계시다면 이 담배를 제거해 주세요.'라고 기도했어요. 그런데 갑자기 마치 커다란 손이 어딘가에서 불쑥 튀어나와 제 손을 찰싹 치는 것 같았는데, 그 순간 제 손에 있던 담배가 사라졌다는 것을 알게 되었어요.

저는 자전거를 멈추고 섰는데, 그때 마치 하나님이 두 팔로 절 감싸안아 주시는 것 같은 느낌이 들었어요. 저는 하나님이 함께하신다는 것을 느끼며 그 자리에서 울음을 터뜨렸지요. 하나님이 살아 계실 뿐 아니라 저를 사랑하신다는 것을 알게 된 거예요. 그 이후 저는 예수님을 따르게 되었어요. 하나님이 제 사랑의 언어로 말씀하셨던 거죠. 그때 하나님이 절 만지셨던 것처럼 지금도 그렇게 만져 주세요. 항상은 아니지만 기도하고 찬양할 때면 하나님이 느껴져요. 하나님이 영이시라는 사실을 알고 있지만 하나님의 성령이 제 영혼을 만지실 때 저는 그걸 몸으로 느낄 수 있어요. 그리고 그때 하나님을 가장 가까이 느끼게 됩니다."

## 함께하시는 하나님을 느낌

카를의 경험은 그리 이상한 것이 아니다. 신체적 접촉을 사랑의 언어로 사용하는 사람들은 종종 '함께하시는 하나님을 느낀다.'라고 말한다. 3장에서 이야기했던 그레타의 남편 로드를 기억하는가? 그는 두 번째로 예배를 드린 교회에서 하나님을 만났다고 했다. 로드를 초청한 친구는 앞쪽으로 나가서 사람들로부터 기도를 받는 것이 어떻겠냐고 제안했고, 그는 친구의 제안을 거절할 수 없어서 그렇게 하기로 했다.

몇몇 남자들이 그를 둘러싸고 큰 소리로 기도하기 시작했다. 로드는 이렇게 말했다.

"그런 경험은 처음이었어요. 몇 분 지나지 않아 저는 자제할 수 없을 정도로 심하게 울면서 하나님의 용서를 구하는 기도를 하게 되었어요. 하나님이 그날 절 만져 주셨습니다. 마치 온몸에 전기가 통하는 것 같았지요. 완전히 깨끗해진 듯한 느낌이었어요."

나중에 로드는 또 이런 말을 했다.

"하지만 그 경험은 시작에 불과한 것이었어요. 하나님은 그 이후로도 여러 번 절 만져 주셨지요. 2주 전에는 사무실에서 어려운 일이 생겨 기분이 많이 가라앉아 있었어요. 아내와도 격리된 듯한 느낌이었지요. 저는 운전을 하면서 '하나님, 하나님이 필요합니다. 정말로 하나님이 필요합니다.'라고 기도드렸습니다. 그런데 그때 함께하시는 하나님이 느껴졌고, 저는 완전히 압도되고 말았어요. 하나님이 차 안에 저와 함께 계신다는 것을 알 수 있었지요. 저는 울면서 차를 차도 한쪽으로 세웠어요. 그리고 기쁨과 평안이 넘치는 것을 경험했습니다.

저와 함께하시는 하나님을 느끼면서 모든 것이 다르게 보였어요. 한 15분 정도 눈물을 흘리며 하나님을 찬양했어요. 그리고 곧 평안을 느끼게 되었지요. 하나님이 저를 도와주실 것이라는 믿음이 생겼거든요.

하나님이 함께하시는 이런 일을 아주 자주 경험하는 건 아니에요. 다행이죠. 제가 다 감당할 수가 없을 것 같거든요. 그러나 그런 일을 경험할 때마다 순전한 기쁨을 느껴요. 제가 하나님과 함께 있다고 느낄 때 그때가 제 생애 최고의 순간이에요."

나는 그에게 이렇게 말했다.

"하나님이 함께하시는 것을 신체적·감정적으로 느끼는 경험이 주기적으로 일어나는 것 같군요. 일상생활 속에서는 언제 하나님을 가장 가까이 느끼시나요?"

로드는 "찬양을 부를 때 함께하시는 하나님을 많이 느끼게 됩니다. 어떤 때는 교회에 있을 때, 또 어떤 때는 혼자 있을 때 마치 하나님이 바람처럼 제 곁을 스쳐 지나가시는 것처럼 느껴지곤 합니다. 때로는 찬양을 부르며 울기도 하는데, 그때 흐르는 눈물은 기쁨의 눈물이에요. 저는 하나님이 함께하신 다는 것을 알고 난 후부터 그분을 찬양하는 노래를 불러요."

## 안아 주시는 아버지의 두 팔

로드가 자신이 경험한 하나님을 이야기하는 동안, 나는 몇 달 전 방문했던 싱가포르에서의 일이 문득 떠올랐다. 나는 어느 주일 저녁 내게 설교를 부탁한 교회 예배당에 앉아 있었다. 십대 아이들로 구성된 찬양팀이 찬양을 인도했는데, 그들 중에는 두 손을 높이 들어 올리고 얼굴을 위로 향한 채 찬양을 하는 아이도 있었고, 눈물을 흘리는 아이도 있었다.

예배를 마친 후 나는 목사님 중 한 분에게 그 젊은이들에 대해 물어보았다. 그는 이렇게 말했다.

"아, 그 아이들은 가출해서 길거리를 배회하다가 구원받게 된 청소년들인데, 지금은 하나님을 열정적으로 사랑합니다. 그리고 찬양하는 것을 좋아합니다."

나는 그의 말을 들으며 마음속으로 임상학적 그림을 그려 보았다. 아버지의 따뜻한 품속을 경험해 보지 못한 아이들, 어떤 이유에서건 어머니에게 버림받은 아이들이었지만, 이제 '고아들의 아버지'(시 68:5)로 자신을 드러내신 하나님 아버지의 두 팔을 경험하게 된 것이었다. 그들은 "내 부모는 나를 버렸으나 여호와는 나를 영접하시리이다"(시 27:10)라고 고백한 히브리 시편 기자와도 같았다.

나중에 나는 찬양팀을 구성하고 있는 아이들이 모두 다 눈물을 흘리지는 않았다는 사실이 생각났다. 또 찬양을 하면서 모두 다 손을 든 것도 아니었다. 감동받은 마음을 몸으로 전혀 표현하지 않는 아이들도 있었다. 그러나 그들의 찬양이 순수하고 진지한 것이었다는 데는 의심의 여지가 없었다. 나는 그들이 어떤 사랑의 언어를 사용하는지 그리고 하나님이 어떻게 그들의 마음을 사로잡으셨는지 궁금했다. 다만 눈물을 흘린 사람들이 함께하시는 하나님의 임재를 보다 의식적으로 인식하며, 하나님의 사랑을 좀 더 깊이 경험했을 것이라는 생각이 들었다. 하나님이 그들을 만지셨고, 그들은 하나님의 따뜻한 포옹을 느꼈다. 하나님의 사랑을 깊이 느낀 그들은 두 팔을 들어 올리고 눈물을 흘리며 그 사랑에 응답했다.

## 신체적 접촉과 니콜라스의 가정 교회

미국에 다시 돌아온 나는 몇 달 후 대도시에 있는 한 '가정 교회'를 방문하였다. 그들은 전통적인 교회를 한 번도 경험해 본 적이 없는 젊은이들이었는데, 각자 자신의 방법대로 그리스도를 따르고 있었다. 주로 십대 후반과 이십대 초반인 그들은 세속적인 세계관을 지니고 자랐다. 대부분은 십대에 술과 마약과 섹스를 경험했고, 입양된 가정에서 자란 아이들도 꽤 있었다. 나중에 나는 그들 중 반 이상이 자기 친아버지를 모르는 아이들이라는 것을 알게 되었다. '가정 교회'에 오기 전까지 그들은 날씨가 허락되는 한 주로 다리 밑이나 시내 공원에서 잠을 잤다.

가정을 찾아서

그들은 부모를 거역한 사춘기 아이들이 아니었다. 아예 부모를 모르는 젊은이들이었다. 그들은 '가정 교회'의 사역을 통해 그리스도를 따르게 되었다. 술과 마약 중독에서 벗어나 가정을 찾게 된 것이다. 그들은 "하나님이 고독한 자들은 가족과 함께 살게 하시며 갇힌 자들은 이끌어 내사 형통하게 하시느니라."라고 한 시편 68편 6절의 진리를 발견할 수 있었다.

나는 그곳에서, 키나 머리색이나 얼굴 모양이 내 아들과 비슷한 니콜라스라는 젊은 청년을 만나게 되었다. 그는 다른 사람들보다 나이가 좀 더 들어 보였다. 그는 곧 내게 자신의 이야기를 풀어놓았다.

"제 인생의 초기 18년은 시카고 거리에서 노숙하며 살았어요. 그리고 서부로 옮겨 간 다음 결국 이곳에 와서 10년을 살게 되었지요. 공원에서 잠을 잤고, 식당에서 설거지하는 일을 했어요. 그때 제 친구가 저를 초대한 곳은 그리스도인들이 모이는 좀 별난 곳이었어요. 밤늦게까지 음악에 맞추어 춤을 추었지만, 가끔씩 악단 구성원들이 정기적으로 나와 자신들의 영적 여정에 관한 이야기를 했어요.

시간이 좀 걸리긴 했지만, 저는 그 사람들이 하나님에 관해 이야기하고 있다는 것을 알게 되었죠. 저로서는 처음 들어보는 얘기들이었어요. 그 전에는 저주하는 말을 들을 때가 아니면 하나님의 이름을 접할 수 있는 기회가 없었거든요. 그런데 하나님이라는 분이 그 사람들의 삶에 어떤 변화를 일으키신 것처럼 보였어요. 새벽 4시경 한 사람이 이렇게 말했어요. '누가 자기를 위해 기도해 주면 좋겠다고 생각하는 사람은 건물 저쪽 끝으로 오세요.' 저를 위해 기도해 준 사람은 그때까지 아무도 없었어요. 그래서 좋은 경험이 될 수 있을 거라 생각하며 그곳으로 갔지요. 거기서 두 사람이 제 어깨에 자기들의 손을 얹더니 '같이 기도해요.'라고 말하더군요. 저는 '기도할 줄 모르는데요.'라고 대답했어요. 그러자 그들은 '그래요. 그럼 우리가 대신 기도해 줄게요.'라고 했어요. 그래서 전 의자에 앉았죠."

"하나님께서 절 만지셨어요"

"두 사람은 무릎을 꿇고 제 어깨에 손을 올리더니 저를 위해 동시에 기도하기 시작했어요. 그 당시에는 제게 무슨 일이 일어나고 있는지 몰랐어요. 아마 미치려나 보다 생각했죠. 지금은 하나님이 저를 만지셨고 제 삶에 변화를 일으키셨다는 것을 잘 알고 있지만, 그때는 예전에 전혀 느껴 보지 못한 낯선 기분 때문에 생소했어요. 누군가가 함께 있는 것 같았죠. 그리고 제 앞에서 '내가 널 사랑한단다. 나는 언제나 널 사랑해 왔다. 네가 내 자녀가 되길 바란다. 내 아들이 되길 바란다. 나를 따르길 바란다.'라고 말씀하시는 예수님을 보았어요. 저는 그분이 누군지 몰랐지요. 그래서 '누구세요?'라고 물었어요. 그랬더니 '나는 하나님의 아들 예수다. 나는 이 땅에 와서 네가 받아야 할 형벌을 받았고, 네가 한 모든 실패로 인한 징계를 다 받았다. 네게 가족이 없다는 것을 알고 있다. 내가 네 형제가 되고 싶다. 그리고 하나님이 너의 아버지가 되고 싶어 하신다. 너를 위해 기도하는 이 사람들은 나를 위해 일하고 있는 것이다. 그들도 너를 사랑한다. 그리고 너를 도와줄 것이다. 그들의 말을 들어라.'고 대답하셨어요."

니콜라스가 "예, 그렇게 하겠습니다."라고 대답했을 때, 그는 무거운 짐이 '자기 어깨에서 들려 올라가는' 것처럼 느껴졌다고 했다. 그래서 울면서 이렇게 말했다고 한다.

"감사합니다. 예수님! 감사합니다. 예수님! 감사합니다. 예수님!"

다음 날 아침 니콜라스는 그를 위해 기도해 준 부부와 또 다른 몇 사람과 함께 '가정 교회'에서 살기로 결정했다.

"그 당시에는 그 모임이 그냥 일종의 종교 집단 같은 것이라 생각했어요. 하지만 여기서 지낸 지 3년이 되었는데, 제가 살아오는 동안 가장 좋았던 시기였어요. 하나님이 저를 마약 중독에서 구해 주셨고, 처음으로 가족을 갖게 해 주셨지요. 예수님이 제 삶을 변화시키셨어요. 그리고 제 삶을 변화시킬 수 있었던 예수님은 그 어떤 이의 삶이라도 변화시킬 수 있으세요."

## 접촉, 동정심, 그리고 열정적인 기도

그 '가정 교회'에서 사흘을 보내면서, 나는 기도가 그들에게 종교의식 그 이상이라는 것을 알게 되었다. 첫날밤에는 임신한 것처럼 보이는 한 아가씨가 찾아왔는데, 상당히 혼란에 빠진 것처럼 보였다. 그 '가정 교회'를 인도하는 지도자는 곧 "이 아가씨를 위해 기도합시다."라고 말했다. 그때 집안에 있던 사람 6~8명이 그녀 주위에 둘러서서 한 손은 그녀의 몸에 대고, 다른 한 손은 같이 기도하는 사람의 손을 잡았다. 나는 니콜라스의 손을 잡았다. 그리고 한 사람씩 돌아가면서 그녀를 위해 기도하기 시작했다.

그들은 다른 교회에서는 거의 볼 수 없었던 사랑과 열정을 지니고 기도했다. 한 사람이 기도하는 동안 다른 사람들은 "예, 주님." "아멘." "예수님, 고맙습니다." "주님, 긍휼을 베풀어 주옵소서."라고 말했다.

기도가 시작되자 니콜라스는 잡고 있던 손을 떨기 시작했다. 시간이 지나면서 그 떨림은 점점 더 뚜렷해졌다. 기도를 마친 후 그들은 서로를 포옹했고 또 그 아가씨를 포옹해 주었다. 그리고 기도에 응답해 주시는 하나님을 찬양했다.

그런 다음 아가씨를 데리고 식당으로 가서 먹을 음식을 주었다. 또한 그날 저녁 아가씨가 갈 곳이 없다는 사실을 알게 된 그들은 그곳에서 하룻밤을 지낼 수 있게 해 주었다.

다음 날 니콜라스와 나는 '산책 기도'(길을 걸어가면서 스쳐 지나가는 사람들을 위해 그리고 건물 안에 살거나 그곳에서 일하는 사람들을 위해, 소리 없이 또는 소리를 내어 기도하는 것이다)를 하기 위해 밖으로 나와 함께 길을 걸었다. 나는 니콜라스에게 지난번 기도 시간에 있었던 얘기를 꺼내면서, 그렇게 손을 떨며 기도하는 사람을 본 적이 없다고 말했다. 그는 내 말에 이렇게 대답했다.

"그래요? 그런데 전 손이 떨리기 시작할 때, 성령님이 제게 임하신다는 것과 하나님이 제 기도를 통해 좋은 일을 하고 싶어 하신다는 것을 알 수 있어요."

곧이어 나는 이렇게 물었다.

"성령님이 임하시면 모든 사람의 손이 떨린다고 생각하세요?"

"아니요. 그렇지만 제게는 항상 그랬어요. 저도 그 이유는 몰라요. 그저 하나님이 저와 함께하신다는 사실을 제게 가르쳐 주시는 한 가지 방법일 수도 있을 거예요."

그곳에 머물렀던 마지막 날 밤, 그들은 내게 다섯 가지 사랑의 언어에 대해 강의를 해 달라고 부탁했다. 그들 중 어떤 사람들은 여기저기서 조금 들은 것이 있어서 그 내용을 알고 있었다. 그러나 내 책을 읽은 사람은 단 한 명뿐이었다. 나는 어떤 사람이 사용하는 주된 사랑의 언어를 이해하는 것이 사랑을 받아야 할 그 사람의 감정적인 필요를 좀 더 효과적으로 채워 주는 데 도움이 된다는 사실에 초점을 맞추어서 강의를 했다. 사랑을 절실하게 필요로 하는 젊은이들을 위해 사역하는 그들에게 도움이 될 것이라 생각했기 때문이었다.

나는 니콜라스가 어떤 반응을 보일지 몰랐다. 그런데 강의가 끝나자마자 내게 달려와 이렇게 말했다.

"이제 제가 기도할 때, 왜 손이 떨리는지 알겠어요. 신체적 접촉이 제 사랑의 언어인 것이 분명하거든요. 그것은 하나님이 저를 사랑하신다는 것을 보여 주는 하나의 방법이었어요."

나는 내 팔을 그의 어깨에 두르고 그의 등을 두드려 주었다.

"맞는 말이에요. 나도 니콜라스를 사랑해요."

우리 두 사람의 눈에서는 눈물이 흘러내렸다.


## 하나님이 만져 주셨던 성경 속의 사람들

### 하나님과 씨름한 사람

하나님이 신체적 접촉을 사랑의 언어로 사용하신다는 증거는 신구약성경 전체를 통해 볼 수 있다. 창세기 32장은 야곱이 수년 동안 멀리 떠나 있던 형 에서와 화해하는 과정을 기록하고 있다. 형을 속였던 자신의 잘못을 깨닫게 된 야곱은 형이 그 오랜 세월 동안 어떤 생각을 해 왔는지 알 수 없었기 때문에 두려운 마음으로 기도하기 시작했다. 그는 기도 중에 자신과 씨름하는 사람의 모습으로 나타난 영적 존재를 만나게 되었다.

야곱은 그 사람이 하나님의 사자라는 것을 알고 그에게 축복해 줄 것을 간청했다. 날이 밝기 전 떠나려고 했던 그 사람은 야곱의 환도뼈를 쳤고, 그 사람과 씨름할 때 야곱의 환도뼈는 위골되었다. 그 사람은 떠나기 전에 야곱을 축복해 주었다. 야곱은 그것이 하나님을 만난 경험이었다는 것을 깨닫고 이렇게 증거했다. "내가 하나님과 대면하여 보았으나 내 생명이 보전되었다"(창 32:30). 다음 날 아침 야곱은 그 환도뼈 때문에 다리를 절게 되었다. 그러나 야곱에게 있어서 그 경험은 중요한 전환점이 되었다. 그가 다리를 절었다는 것은 그것이 단지 꿈이 아니었음을 보여 주기 때문이다. 하나님이 정말로 야곱을 만지셨던 것이다.

### 하나님을 만난 후 광채가 난 사람

모세가 하나님을 대면하였을 때도 그의 몸에는 변화가 있었다. 성경은 모세가 시내산에서 십계명을 받고 내려온 때를 이렇게 기록하고 있다. "모세는 자기가 여호와와 말하였음으로 말미암아 얼굴 피부에 광채가 나나 깨닫지 못하였더라"(출 34:29). 다른 사람들이 그 광채를 보았기 때문에 모세는 수건으로 자기 얼굴을 가려야 했다(출 34:33).


## 사람들을 만져 주신 예수님

### 아이들을 만지시고 안아 주신 예수님

예수님의 생애를 살펴보면, 그분이 종종 신체적 접촉을 사랑의 언어로 사용하셨음을 볼 수 있다. 마가복음서는 예수님이 한 마을에서 가르치시는 동안 "사람들이 예수께서 만져 주심을 바라고 어린 아이들을 데리고"(막 10:13)

왔다고 기록한다. 예수님이 아이들을 대할 수 없을 만큼 몹시 바쁘시다고 생각한 제자들은 그 사람들을 꾸짖었다. 그러나 예수님은 이렇게 말씀하셨다. "내가 진실로 너희에게 이르노니 누구든지 하나님의 나라를 어린 아이와 같이 받들지 않는 자는 결단코 그 곳에 들어가지 못하리라"(막 10:15). 그런 다음 마가는 예수님이 "그 어린아이들을 안고 저희 위에 안수하시고 축복하시니라"(막 10:16)라고 말했다.

사람들이 아이들을 데려와서 예수님이 만져 주시고 축복해 주시기를 청했던 것은 분명히 그때 한 번만은 아니었을 것이다. 그리고 예수님은 마을들을 찾아갈 때마다 그렇게 하셨을 것이다.

병든 사람들을 만지고 고쳐 주심

예수님은 기적을 행하시면서 종종 사람들을 만지셨다. 소경으로 태어난 사람을 고쳐 주셨을 때, 그 소경이 예수님이 하신 일을 정확하게 기억하고 있었다는 것은 상당히 흥미로운 일이다. 사람들이 "네 눈이 어떻게 떠졌느냐?"라고 묻자, 그는 "예수라 하는 그 사람이 진흙을 이겨 내 눈에 바르고 나더러 실로암에 가서 씻으라 하기에 가서 씻었더니 보게 되었노라"(요 9:11)라고 대답했다.

마태는 "한 나병환자가 나아와 절하며 이르되 주여 원하시면 저를 깨끗하게 하실 수 있나이다 하거늘 예수께서 손을 내밀어 그에게 대시며 이르시되 내가 원하노니 깨끗함을 받으라 하시니 즉시 그의 나병이 깨끗하여진지라"(마 8:2-3)라고 기록했다.

예수님은 그날 늦게 가버나움에 들어가셔서 열병으로 누운 베드로의 장모를 고쳐 주셨다. 그 일을 마태는 이렇게 설명했다. "그의 손을 만지시니 열병이 떠나가고 여인이 일어나서 예수께 수종들더라"(마 8:15).

며칠 후 또 다른 마을에 가셨을 때, 두 소경이 예수님을 좇으며 "다윗의 자손이여 우리를 불쌍히 여기소서"(마 9:27)라고 외쳤다. 그때 예수님은 그들의 눈을 만지시며 "너희 믿음대로 되라"라고 말씀하시자 그들의 눈이 밝아졌다(마 9:29-30).

예수님은 또 제자들과 함께 계실 때도 신체적 접촉을 사랑의 언어로 사용하셨다. 베드로와 야고보와 요한이 예수님과 함께 산에 올라갔을 때 예수님의 모습이 홀연히 변모하셨다. 복음서 세 개에 이 사건이 기록되어 있는데, 흔히 그 사건을 일컬어 '변화산 상에서의 변모'라고 말한다.

"그들 앞에서 변형되사 그 얼굴이 해 같이 빛나며 옷이 빛과 같이 희어졌더라 그 때에 모세와 엘리야가 예수와 더불어 말하는 것이 그들에게 보이거늘 … 말할 때에 홀연히 빛난 구름이 그들을 덮으며 구름 속에서 소리가 나서 이르시되 이는 내 사랑하는 아들이요 내 기뻐하는 자니 너희는 그의 말을 들으라 하시는지라 제자들이 듣고 엎드려 심히 두려워하니 예수께서 나아와 그들에게 손을 대시며 이르시되 일어나라 두려워하지 말라 하시니 제자들이 눈을 들고 보매 오직 예수 외에는 아무도 보이지 아니하더라"(마 17:2-8; 막 9:2-10; 눅 9:28-36 참조).

### 발을 씻기심

사도 요한은 예수님이 열두 제자를 만지셨던 가장 인상 깊은 사건을 기록했다. 그 사건이 중요한 이유는 서두에서 예수님의 의도를 다음과 같이 밝히고 있기 때문이다.

"유월절 전에 예수께서 자기가 세상을 떠나 아버지께로 돌아가실 때가 이른 줄 아시고 세상에 있는 자기 사람들을 사랑하시되 끝까지 사랑하시니라 마귀가 벌써 시몬의 아들 가룟 유다의 마음에 예수를 팔려는 생각을 넣었더라 저녁 먹는 중 예수는 아버지께서 모든 것을 자기 손에 맡기신 것과 또 자기가 하나님께로부터 오셨다가 하나님께로 돌아가실 것을 아시고 저녁 잡수시던 자리에서 일어나 겉옷을 벗고 수건을 가져다가 허리에 두르시고"(요 13:1-4).

요한은 그에 이어 예수님이 하신 일을 묘사했다. 예수님은 대야에 물을 담아 제자들의 발을 씻기시고 수건으로 발을 닦아 주셨다. 이를 모두 마친 다음, 예수님은 다시 옷을 입으시고 자리로 돌아가 앉으셨다. 그리고 자신이 한 일을 제자들에게 설명해 주셨다.

"내가 너희에게 행한 것을 너희가 아느냐 너희가 나를 선생이라 또는 주라 하니 너희 말이 옳도다 내가 그러하다 내가 주와 또는 선생이 되어 너희 발을 씻었으니 너희도 서로 발을 씻어 주는 것이 옳으니라 내가 너희에게 행한 것 같이 너희도 행하게 하려 하여 본을 보였노라 … 너희가 이것을 알고 행하면 복이 있으리라"(요 13:12-17).

### 예수님이 동시에 함께 사용하신 두 가지 사랑의 언어

여기서 예수님은 봉사와 신체적 접촉, 이 두 가지 사랑의 언어를 함께 사용하셨다. 당시에는 초대받은 손님이 도착하면, 일반적으로 그 집 하인이 손님의 발을 씻겨 주는 것이 관례였다. 예수님은 종의 역할을 하시면서 충성스럽게 제자들의 발을 씻겨 주셨다. 그분의 손길은 분명히 발의 피로를 풀어 주고 편안함을 느끼게 해 주었을 것이다.

예수님을 진정으로 따르는 사람들은 그분의 이름으로 사람들을 섬기고 만져 주었다. 어떤 사람이 마더 테레사에게, 100만 달러를 준다 해도 자신은 나환자를 만지지 않을 것이라고 말했을 때, 그녀는 이렇게 대답했다.

"돈을 위해서라면 나도 만지지 않을 거예요. 200만 달러를 준다 해도 만지지 않을 거예요. 그러나 나는 하나님의 사랑을 위해 기꺼이 이 일을 합니다."[30]

예수님의 제자들이라면, 이러한 그녀의 말에 동의할 것이다.


## 초대 교회와 신체적 접촉이라는 언어

### 병자를 만지고 고친 일

신약성경의 사도행전은, 초기의 신자들이 섬기고 만지며 고치시는 예수님의 사역을 계속 이어 나감으로써 하나님이 일하시는 것을 증명한 기록이다. 어느 날 오후 베드로와 요한은 기도하기 위해 성전에 올라갔다. 성전 문 앞에서 앉은뱅이로 태어난 한 사람이 문으로 들어가려는 그들에게 구걸했다. 베드로는 그에게 다음과 같이 대답했다.

"은과 금은 내게 없거니와 내게 있는 이것을 네게 주노니 나사렛 예수 그리스도의 이름으로 일어나 걸으라 하고 오른손을 잡아 일으키니 발과 발목이 곧 힘을 얻고 뛰어 서서 걸으며 그들과 함께 성전으로 들어가면서 걷기도 하고 뛰기도 하며 하나님을 찬송하니 모든 백성이 그 걷는 것과 하나님을 찬송함을 보고 그가 본래 성전 미문에 앉아 구걸하던 사람인 줄 알고 그에게 일어난 일로 인하여 심히 놀랍게 여기며 놀라니라"(행 3:6-10).

베드로와 요한의 손을 통해 하나님의 손길을 경험한 앉은뱅이는 그들을 얼싸안으며 그분의 사랑을 표현했다. 이를 보고 놀란 사람들은 주변에 모여들었다. 그러자 베드로는 이렇게 말했다. "이스라엘 사람들아 이 일을 왜 놀랍게 여기느냐 우리 개인의 권능과 경건으로 이 사람을 걷게 한 것처럼 왜 우리를 주목하느냐 아브라함과 이삭과 야곱의 하나님 곧 우리 조상의 하나님이 그의 종 예수를 영화롭게 하셨느니라"(행 3:12-13). 그런 다음 베드로는 '거룩하고 의로운 자'의 죽음과 그를 죽은 자 가운데서 살리신 하나님의 역사에 대해 설명했다. 그리고 사람들을 향해 "그 이름이 너희가 보고 아는 이 사람을 성하게 하였나니 예수로 말미암아 난 믿음이 너희 모든 사람 앞에서 이같이 완전히 낫게 하였느니라"(행 3:16)라고 말했다.

### 좋은 관계를 맺게 해 주는 접촉

예수님이나 예수님을 따르던 제자들이 행했던 병든 사람과의 접촉은 단순히 물리적인 치료에서 끝나지 않았다. 물리적인 기적은 예수님의 주장을 확증해 주는 것이었다. 또한 사람들이 그분의 사랑에 반응하고, 하나님과 영원한 관계를 맺을 수 있게 하기 위한 것이었다. 이 사실은 앉은뱅이가 일어선 후 베드로가 백성을 향해 했던 설교를 통해서도 증명된다. 베드로는 그들이 예수님의 죽음에 동조했었던 사실에 대해 언급하면서, 예수님의 죽음은 그리스도가 고난을 당할 것이라는 선지자들의 예언을 성취한 것이라고 설명했다. 그리고 청중들에게 이렇게 권고했다. "회개하고 돌이켜 너희 죄 없이 함을 받으라 이같이 하면 새롭게 되는 날이 주 앞으로부터 이를 것이요 또 주께서 너희를 위하여 예정하신 그리스도 곧 예수를 보내시리니 하나님이 영원 전부터 거룩한 선지자들의 입을 통하여 말씀하신 바 만물을 회복하실 때까지는 하늘이 마땅히 그를 받아 두리라"(행 3:19-21).

베드로는 하나님의 사랑에 응답할 것을 촉구했다. 소경의 눈을 뜨게 하고 앉은뱅이를 걷게 하며 니콜라스를 마약 중독에서 벗어나게 하기 위해 신체적 접촉을 사용하신 하나님의 손길에는 언제나 사람들이 하나님과 사귐을 가질 수 있도록 도우시려는 목적이 있었다.

### 어두운 눈 - 치료 - 의심

1세기 당시, 하나님의 만지심을 경험했다고 주장하는 사람들을 의심하는 무리가 있었다. 오늘날도 역시 마찬가지이다. 그러나 가장 의심을 많이 했던 사람이 하나님의 손길을 직접 경험하게 되면 그 누구보다 믿음이 견고해진다. 다소의 사울이 그런 사람 중 하나였다. 그는 당시 나사렛 예수를 메시아라고 주장하는 사람들을 이단 집단으로 생각하고, 그들을 소탕하는 일에 열심을 냈던 사람이었다. 그 이단적 메시지를 전하는 사람들을 잡아 예루살렘으로 끌고 가기 위해 그는 주머니에 공문서를 챙겨 넣고 다메섹으로 갔다.

그러나 다메섹에 가까이 이르렀을 때 하늘에서 밝은 빛이 그를 둘러 비추었다. 눈이 부셨던 그 열심당원은 땅에 엎드렸다. 사도행전은 그 장면을 다음과 같이 묘사한다.

"땅에 엎드러져 들으매 소리가 있어 이르시되 사울아 사울아 네가 어찌하여 나를 박해하느냐 하시거늘 대답하되 주여 누구시니이까 이르시되 나는 네가 박해하는 예수라 너는 일어나 시내로 들어가라 네가 행할 것을 네게 이를 자가 있느니라 하시니 같이 가던 사람들은 소리만 듣고 아무도 보지 못하여 말을 못하고 서 있더라 사울이 땅에서 일어나 눈은 떴으나 아무 것도 보지 못하고 사람의 손에 끌려 다메섹으로 들어가서 사흘 동안 보지 못하고 먹지도 마시지도 아니하니라"(행 9:4-9).

하나님이 사울에게 손을 대셨던 것이 분명하다. 사흘 후 하나님은 아나니아라는 사람을 그가 머물고 있던 집으로 보내셨다. "아나니아가 떠나 그 집에 들어가서 그에게 안수하여 이르되 형제 사울아 주 곧 네가 오는 길에서 나타나셨던 예수께서 나를 보내어 너로 다시 보게 하시고 성령으로 충만하게 하신다 하니 즉시 사울의 눈에서 비늘 같은 것이 벗어져 다시 보게 된지라 일어나 세례를 받고 음식을 먹으매 강건하여지니라"(행 9:17-19). 여기서 아나니아가 사울에게 손을 대고 안수한 것을 주목해야 한다.

그 이후 사울은 이전과는 전혀 다른 삶을 살았다. 그는 다메섹에서의 며칠을 신자들과 함께 보냈다. "각 회당에서 예수가 하나님의 아들이심을 전파하니 듣는 사람이 다 놀라 말하되 이 사람이 예루살렘에서 이 이름을 부르는 사람을 멸하려던 자가 아니냐 여기 온 것도 그들을 결박하여 대제사장들에게 끌어 가고자 함이 아니냐 하더라 사울은 힘을 더 얻어 예수를 그리스도라 증언하여 다메섹에 사는 유대인들을 당혹하게 하니라"(행 9:20-22).

이 후에 사도 바울이 된 사울은 유대인과 이방인들에게 예수님이 정말 하나님의 아들이라는 사실을 확신시키는 일에 자신의 남은 생애를 다 바쳤다. 신약성경의 사도행전을 읽어 보면, 그가 매를 맞고 감옥에 갇히고 죽음의 위협을 겪었다는 것을 볼 수 있다. 그러나 그 어떤 것도 하나님의 손길을 경험한 그의 영혼을 무력화할 수는 없었다.

1세기 이래로 수천 명의 사람들은 하나님의 만지심을 경험했다. 그리고 그들은 그리스도의 사신이 되어 다른 사람들을 만져 주었다. 그들은 병원에서 열이 나는 환자의 이마를 닦아 주거나 몸을 씻겨 주는 일을 하기도 한다. 또한 가난한 사람들의 어깨에 팔을 둘러 주거나 갈 곳 없는 사람들 옆에 무릎을 꿇고 있는 구조대원들 중에서도 그러한 사람들을 찾아볼 수 있다. 그들은 교회에서 '인사를 먼저 건네는' 사람으로 섬기기도 한다. 또한 예배드리기 위해 찾아오는 사람들에게 웃음 띤 얼굴로 손을 내밀고 '등을 두드려 주며' 격려한다. 그들은 신체적 접촉이라는 사랑의 언어를 유창하게 구사하면서 하나님의 사랑을 전하는 통로가 되는 사람들이다.

# 7

# 각 사람이 사용하는
# 주된 사랑의 언어

나사렛 예수님이 세상에 계시는 동안 그분은 제자들이 예수님 그리고 하나님 아버지와 연합할 뿐 아니라 그들이 서로 하나가 되기를 바라는 기도를 하셨다. 지난 2천 년 동안 우리가 겪은 비극 중의 하나는 예수님의 제자들이 서로를 너무 비판적으로 대한 것이었다고 나는 생각한다. 그 비난들 중에는 '예배 방식'에 관한 것들도 있었다. 사람들이 실제로 여러 가지 사랑의 언어를 사용하고 있다는 것과 하나님이 그 다양한 언어로 예배를 받으신다는 사실은 우리가 서로를 용납하고 사랑하는 데 필요한 인식일 것이다.

엘리자베스 브라우닝(Elizabeth Barrett Browning)은 그녀가 쓴 소네트 42편에서 "나는 당신을 어떻게 사랑하고 있는가? 그 방법들을 세어 보겠다."라고 말했다. 그 말에는 사랑을 표현하는 방법이 인간의 창의적인 능력에 의해서만 제한받는다는 뜻이 내포해 있다. 물론 브라우닝의 말은 맞다. 그리고 '사랑에 빠진' 남녀는 상당히 창의적일 수 있다.

농부의 아내인 론다는 남편이 오늘 오후에는 일하지 말고 비행하러 가자고 제안했던 때의 얘기를 내게 들려주었다. 론다는 비행기를 조종할 줄 모르는 남편이 그런 제안을 한 것에 의아해하며 물었다.

"무슨 뜻이에요?"

"며칠 전 짐이랑 같이 비행을 하면서 당신이 봤으면 하는 뭔가를 봤거든."

천성적으로 모험을 좋아하는 그녀는 그렇게 하기로 했다. 그들은 비행기를 타고 주변을 한 바퀴 돈 다음, 자신들의 농장 위로 날아 돌아왔다. 짐이 비행기를 기울이자 남편은 "론다, 당신을 사랑해요."라는 글자가 선명하게 보이는 밀밭을 가리켰다. 그는 몇 달 전 파종할 때, 싹이 나기 시작하면 하늘에서 글자를 읽을 수 있도록 씨를 뿌려 두었던 것이다. 그렇다. 사람들은 이처럼 창의적으로 사랑을 표현할 수 있는 방법을 수없이 찾아낼 수 있다.


## 사랑한다고 말하는 평범한 방법들

그러나 일상생활 속에서 우리는 대부분 그리 창의적이지 못하다. 사랑을 표현하는 방법도 그저 평범할 뿐이다. 이런 현상은 우리가 사용하는 주된 사랑의 언어에 상당히 많은 영향을 미친다. 이 책을 주의 깊게 읽고 있다면, 사랑의 다섯 가지 언어 중 각 개인에게 특별히 깊은 감동을 주는 언어가 하나씩 있다는 것을 발견할 것이다. 그래서 결혼한 부부의 경우 남편의 주된 사랑의 언어가 인정하는 말이라면, 아내가 남편의 언어를 자주 사용할 때 남편의 사랑의 저수지가 채워지고 사랑받고 있다는 안정감도 생기게 된다. 그리고 아내가 사용하는 주된 사랑의 언어가 봉사라면, 남편이 그 언어를 자주 사용할 때 아내 역시 사랑의 저수지 수위가 높아지고 남편의 사랑을 확인하며 안정감을 느끼게 될 것이다. 그러나 남편이 아내가 사용하는 주된 사랑의 언어인 봉사를 사용하지 않고, 아내가 남편이 사용하는 주된 사랑의 언어인 인정하는 말을 사용하지 않는다면, 비록 다른 네 가지 사랑의 언어를 서로 사용한다 할지라도 두 사람의 저수지는 차오르지 못할 것이다. 그러면 부부가 정말 서로 사랑하고 있으면서도 감정적으로는 그런 느낌을 받지 못하게 된다. 여기서 문제는 진실성의 여부가 아니라 상대방이 사용하는 주된 사랑의 언어로 말하지 못하는 데 있다.

우리가 자신에게 자연스럽게 느껴지는 대로만 행동한다면 자신이 사용하는 주된 사랑의 언어만을 사용하게 될 것이다. 그래서 남편이 사용하는 주된 사랑의 언어가 인정하는 말일 경우 그는 아내에게도 인정하는 말로 사랑을 표현하려는 경향을 띨 것이다. 남편은 자신이 사랑받고 있다는 느낌을 갖게 되는 익숙한 방법으로 아내에게 사랑을 표현할 것이다. 그러나 인정하는 말이 아내가 사용하는 주된 사랑의 언어가 아닐 경우, 아내는 그것을 남편이 의도한 것과 전혀 다르게 받아들일 수 있다. 내가 생각한, 인정하는 말을 사랑의 언어로 사용하는 창의적인 사랑의 방법은 대부분 말을 사용하는 것이다. 아내에게 사랑을 표현하는 편지를 써서 뜻밖의 장소에 남겨 놓는다거나, 라디오 방송국에 아내가 가장 좋아하는 노래를 신청해서 방송을 듣게 한다거나, 밀밭에 '당신을 사랑해.'라고 써 넣는 것 등이 될 것이다. 사랑을 표현하는 내 방법은 인정하는 말에 초점을 맞추게 될 가능성이 크다. 반면에 봉사를 사랑의 언어로 사용하는 내 아내는 나를 섬기기 위한 수십 가지 방법을 생각해 낼 것이다. 그리고 그 방법은 모두, 아내가 가장 감동적인 사랑의 표현이라고 생각하는 방식이 될 것이다.

## 악수하시는 하나님

이런 경향은 하나님의 사랑을 받고 하나님께 사랑으로 응답할 때도 적용된다. 이론적으로는 하나님이 수천 가지 방식으로 내게 사랑을 표현한다고 생각하지만, 경험적으로는 하나님이 내 주된 사랑의 언어를 사용하실 때 가장 깊은 사랑을 느끼게 된다.

몇 주 전 어느 월요일 아침 사무실에 출근했을 때, 나는 비서가 책상 위에 갖다 둔 쪽지를 발견했다. 그 쪽지는 주일이었던 그 전날 헌금 주머니에 들어 있었던 것인데, 다음과 같은 간단한 내용이 적혀 있었다.

다섯 살인 나에게 악수를 청한 교회에게,
마이클 컬리 드림.

그 쪽지에는 찬양이나 설교나 헌금이나 드라마나 스테인드글라스로 된 창 등에 대한 아무런 언급도 없었다. 마이클에게 있어서 교회는 '나에게 악수를 청한' 대상이었다. 마이클이 사용하는 주된 사랑의 언어는 신체적 접촉이다. 마이클이 하나님을 만났는지 아니면 같은 교회를 다니는 하나님의 조력자를 알고 있는지 나는 알지 못한다. 그러나 결국 그렇게 되리라는 것을 예측할 수 있다. 어느 날 하나님은 마이클과 악수를 나누고, 그를 안아 주실 것이다. 그리고 마이클은 하나님과의 사귐을 가지게 될 것이다.

## 우리의 언어로 하나님의 사랑을 돌려드림

거꾸로 하나님께 사랑을 표현할 때도 우리는 자신이 사용하는 주된 언어로 그 사랑을 표현하는 경향이 있다. 내가 플로이드를 만난 것은 휴스턴에서였다. 그는 전국 프로 체조선수 대회를 위한 음향 시스템을 관리하는 사람이었다. 그를 만나기 전날 나는 다섯 가지 사랑의 언어에 관한 강의를 했다. 플로이드는 쉬는 시간에 나에게 찾아와 이렇게 말했다.

"박사님의 강의가 결혼 생활에 큰 도움이 될 것 같습니다. 제가 사용하는 사랑의 언어는 신체적 접촉이고, 제 아내가 사용하는 사랑의 언어는 봉사거든요. 솔직히 그동안 우리는 상대방이 사용하는 사랑의 언어를 잘 사용하지 못하는 편이었어요. 사실, 전에는 전혀 몰랐던 부분이거든요. 아내는 제가 집안일을 잘 도와주지 않는다고 불평을 많이 했어요. 또 제가 아내를 안아 주려고 하거나 입을 맞추려 하면 아내가 별로 달가워하지 않는다는 생각이 들곤 했어요. 그런데 이제는 이해가 됩니다. 우리 두 사람이 갖고 있는 사랑의 저수지가 채워지지 않아서 그랬던 거였어요.

이제는 집으로 돌아가면 설거지도 하고 청소도 하고 침대 정리도 해서 아내를 깜짝 놀라게 해 주고 싶어요. 제가 아내가 사용하는 사랑의 언어를 쓰면, 아내도 제가 사용하는 사랑의 언어를 쓰기 시작하겠죠?"

"꼭 그럴 거라고 보장할 수는 없을 것 같은데요. 그렇지만 결혼 생활을 좀 더 나아지게 하려면 그렇게 하는 것이 최선일 겁니다. 자신이 사용하는 주된 사랑의 언어를 남편이 사용하는 것을 보면 남편을 향해 감정적으로 따뜻함을 느끼기 시작할 거예요. 그러면 결국 두 사람은 사랑을 주고받게 될 겁니다."

나중에 플로이드와 나는 영적인 문제들에 대해 좀 더 이야기를 나눌 수 있었다. 플로이드는 3년쯤 전에 예수님을 따르게 되었고, 지금은 매우 적극적으로 교회 활동에 참여하고 있었다. 그는 이렇게 말했다.

"저는 하나님에 대해 별로 관심이 없었습니다. 그리고 교회는 늘 흥미를 잃게 만드는 곳이었지요. 그러다가 친구를 따라 다른 교회를 가게 되었는데, 그 교회는 제가 다니던 교회와 전혀 달랐어요. 이상한 곳이었죠. 그 교회에 간 첫날 저녁에 하나님을 만났습니다. 두 번째 갔을 때는 함께하시는 하나님께 완전히 압도당한 기분이었어요. 저는 자신도 모르는 사이에 교회 앞쪽으로 나가 울고 있었어요. 그리고 하나님께 제 삶에 오셔서 지난날의 잘못을 용서해 주시기를 부탁드렸지요. 그날 밤은 제 생애 최고의 날이었어요.”

그날 이후 플로이드에게 무슨 일이 일어났는지를 듣다가, 나는 그에게 물었다.

“하나님께 어떻게 사랑을 표현하시나요?”

“저는 찬양을 좋아합니다. 찬양을 하면 하나님께 나아가게 되고 그분을 느낄 수 있거든요. 때로는 몸에 소름이 돋기도 해요. 찬양은 항상 저를 감동시키지요. 그때 저는 하나님이 어디에나 계시는 것을 느끼면서 하나님께 예배드리는 일에 사로잡히게 됩니다.”

“하나님을 향한 사랑을 신체적 접촉을 통해 표현하시는 것 같네요.”

플로이드는 잠시 생각에 잠긴 듯했다. 그리고 환한 미소를 지으며 이렇게 말했다.

“한 번도 그렇게 생각해 보지 않았지만, 그 말씀이 맞는 것 같군요. 제 사랑의 저수지가 채워지고 하나님을 영원히 경배할 수 있을 것처럼 느껴질 때는, 바로 하나님이 함께하시는 것을 느낄 때거든요.”

플로이드는 우리가 하나님을 경배하고 그분께 사랑을 표현하는 방식이 각 개인의 주된 사랑의 언어에 많은 영향을 받는다는 내 생각을 다시 한 번 확인시켜 주었다. 우리는 다른 사랑의 언어로 말하는 것을 배울 수 있고 또 배워야 한다. 이에 대해서는 나중에 다시 자세히 다룰 것이다. 그러나 우리가 하나님의 사랑을 느끼고 그분을 향한 사랑을 표현하는 가장 자연스러운 방법은 자신이 사용하는 주된 사랑의 언어와 관련이 있다.

## 세 가지의 중요한 질문

그렇다면 우리 각자가 사용하는 주된 사랑의 언어가 무엇인지 어떻게 알수 있을까? 자신에게 다음과 같은 세 가지 질문을 던져 볼 것을 제안한다.

첫째, 나는 다른 사람들에게 주로 어떻게 사랑을 표현하는가? 다른 사람을 인정해 주고 감사와 사랑을 표현하는 말을 자주 한다면, 인정하는 말을 주된 사랑의 언어로 사용하는 경우일 가능성이 많다. 그리고 등을 툭툭 쳐준다거나 어깨를 감싸 준다거나 포옹을 해 주는 편이라면, 신체적 접촉을 주된 사랑의 언어로 사용하는 경우일 것이다.

둘째, 내가 가장 자주 불평하는 것은 무엇인가? 우리의 불평은 내적으로 그리고 감정적으로 우리에게 필요한 사랑이 무엇인지를 보여 준다. 어떤 아내가 "우리 부부는 이제 더 이상 같이 시간을 보내지 않아요."라고 말한다면, 이는 그녀의 주된 사랑의 언어가 친밀한 시간임을 드러낸다. "당신이 더이상 날 사랑하는 것 같지 않아. 내가 먼저 당신에게 입을 맞추려고 하지 않으면 우린 아마 영영 입을 맞추지 않게 될 것 같아."라고 말하는 남편의 불평은 신체적 접촉이 그가 사용하는 주된 사랑의 언어라는 것을 보여 준다. "이번 여행에서 아무 선물도 안 사오셨어요?"라고 말하는 아이는 자신의 주된 사랑의 언어가 선물임을 드러내는 것이다.

셋째, 내가 가장 자주 요구하는 것은 무엇인가? "저녁 먹고 산책이나 할까요?"라고 제안하는 아내는 친밀한 시간을 요구하고 있는 것이다. 이런 요청을 자주 한다면, 그녀는 자신이 사용하는 주된 사랑의 언어가 친밀한 시간이라는 것을 드러내고 있는 것이다. 우리는 사랑받고 싶어 하는 깊은 감정적 욕구를 충족시키기 위해 다른 사람들에게 무언가를 요청하는 경향이 있다.

이 세 가지 질문에 대답해 보면 사람들과 맺은 관계 속에서 자신이 사용하는 주된 사랑의 언어가 무엇인지를 알 수 있게 된다.

## 하나님과의 관계에 대한 세 가지 질문

사람들에게 사용하는 자신의 주된 사랑의 언어가 무엇인지를 알면, 하나님을 대할 때에도 그 언어를 주된 사랑의 언어로 사용하게 된다는 것을 볼 수 있다. 이것을 확인하고 싶다면, 다음의 세 가지 질문에 대답해 보라.

**첫째, 나는 하나님께 내 사랑을 주로 어떻게 표현하는가?** 성경공부를 인도하는 리더가 "브라운 씨의 가족이 지금 어려움에 처해 있는데, 음식을 좀 만들어 전해 주실 수 있는 분 계세요?"라고 물었을 때 앞장서서 그렇게 하겠다고 자원하는 사람이 있다면, 그것은 그 사람의 주된 사랑의 언어가 봉사라는 것을 드러내는 것이다. 다른 사람들을 섬기면서 하나님을 섬기고 있다고 느낀다면 봉사를 통해 자신의 사랑을 표현하는 사람이라고 할 수 있다. 그런 사람은 예수님의 생애에 관한 기록 중에서 예수님이 병자를 고치시고, 배고픈 사람들을 먹이시며, 제자들의 발을 씻기시는 장면을 인상 깊게 읽을 것이다. 또한 사람들을 섬기는 그리스도의 성품에 깊은 감동을 느끼고 하나님께 마음이 끌릴 것이다.

사람들은 같은 질문에도 각기 다른 반응을 보인다. 어떤 사람이 "저는 하나님과 매일 조용한 시간을 따로 보내며 하나님께 영광을 돌릴 때 그분을 가장 가까이 느낄 수 있어요. 그 시간을 위해 매일 아침 일찍 일어난답니다. 제게는 그 시간이 하루 중 가장 좋아요. 성경을 읽을 때는 하나님이 제게 말씀하고 계시는 것처럼 느껴요. 기도할 때도 하나님과 이야기하는 것처럼 느끼죠. 하나님과 매일 대화를 나누고 있는 것과 같다고 볼 수 있어요. 저는 저녁에 퇴근해서 집으로 돌아온 남편과도 그렇게 하길 좋아해요."라고 말한다면 그 사람의 주된 사랑의 언어는 친밀한 시간이다.

둘째, 내가 하나님께 가장 자주 불평하는 것은 무엇인가? 이 질문 역시 상당히 많은 것을 우리에게 알려 준다. 만일 "하나님, 저는 마치 당신께 버림받은 느낌이 듭니다. 하나님을 가까이 느낄 수 없습니다. 하나님의 말씀을 읽으며 울던 때도 있었는데, 지금은 그저 아무 감동도 없이 글씨만 읽게 됩니다. 교회에서도 예전에는 찬양할 때마다 하나님을 느낄 수 있었는데, 지금은 그저 예배의 형식을 따르고 있을 뿐입니다. 뭐가 잘못된 걸까요?"라고 말하는 사람이 있다면, 그 불평은 그가 신체적 접촉을 주된 사랑의 언어로 사용하는 사람이라는 것을 보여 주는 것이다. 플로이드는 하나님이 영적으로뿐 아니라 신체적으로도 자신을 만지신다는 것을 의식하며 함께하시는 하나님을 느꼈다.

이 '접촉'은 눈물이나 소름 혹은 떨림 같은 것으로 경험할 수도 있다. 이런 영적·신체적 경험을 통해 플로이드는 하나님의 사랑을 생생하게 의식했고, 그 경험을 통해 그는 하나님께 자신의 사랑을 표현했다.

그러나 어떤 사람이 "주님, 주님이 더 이상 제게 은혜를 베풀지 않으시는 것처럼 느껴집니다. 한동안은 제가 주님을 부를 때마다 복을 주셨는데, 지금은 공과금도 내지 못하고 있습니다. 직장도 곧 잃게 될 것 같고 아이는 시름시름 앓고 있습니다. 이 모든 상황을 이해할 수가 없습니다."라고 불평한다면, 이것은 그 사람이 선물을 주된 사랑의 언어로 사용하는 경우라는 것을 보여 준다. 이런 사람의 경우는 직장과 돈과 건강이라는 선물을 받게 될 때 하나님의 사랑을 느끼지만, 그런 선물이 없어질 때는 하나님이 자신을 사랑하지 않는 것처럼 느끼게 된다.

목사의 설교에 두서가 없고 별 도움이 되지 않는다고 불평하는 사람의 경우는 어떤가? 그 사람의 주된 사랑의 언어는 아마도 인정하는 말일 것이다. 설교를 통해 감동을 받을 수 없기 때문에 그는 예배 중에 하나님의 사랑을 느끼지 못한다. 우리가 하는 불평은 이처럼 종종 우리가 사용하는 사랑의 언어를 드러내 준다.

셋째, 내가 하나님께 가장 자주 요구하는 것은 무엇인가? 세 번째 질문을 통해서도 우리가 사용하는 주된 사랑의 언어를 확인할 수 있다. 자신이 하는 기도를 들어보고 특히 내가 무엇을 구하는지를 살펴보면 자신이 사용하는 주된 사랑의 언어를 발견할 수 있다. 밥의 경우는 기도할 때 주로 지혜와 지식을 구하는데, 이것은 인정하는 말을 주된 사랑의 언어로 사용하기 때문이다. 그는 아마도 이렇게 말할지도 모른다.

"구약의 지혜서를 읽으며, 특히 잠언을 읽으며 하나님의 마음에 가까이 다가가는 것처럼 느낍니다. 하나님의 성령이 성경에 나타난 지혜를 제 삶에 어떻게 적용해야 하는지를 보여 주실 때마다 하나님이 제게 개인적인 관심을 가지고 저를 깊이 사랑하시며 기뻐하신다는 것을 느낄 수 있어요."

메리는 자녀들의 건강과 가족들의 경제적 문제에 대해 자주 기도한다. 그녀는 선물이 자신이 사용하는 주된 사랑의 언어라는 것을 인식한다. 그래서 하나님이 자신의 기도에 응답하실 때 하나님으로부터 사랑받고 있다는 것을 강렬하게 느낀다.

랜달이 가장 자주 하는 기도는 "주님, 저는 함께하시는 당신을 느끼고 싶습니다. 하나님의 능력을 경험하고 싶습니다. 하나님의 손길을 느끼고 싶습니다. 성령 충만함을 받고 싶습니다."라는 내용이다. 그리고 하나님이 기도에 응답해 주실 때 신체적·감정적으로 영향을 미치는 하나님의 임재를 경험하고 그 사랑을 깊이 느끼면서 두 손을 들어 올리거나 눈물을 흘리거나 춤을 춘다. 하나님을 향한 자신의 사랑을 이런 방식으로 표현하는 랜달은 신체적 접촉을 사랑의 언어로 사용하는 경우이다.

도리스가 사용하는 주된 사랑의 언어는 친밀한 시간이다. 그녀는 "주님, 주님과 단 둘이서만 있는 시간을 낼 수 있도록 도와주세요. 제 생활은 너무 많은 일과 활동으로 꽉 차 있습니다. 저는 무엇보다 주님과 함께 시간을 보내고 싶습니다. 그런 시간을 낼 수 있게 도와주세요."라는 내용의 기도를 자주 한다. 그러나 도리스의 언니 제니스의 기도는 상당히 다르다. 그녀는 "주님, 무료 식당에서 일할 수 있는 시간을 내도록 도와주세요. 주님은 그 일이 제게 얼마나 뜻깊은 일인지 그리고 제가 주님의 이름으로 얼마나 다른 사람들을 돕고 싶어 하는지 아십니다. 주님, 제가 소중하게 생각하는 그 일을 할 수 있게 도와주세요."라고 기도한다. 이런 제니스의 주된 사랑의 언어는 봉사이다.

사람들은 대부분 위의 세 가지 질문에 대답함으로써 자신이 사용하는 주된 사랑의 언어가 무엇인지를 확인할 수 있다. 그리고 사람들이나 하나님을 대할 때 자신이 같은 사랑의 언어를 사용한다는 것도 알게 된다.

## 자신의 사랑의 언어를 아는 것은
## 하나님이나 다른 사람과의 관계에 어떤 영향을 미치는가?

이제 "내가 사용하는 주된 사랑의 언어를 아는 것이 하나님과 다른 사람과의 관계에 어떤 영향을 미치는가?"라는 의문을 제기해 볼 것이다. 따라서 이에 대해 다음과 같은 대답을 생각해 볼 수 있다.

1. 자신을 좀 더 잘 이해할 수 있다

자신의 주된 사랑의 언어를 알게 되면, 자기 스스로를 훨씬 더 잘 이해하게 된다. 데이브라는 한 사람은 이렇게 말했다.

"하나님과 매일 함께하는 경건의 시간이 내게 왜 그렇게 중요한지 이제 알 것 같아요. 제가 사용하는 사랑의 언어는 친밀한 시간이에요. 매일 아침 하나님과 함께 보내는 30분 정도의 시간보다 제게 더 중요한 일은 없어요. 매일 경건의 시간을 갖기 위해 상당한 훈련이 필요하다고 말하는 것을 들었어요. 그런데 저는 그렇지가 않아요. 아무런 훈련도 필요하지 않았거든요. 아침 식사를 하는 것보다 경건의 시간이 제게는 더 중요해요. 하루를 살아가는 데 필요한 힘을 그 시간에 얻으니까요. 하나님께 귀를 기울이고 제 생각과 느낌을 하나님께 알려 드리는 시간을 가질 수 있다는 것이 제게는 하나의 특권처럼 느껴져요. 그 시간을 통해 하나님과 생생한 관계를 유지할 수도 있고요."

매일 하나님과 경건의 시간을 가지는 것이 데이브에게는 쉬운 일인데, 다른 사람들에게는 왜 그렇게 어려운 것일까? 그것은 친밀한 시간이 데이브가 사용하는 주된 사랑의 언어이기 때문이다. 그에게는 그것이 하나님과 사랑을 주고받을 수 있는 가장 자연스럽고 뜻 깊은 방법이다.

베스는 25세의 젊은 어머니로 혼자 아이들을 키우고 있다. '다섯 가지 사랑의 언어' 세미나에 참석한 후, 베스는 내게 이렇게 말했다.

"신앙 서적을 읽는 것이 제게 왜 그렇게 중요했는지를 이해할 수 있게 되었어요. 제가 사용하는 사랑의 언어는 인정하는 말이거든요. 매일 아침 책을 읽을 때 하루 동안 제가 해야 할 일들을 감당할 수 있는 힘과 용기와 사랑을 얻을 수 있어요. 말은 마치 제 영혼의 음식과도 같아요. 출퇴근을 할 때 차에서 서너 개의 찬양 테이프를 계속 듣는 것도 그 때문인 것 같아요. '주는 나의 구원이시며 나의 반석이시라. 내가 누구를 두려워하리요.'라는 가사를 들으면 세상을 정복할 수 있을 것처럼 느껴지거든요. 하나님이 저와 함께하신다는 걸 알 수 있어요. 제게 하나님의 사랑을 확신시켜 주는 것이 바로 그 찬양 가사예요. 그리고 찬양을 부르면서 하나님께 예배드리는 것이 왜 제게 그렇게 중요한지도 알 것 같아요. 제 마음으로 느끼는 감사와 사랑을 그 찬양 가사들보다 더 잘 표현해 주는 것이 없기 때문이에요."

나는 싱가포르에 있는 한 교회에서 로저라는 사람을 만났다. 믿음이 확고하고 다른 사람들과 함께 기도하는 일에 매우 열심을 내는 그는 이렇게 말했다.

"우리는 주일 아침 예배를 시작하기 전에 기도 시간을 갖습니다. 남자들 몇 사람이 모여 예배를 위해 그리고 서로를 위해 기도하지요. 한 사람이 무릎을 꿇고 앉으면 다른 사람들은 그의 어깨에 손을 얹고 그를 위해 기도해요. 사람들이 제 어깨에 손을 얹고 저를 위해 기도하기 시작하면, 마치 하나님이 어깨에 손을 얹고 계시는 것처럼 느껴져요. 저는 그 시간을 일주일 중에 가장 좋아합니다. 그때 하나님을 가장 가까이 느낄 수 있거든요. 마치 제

몸에 전기가 통하는 것 같아요. 그 시간을 통해 예배를 준비할 뿐 아니라 하나님을 사랑하면서 한 주를 살아갈 준비를 합니다. 그 시간이 왜 그렇게 제게 중요한지를 이제 이해할 것 같아요. 제가 사용하는 사랑의 언어는 신체적 접촉이에요. 함께 기도하는 사람들을 통해 저를 만지시는 주님을 느낄 수 있어요. 일 때문에 가끔씩 예배를 드리지 못할 때도 있지만, 그 기도 모임에는 빠지지 않기 위해 최선을 다해 왔습니다.”

그러나 이러한 기도 모임에 불편을 느끼는 사람들도 있다. 그런 모임에 정기적으로 나가야 한다는 것이 그들에게는 큰 부담이 될 수 있지만, 로저에게는 전혀 그렇지 않다. 신체적 접촉이 그의 주된 사랑의 언어이고 그 접촉을 통해 하나님의 만지심을 느끼기 때문이다. 자신이 사용하는 주된 사랑의 언어가 무엇인지를 알게 되면, 하나님과 교제하는 특정한 방식이 왜 자신에게 자연스럽게 느껴지고 깊은 감동을 주는지를 이해할 수 있다.


### 2. 동료 순례자들을 더 잘 이해하고 도와줄 수 있다

또 다른 유익도 있다. 자신이 사용하는 주된 사랑의 언어를 알게 되면, 다른 동료 순례자들을 더 잘 이해할 수 있다. 로저는 나중에 나와 나눈 대화에서 이 사실을 아주 잘 보여 주었다. 그는 이른 아침 기도회에 참석하고 싶어 하는 자신의 의지를 그의 아내가 비난해 왔다는 이야기를 꺼냈다.

“사랑의 언어에 대해 서로 이야기하기 전까지 아내는 주일 아침 일찍 기도회에 참석하는 일이 제게 얼마나 중요한지 이해하지 못했어요. 그리고 저도 그런 아내를 잘 이해할 수 없었던 게 사실이었지요. 아내가 여자들의 기도 모임에 참석하지 않는 것을 전 마음속으로 늘 못마땅하게 생각하고 있었거든요. 아내가 하나님을 정말 사랑한다면, 그 기도 모임에 분명히 가고 싶어

할 것이라고 생각했습니다. 그런데 박사님의 책을 읽고 난 다음에야 저는 아내의 주된 사랑의 언어가 친밀한 시간이라는 것을 알게 되었어요. 아내는 매일 한 시간 정도를 기도하고 묵상하며 보냅니다. 저는 그것이 늘 감탄스러웠지요. 우리 목사님이 매일 하나님과 함께 보내는 시간을 늘려 가라고 말씀하실 때마다 저는 늘 죄책감을 느꼈어요. 왜냐하면 아내가 훨씬 더 잘하고 있기 때문이었어요. 이제는 왜 아내에게 쉬운 일이 제게는 그렇게 어려웠는지를 이해할 수 있을 것 같아요. 친밀한 시간이 아내가 사용하는 주된 사랑의 언어거든요. 아내는 매일 하나님과 함께 시간을 보내면서 사랑을 나누었어요. 저는 그것을 주일 아침에 하나님이 저를 만지실 때 경험했고요.”

상대방이 사용하는 주된 사랑의 언어를 이해하면, 그 사람이 하나님과 나누는 관계를 이해하는 데 도움이 된다. 특히 이는 부부간에 효과적이다. 쾌활한 50대(여자들의 나이를 짐작하는 것이 위험한 일이긴 하지만) 중년 여성인 매들린은 이렇게 말했다.

“남편을 이해할 수 있게 도와주셔서 정말 고맙습니다. 저는 남편이 많은 돈을 다른 사람들에게 나누어 주는 것을 오랫동안 못마땅하게 생각하면서 불평해 왔어요. 남편은 부탁하는 사람에게 모두 돈을 주었지요. 길거리에서도 서슴없이 돈을 꺼내 주곤 했어요.

제가 ‘그런 사람에게 돈을 줘 봐야 술이나 사 마실 뿐이에요.’라고 말하면, 남편은 ‘그렇지만 배가 고플 수도 있잖아요.’라고 대답했어요. 또 그는 75개나 되는 기독교 기관에 후원금을 보내고 있어요. 그냥 한 번으로 끝나는 게 아니라 매달 그렇게 하거든요. 우리 수표책은 무슨 종교 명부 같아요.

한번은 제가 남편에게 ‘헌금으로 천국에 가는 거라면, 천국에서 당신은 아마 대형 맨션에서 살게 될 거예요.’라고 말했더니, 남편은 ‘헌금으로 천국에 가는 게 아니에요. 주 예수 그리스도를 통해 하나님이 주시는 영원한 생명을 받아들일 때만 천국에 갈 수 있어요. 난 천국에 가려고 헌금을 하는 것이 아니라, 다만 천국을 향해 가면서 하나님의 사랑을 사람들에게 보여 주고 싶어서 그렇게 할 뿐이에요.'라고 대답했어요.

저도 남편이 옳다는 건 알지만 남편의 경우는 좀 지나쳐 보였어요. 그런데 다섯 가지 사랑의 언어에 관한 이야기를 듣고 난 후에 남편을 이해할 수 있게 되었어요. 선물을 주는 것이 남편이 사용하는 주된 사랑의 언어이기 때문에 그런 거였어요. 예수님을 사랑하는 남편에게는 이 세상에서 자기가 가진 것을 나누어 주는 것이 가장 큰 기쁨이었던 거죠."

나는 "남편의 선물을 많이 받지 않으세요?"라고 물었다. 그녀는 "항상 받아요! 그런 면에서는 전혀 불평이 없어요. 그렇긴 해도 가끔씩은 남편이 좀 지나치게 선물을 많이 한다고 느끼기도 해요. 이제부터는 선물을 받으면 고맙다고 말해 줄 거예요."라고 대답했다.

나는 또 "남편에게 선물을 주시나요?"라고 물었다. 그녀는 이렇게 대답했다.

"재미있는 질문이네요. 남편과 함께 박사님의 책을 읽고 이야기를 나누면서 저는 남편에게 '여보, 난 당신에게 오랫동안 아무 선물도 안 했는데 그런데도 제 사랑을 정말 느낄 수 있어요?'라고 물어보았지요. 남편은 '여보, 당신은 내 옆에서 날 위해 헌신하는 선물을 주고 있어요. 그리고 당신의 아름다움과 우리 아이들, 수없이 많은 식탁, 격려 이런 선물들을 늘 주고 있잖아요.'라고 대답했어요. 남편에게는 모든 게 다 선물이에요."

나는 "매들린, 당신이 사용하는 주된 사랑의 언어가 선물은 아니라고 생각되는군요. 그런가요?"라고 물었다.

"맞아요. 제 사랑의 언어는 인정하는 말이에요. 사랑의 언어에 대해 읽고 난 후 남편이 제가 사용하는 사랑의 언어를 훨씬 많이 사용하게 되었답니다. 전에는 선물로 모든 일을 다 해결할 수 있다고 생각하는 것 같았지만, 지금은 우리가 서로 다르다는 걸 이해하고 있어요. 그래서 저를 칭찬해 주고 인정하는 말을 상당히 많이 해 주고 있지요. 그렇지만 아직 그렇게 익숙하지는 않아요. 그리고 저는 남편이 다른 사람들에게 나누어 주는 것에 대해 더 이상 불평하지 않게 되었어요. 그것이 하나님을 사랑하는 방법이라는 것을 알게 되었으니까요. 오히려 이제 그런 사람이 제 남편이라는 것을 자랑스럽게 생각해요."

남편이 사용하는 주된 사랑의 언어를 이해하면서 매들린의 태도는 이렇게 달라졌다.

## 삶으로 표현하는 사랑의 언어

블루리지 공원도로에서

몇 년 전 아내와 나는 캘리포니아 북부에 있는 블루리지 공원도로를 여행하다가 특산품을 팔고 있는 한 상점에 들렀다. 나는 아내와 함께 가게를 잠시 둘러본 후, 아내가 조각품을 좀 더 구경하는 동안 밖에서 기다리고 있었다. 상점 입구에 놓여 있는 흔들의자에 앉아 있었는데, 내 옆에 앉은 친절한 인상을 지닌 어떤 남자와 이야기를 나누게 되었다. 내가 교회에서 상담을 맡고 있다는 것을 알게 된 그는 나에게 이렇게 물었다.

"질문이 하나 있는데요. 제 처남은 홀리 롤러(holy roller, 예배 중에 열광하는 종파의 신자를 이르는 경멸조의 말: 편집자 주) 교회를 다니고 있어요. 그런 교회에 대해 어떻게 생각하세요? 믿을 만한가요?"

그 질문이 정확히 무슨 뜻인지 파악하기 전까지는 대답하고 싶지 않았기 때문에 나는 이렇게 되물었다.

"어떤 종류의 홀리 롤러 교회인가요?"

"침례교회라고 하더군요. 그런데 그런 침례교회는 처음 봤어요."

"처남과 함께 그 교회를 가 보셨나요?"

"한 번 가 봤어요. 그리고 다시는 가지 않겠다고 맹세했어요."

나는 자세히 이야기해 달라고 했다.

"왜, 그 가스펠송이라고 부르는 노래 있잖아요. 그런 찬양을 소리 높여 부르며 모두들 기뻐서 어쩔 줄 모르더군요. '할렐루야, 주님을 찬양합니다.'라고 큰 소리로 외치며 복도를 막 뛰어 다니더라고요. 한 여자는 흰 손수건을 흔들면서 '감사합니다. 예수님! 감사합니다. 예수님!'이라고 소리를 쳤어요. 처남은 두 손을 들고 복도에서 춤을 추었지요. 마치 무아지경에 빠진 것 같았어요. 저는 예전에 한 번도 그런 교회를 본 적이 없었어요."

"처남과 그런 신앙에 대한 이야기를 해 보셨나요?"

"예, 사실 우리는 거의 모든 것에 동의를 하거든요. 처남도 성경을 따르고, 예수님이 하나님의 아들이신 것을 믿어요. 그리고 천국에 가려면 예수님의 죽음과 부활을 믿어야 한다는 것도 알고 있어요. 저도 침례교 신자이고 처남과 같은 것을 믿고 있지요. 그런데 예배드리는 방식이 너무 달라요. 지나치게 감정적인 것처럼 보였어요. 저는 그런 게 잘 이해가 안 되더군요."

아내가 가게에서 나왔다. 내가 낯선 사람과 한 시간 이상 종교에 관해 이야기하는 것을 아내가 별로 좋아하지 않았기 때문에 나는 그와의 대화를 마무리했다.

"저는 처남을 이해할 수 있어요. 그런데 설명할 시간이 없네요."

그리고 차로 가서 『다섯 가지 사랑의 언어』를 한 권 꺼내 그에게 가져다 주면서 이렇게 말했다.

"제가 쓴 책입니다. 종교를 주제로 쓴 책은 아니에요. 결혼 생활에 관한 내용이지만, 이 책을 읽고 나면 처남을 이해하는 데 도움이 될 겁니다."

그리고 내 명함을 건네주었다.

"이 책을 읽은 다음에 전화 주세요. 그러면 좀 더 이야기를 나눌 수 있을 거예요."

그는 고맙다고 했다. 그리고 아내와 나는 도시를 벗어나 한적한 오후 한때를 보냈다.

### 호레이스와 그의 아내

내 비서가 "호레이스라는 분의 전화예요. 블루리지 공원도로에서 만난 분이시라는데요."라고 말하며 전화를 바꾸어 준 것은 그로부터 약 6개월쯤 지난 후였다. 나는 그가 자신의 이름을 내게 말해 주었는지는 기억이 잘 나지 않았다. 그러나 그가 누구인지는 알 수 있었다. 내가 전화를 받자 그는 "블루리지 공원 도로에서 제 처남과 홀리 롤러 교회에 대해 이야기했는데 기억하십니까?"라고 물었다.

"물론입니다."

"주고 가신 책을 아내와 같이 읽었어요. 우리 결혼 생활에 문제가 있다는 것을 어떻게 아셨습니까?"

나는 웃으며 대답했다.

"몰랐어요. 그냥 처남을 이해하는 데 도움이 될 거라고 생각했어요."

"그 일에도 도움이 되었어요. 그리고 우리 결혼 생활에도 큰 도움이 되었고요. 저는 책을 많이 읽는 편이 아니에요. 그렇지만 주신 책은 읽기도 쉬웠고 이해가 잘 됐어요. 아내와 같이 얘기하면서 서로의 주된 사랑의 언어를 배워 가고 있습니다. 우리 결혼 생활에 정말 많은 도움이 되고 있어요!"

호레이스와 그의 처남

"그래요. 기쁘군요. 처남은 어떻게 지내십니까? 책을 읽고 처남에 대한 생각이 좀 달라졌나요?"

"주신 책을 아내가 읽은 다음, 처남에게 주었어요. 처남 부부도 읽고 서로 이야기를 나눈 다음 우리 부부를 저녁 식사에 초대했지요. 처남은 자신이 사용하는 주된 사랑의 언어가 신체적 접촉이라고 했어요. 그리고 그의 아내는 봉사를 사랑의 언어로 사용한다고 했어요. 두 사람 역시 결혼 생활에 어려움을 느끼고 있었는데, 그 책이 도움이 되었다고 하더군요. 저는 당신에게 종교에 대한 질문을 했는데 왜 제게 결혼 생활에 대한 책을 주셨는지 처음에는 잘 이해가 되지 않았지만, 그 다음 주에 우리가 나눈 대화를 천천히 되돌아보니 그 이유를 알겠더군요. 처남이 신체적 접촉을 사랑의 언어로 사용하기 때문에 예배도 그런 식으로 드린다는 걸 알게 된 거죠.

마치 빛이 비치는 것 같았어요. 그래서 '이제야 이해가 되는군. 신체적 접촉을 사랑의 언어로 쓰기 때문에 하나님께 예배드릴 때도 몸으로 표현했던 것이었구나. 손을 위로 들어 올리고 복도에서 춤을 추는 것은 하나님을 정말 사랑하기 때문이었던 거야.'라고 혼잣말을 했지요.

몇 주 후에 처남과 같이 사냥을 갔다가 그 얘기를 꺼냈어요. 처남은 잘 이해를 못하더군요. 하지만 제가 좀 더 구체적으로 이야기하자 그는 '정말 그런 것 같네요. 아내는 절대로 나처럼 예배를 드리지 않거든요. 언제나 조용하게 예배를 드리죠. 나처럼 예배를 드리지 않기 때문에 아내가 별로 영적이지 않다고 생각했는데, 왜 그렇게 생각하게 되었는지 이제 알 것 같아요. 아내는 봉사를 사랑의 언어로 사용하지요. 이제 보니까 아내가 언제나 다른 사람들을 위해 무언가를 해 왔다는 것이 생각납니다. 아픈 사람들을 위해 음식을 만들어 날랐고, 누군가 세상을 떠나면 그 가족을 위해 청소를 해 주고 음식을 만들어 주는 일을 자원해서 했지요. 언제나 다른 사람들을 위해 무언가를 하려고 해요. 매주 양로원에도 가고 있어요.'라고 말하더군요."

호레이스의 처남은 또한 "그게 아내가 하나님을 향한 자기 사랑을 표현하는 방식이었다는 것을 이제 알 것 같아요. 아내는 자기가 사용하는 사랑의 언어로 말하고 있었던 거였어요. 이런 얘기를 할 수 있어서 정말 기쁘군요. 얘기하지 않았더라면 혼자서는 전혀 생각해 보지 못했을 겁니다."라고 말했다고 한다.


책에 대한 호레이스의 아이디어

"저는 우리 처남을 이해하게 되었고, 처남은 자기 아내를 이해하게 되었어요. 이제는 아마 하나님이 쓰시는 사랑의 언어에 관한 책을 쓰셔야 할 것 같은데요. 다른 사람들을 이해하는 데 많은 도움이 될 거라는 생각이 듭니다."

"아마 그렇게 해야 할 것 같아요. 생각해 보도록 하겠습니다."

이 책을 읽고 있는 사람들은 이미 알겠지만, 나는 그의 제안을 생각해 보았고 결국 이 책을 쓰게 되었다. 이 책을 통해 많은 사람이 호레이스가 얻은 것과 같은 통찰력을 얻을 수 있게 되길 바란다.

　나사렛 예수님이 세상에 계시는 동안 그분은 제자들이 예수님 그리고 하나님 아버지와 연합할 뿐 아니라 그들이 서로 하나가 되기를 바라는 기도를 하셨다. 지난 2천 년 동안 우리가 겪은 비극 중의 하나는 예수님의 제자들이 서로를 너무 비판적으로 대한 것이었다고 나는 생각한다. 그 비난들 중에는 ‘예배 방식’에 관한 것들도 있었다. 사람들이 실제로 여러 가지 사랑의 언어를 사용하고 있다는 것과 하나님이 그 다양한 언어로 예배를 받으신다는 사실은 우리가 서로를 용납하고 사랑하는 데 필요한 인식일 것이다.

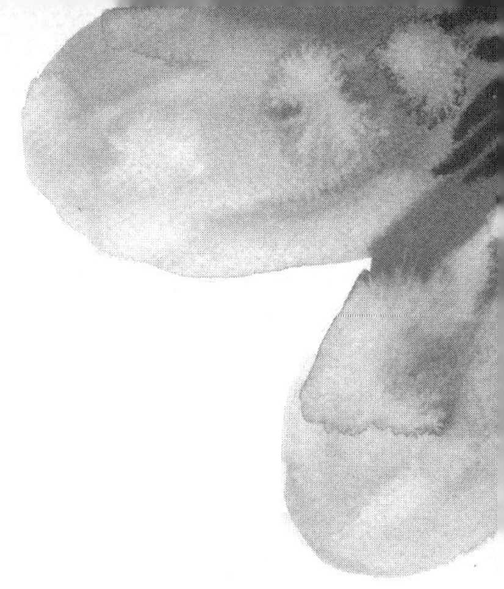

# 8

# 새로운 사랑의 방언으로
# 말하는 것 배우기

다섯 가지 사랑의 언어에는 각각 많은 방언이 있다. 그러나 우리는 대부분 자신에게 친숙한 몇 가지 정도만을 사용한다. 자신에게 자연스럽게 느껴지는, 그저 늘 하던 방법으로만 사랑을 표현하면, 하나님과의 관계가 기계적인 일상처럼 될 수 있다. 하나님이 사랑의 언어나 방언을 사용하는 데 제한받지 않으신다면, 우리도 제한받을 필요가 없다.

우리는 습관의 동물이다. 아침에 일어나면서부터 매일 같은 일정으로 사는 것이 보통이다. 오늘 아침이 어제 아침과 얼마나 다르다고 생각하는가? 잠자리에서 일어나면 제일 먼저 화장실에 가고 출근 준비를 하는 그런 아침이 이미 수개월 동안 계속적으로 반복되었을 것이다. 비누, 칫솔, 수건, 화장지는 늘 있던 자리에 그대로 놓여 있다.

그렇게 순서대로 질서가 잡혀 있는 것이 잘못되었다는 말은 아니다. 사실 똑같은 일을 똑같은 순서대로 하게 되면, 시간을 절약할 수 있다는 이점이 따른다. 그러나 반복은 우리를 둔하게 만들고 급기야 지루함을 느끼게 만든다.

우리는 창의적인 속성을 갖고 태어났다. 그 창의적인 속성을 두드려 깨우게 될 때, 우리의 삶은 훨씬 더 흥미진진한 모험 같은 인생이 될 것이다. 나는 변화를 주기 위해 의도적으로 일주일에 하루 정도는 평소와는 다르게 아침을 시작한다. 면도를 하기 전에 아침 식사를 먼저 한다거나, 잠옷 위에 티셔츠를 덧입고 식사하는 대신 양복을 입고 넥타이를 맨 다음 아침 식사를 한다거나, 아니면 포도 주스를 마시는 습관적인 일상을 깨고 백포도 주스를 마시거나 냉동 플레이크를 먹기도 한다.

변화는 우리 마음에 활력을 가져다준다. 일상 생활에 변화가 있을 때 적극적인 마음을 유지할 수 있다. 나는 아침에 변화를 주는 창의적인 활동을 아주 좋아하기 때문에 하루를 보내는 중에도 몇 번쯤 그런 시도를 해 볼 때가 있다. 한 20분 정도 운전을 한 후 바삭바삭한 도넛을 즐기는 간단한 변화로 오후의 지루함을 깨뜨리고, 마치 큰 모험이라도 하고 난 듯한 그런 기분으로 다시 사무실에 들어간다. 일을 하다가 이렇게 잠깐 쉬는 일이 얼마나 중요한지를 알아 가는 사람들이 늘어나고 있다. 창의성은 이처럼 단조로운 일상을 활기차게 만든다.

## 새로운 방법으로 하나님께 사랑을 표현하는 일

위와 같은 원리를 하나님과의 관계에도 적용해 보도록 권하고 싶다. 자신에게 자연스럽게 느껴지는, 그저 늘 하던 방법으로만 사랑을 표현하면 하나님과의 관계가 기계적인 일상처럼 될 수 있다. 대학생인 아들과 함께 영국을 방문했을 때 우리는, 어느 날 솔즈베리 성당에서 오후 시간을 보냈다. 주변을 같이 걷기도 했지만, 많은 시간을 혼자 스테인드글라스 앞에 서 있기도 했고, 진지하게 예배드리는 사람들 옆에 앉아 있거나 그런 그들의 모습을 관찰하기도 했다. 또한 성당의 건축 양식에 감탄하거나 계단에 올라가거나 성당의 둥근 아치 천장을 바라보기도 했다.

해가 기울 때쯤 나는 성당을 둘러싸고 있는 아름다운 잔디에 아들과 함께 자리를 잡았다. 그리고 성당을 바라보면서 아들에게 "같이 기도할까?"라고 물었더니, 아들은 "아빠, 전 두 시간 내내 기도했어요."라고 대답했다.

새로운 기도의 방언

그 대답에 나는 아무런 할 말이 없었다. 오해하지 않기를 바란다. 나는 그 성당에서 깊은 감동을 받았고, 사실 그것이 내가 기도를 하자고 했던 이유였다. 그리고 아들과 함께 저녁 노을을 함께 누리고 싶었다. 그러나 솔직히 성당을 돌아보면서 기도해야겠다는 생각은 전혀 하지 못했다. 그저 성당의 건축 양식과 외관에서 풍기는 아름다움에 흠뻑 빠져 있었을 뿐이었다.

나중에 그 경험을 떠올리면서 내가 기도를 일정한 범위 안에 제한해 두고 있었다는 사실을 깨닫게 되었다. 나는 기도라는 것을, 무릎 꿇고 눈을 감은 다음 하나님께 뭔가를 아뢰는 행위로 제한하고 있었다. 그러나 내 아들은 걸으면서 마음뿐 아니라 눈까지 열고 기도하는 새로운 기도의 방언을 발견했다. 그 이후로는 나 역시 그 기도의 방언을 좋아하게 되었다. 요즘은 고속도로에서 운전하면서도 나는 종종 큰 소리로(물론 눈을 뜨고) 기도한다.


새로운 방언과 다른 언어들로 이야기하기

다섯 가지 사랑의 언어에는 각각 많은 방언이 있다. 그러나 우리는 대부분 자신에게 친숙한 몇 가지 정도만을 사용한다. 이 장에서는 주된 사랑의 언어에 속한 새로운 방언을 사용하거나, 아니면 전에는 한 번도 사용해 본 적이 없는 전혀 다른 언어를 사용하거나, 또는 정말 창의적인 방법으로 하나님과의 관계를 증진시킬 수 있는 가능성을 살펴보고자 한다. 하나님이 사랑의 언어나 방언을 사용하는 데 제한받지 않으신다면, 우리도 제한받을 필요가 없다. 예배를 드릴 때도 우리는 다양한 방법으로 우리의 창조주 하나님을 높일 수 있다.

다섯 가지 사랑의 언어를 다루면서 그에 속하는 다양한 방언들로 하나님께 사랑을 표현하는 방법들을 살펴보려고 한다. 물론 여기서는 대표적인 것만을 소개하겠지만, 약간의 창의성만 발휘해도 전에는 전혀 생각하지 못했던 새로운 방언을 스스로 발견할 수 있을 것이다. 그리고 하나님과의 관계가 새로운 국면으로 전환되는 것을 보게 될 것이다. 이제 '인정하는 말'에서부터 시작해 보자.

## 인정하는 말에 속하는 방언들

인정하는 말에 속하는 방언의 하나로 감사를 들 수 있다. 나는 시편 100편을 좋아한다. 어릴 때부터 외워 왔던 익숙한 구절이기 때문에 좋아하게 되었는지도 모른다. 다윗은 "감사함으로 그의 문에 들어가며"(시 100:4)라고 말한다. 감사는 인정하는 말에 속하는 가장 잘 알려진 방언이다. 그러나 우리는 "남편과 아이들을 주서서 감사합니다." "일용할 양식을 주서서 감사합니다." "건강하게 살아가게 하심을 감사드립니다."라는 내용의 감사만을 거듭 반복하여 감사할 조건의 다양성을 살리지 못하는 경우가 많다. 같은 감사를 너무 자주 하게 되면, 결국 틀에 박힌 기계적인 감사가 되고 아무 생각 없이 그저 말로만 하는 감사가 될 수 있다.

### 만물에 대한 감사

몇 년 전 에밀리를 만난 후로 나는 하나님께 표현하는 감사를 보다 창의적으로 해야 한다는 생각을 갖게 되었다. 에밀리는 내가 강사로 갔던 수련회에 참석한 멤버였는데, 그녀와 감사라는 주제에 대해 이야기하게 된 경위는 좀처럼 기억나지 않지만, 에밀리가 했던 이야기만큼은 생각난다. 그녀는 이렇게 말했다.

"이번 주에 제가 경험한 좋은 일에 대해 말씀드리고 싶어요. 기도할 때마다 우리가 얼마나 많은 것을 요구하는지는 박사님도 잘 아실 거예요. 그래서 수요일 아침에는 하나님께 아무것도 구하지 않는 대신 하나님이 이미 제게 주신 것들에 감사하기로 결심했어요.

집에 돌아왔을 때, 생활을 편안하게 해 주고 지난날을 생각나게 해 주는 물건들이 가득하다는 것을 문득 깨닫게 되었어요. 그래서 그것들 하나하나에 대해 하나님께 감사를 드려야겠다고 생각했어요."

에밀리는 어떻게 그 일을 했는지를 설명했다.

"침대에 누워 침대와 베개와 매트리스와 침대보와 담요와 예쁜 침대 커버를 하나하나 언급하면서 감사를 드렸어요. 전화기에도 손을 얹고 전화에 대해 감사를 드렸어요. 그것은 들고 다니면서 통화할 수 있는 무선 전화기였어요. 그리고 전화기를 놓아두었던 침대용 스탠드와 목걸이를 넣어 둘 수 있는 서랍에 대해서도 감사를 드렸어요. 스탠드 위에 있는 램프의 전등갓에 손을 대고, 에디슨에게 그렇게 놀라운 아이디어를 주시고 잠자리에 들기 전에 책을 읽을 수 있는 전등을 만들게 하신 하나님께 감사를 드렸어요.

그리고 창문의 블라인드에 손을 대고, 줄 하나만 당기면 편안하게 사적인 자유를 누릴 수 있는 것에 감사드렸어요. 그리고 커튼을 만지면서 커튼이 집 분위기와 잘 어울리는 것과 몇 년 전 전동 재봉틀을 주셔서 직접 커튼을 만들 수 있게 해 주신 것에 감사드렸어요. 그래서 재봉틀이 있는 방으로 가서 그 기계를 허락하신 하나님께 감사를 드렸죠. 그리고 천을 펼쳐 놓을 수 있는 책상과 재단에 쓰는 자와 창의성을 발휘해서 만든 아름답고 환한 방에 감사드렸어요.

그런 다음 화장실로 가서 수도를 틀고 흐르는 물에 손을 대면서 물을 충분히 사용할 수 있음에 감사드렸어요. 수도꼭지를 조절해서 뜨거운 물과 찬물을 선택할 수 있음도 감사드렸어요. 그리고 변기 위에 앉아 조지 삼촌의 농장처럼 화장실이 집 밖에 있지 않은 것에 감사드렸어요. 목욕통을 만지면서는 샤워를 하기 위해 강가로 가지 않아도 되는 것에도 감사드렸어요. 차가운 타일 바닥을 밟지 않도록 해 주는 바닥의 깔개와 몸에 두를 수 있는 크고 하얀 수건이 있음에 감사드렸어요. 화장품들과 여러 화장 도구들을 보면서, 그런 것들이 있기 때문만이 아니라 '창의성을 발휘해 봐. 훨씬 더 좋아 보일 수 있을 거야!'라고 내 속에서 말하는 음성을 들을 수 있다는 것에도 감사드렸어요.

그리고 서재 의자에 앉아 그 의자와 집 안에 있는 모든 의자에 감사드렸어요. 방에 있는 모든 물건에 손을 대며 걸어 다녔죠. 할머니의 사진을 손에 들고 경건한 유산을 기억할 수 있는 물건이 있음에 감사드렸고, 할아버지가 돌아가시기 직전에 주신 시계를 만지며 할아버지를 기억할 수 있음에 감사드렸어요. 두 개의 양초를 만지며 천둥과 번개로 정전이 되었던 때를 기억하고 감사드렸어요. 의자 옆 바닥에 흩어져 있는 책들에 손을 대며 내 삶을 풍요롭게 해 준 수많은 작가가 있음에 감사드렸어요.

거의 한 시간 동안 집을 돌아보며 하나님이 제게 주신 것들에 감사할 수 있었어요. 그런데도 여전히 방 네 개가 남아 있었어요. 다음 주에 다시 감사드리는 시간을 가지려고 해요."

사람들에 대한 감사

나는 에밀리의 이야기를 잊지 못할 것이다. 그녀는 내 삶을 풍요롭게 해 주었다. 그 이후 나 역시 우리 집에 있는 물건들을 만지며 하나님께 감사드리는 시간을 가졌다. 물론 물건들에 대해 하나님께 감사드리는 것은 내가 할 수 있는 모든 감사의 일부에 지나지 않는다. 나는 또한 하나님이 만나게 하신 사람들에 대해서도 감사를 드리면서, 그들과 의미 있는 시간을 많이 보낼 수 있었다.

당신도 한번 그렇게 해 보라. 감사할 수 있는 사람들이 얼마나 많은지 깨닫게 되면 놀라게 될 것이다. 가까운 가족들로부터 시작하라. 그런 다음 친척들로 옮겨 가라. 어떤 사람들에 대해서는 "감사하긴 하지만, 좀 더 친절했더라면 좋았을 거예요."라고 말하고 싶을 수도 있지만, 그런 유혹에 넘어가지 말고, 그들이 한 좋은 일과 좋은 말을 생각하며 그것들에 대해 하나님께 감사드려라.

친척들에 대해 감사한 다음에는 학교와 교회에서 나를 가르쳤던 선생님을 생각하며 감사하라. 앨범의 먼지를 털어 내고 동창들의 사진을 보며 하나님이 만나게 하신 친구들에 대해 감사드려라. 살아오면서 친절을 베풀어 준 이웃, 성경공부 모임에서 알게 되어 긍정적인 영향을 준 친구들, 물건들을 정리하고 구입할 수 있게 해 준 가게 점원, 우리가 사는 곳을 지켜 주는 경찰과 구조대원, 매주 쓰레기를 치워 주는 환경미화원, 그동안 영적으로 자랄 수 있도록 좋은 영향을 준 사람들, 이들 모두에 대해 잊지 말고 감사드려라.

더 많이 감사하라

그리고 우리 주위에 있는 자연을 보라. 풀과 나무, 꽃과 나비, 양털 구름과 구름을 몰고 가는 산들바람, 장미꽃 위에 있는 물방울과 데이지 꽃에 비친 햇살, 산과 들판, 해변과 바다…. 동물원을 찾아가 모든 동물에 대해 세세하게 감사 기도를 시작할 수도 있을 것이다.

백과사전을 꺼내 인체에 관한 설명을 보면서 갑상선, 흉골, 위, 간 등이 있는 것에 감사하라. 인간 두뇌에 속한 다양한 부분을 관찰하고 그 각각에 대해 감사하며, 모든 것이 척수로 연결되어 있음에 감사하라. 순환계를 관찰하고 골격과 신경계가 어떻게 서로 연락하고 있는지를 보고 감사하라. 소화기를 관찰하라. 그리고 화장실에 가고 싶을 때마다 하나님께 감사하라. 인간의 몸에 대해서도 몇 시간에 걸쳐 감사할 수 있을 것이다. 창의적으로, 깊이 생각하라. 그러면 "감사함으로 그 문에 들어가며"라고 찬양하게 될 것이다. 그러나 감사만이 인정하는 말의 유일한 방언은 아니다. 찬양도 그중 하나이다.

감사의 사촌, 찬양

시편 기자는 100편 4절에서 찬송함으로 그의 궁정에 들어가라고 말한다. 찬양과 감사는 사촌지간이다. 찬양은 하나님이 어떤 분인지에 초점을 맞추는 한편, 감사는 하나님이 하신 일에 초점을 맞춘다.

구약성경에서 '찬양'이라는 말은 소리를 만들어 내는 것과 관련된 용어인 '할랄'(halal)이라는 단어를 그 어근으로 한다. 시편 100편은 "온 땅이여 여호와께 즐거운 찬송을 부를지어다"라고 시작하면서 그 용어를 사용한다. 성경 전체는 찬양을 분출해 낸다. 찬양은 하나님 백성의 삶을 특징짓는 마음의 기쁨에서 자연스럽게 솟아난다. 찬양을 드리는 것은 종종 음악을 동반한다. 시편의 히브리 책 제목은 '세페르 테힐림'(Sepher Tehillim)인데, 이는 찬양의 책이라는 뜻이다. 찬양의 노래를 부르는 것은 신구약성경에서 모두 중심을 이루고 있다.

하나님과 사랑의 관계 때문에 솟아나는 내적 기쁨은 찬양으로 표현된다. 그러므로 찬양은 하나님 백성이 갖는 두드러진 특징이다. 반면에 이방인들은 하나님을 찬양하기를 거부하는 사람들이다(롬 1:21 참조).

### 찬양 가사와 음악 - 또 다른 방언

하나님에 대한 찬양은 음악을 통해 혹은 음악 없이 표현될 수 있다. 또한 개인적으로 다른 사람들과 함께 드리는 예배 속에서 표현될 수 있다. 찬양 가사는 '하나님은 거룩하시며, 의로우시며, 전능하시며, 자비로우시며, 사랑하시는 분'이심을 확신하게 하는 한 방법이다. 하나님은 우리를 지으신 창조주일 뿐 아니라, 우리를 구속하신 주님이시다. 또한 우리와 사랑의 사귐을 가질 수 있는 분이시기 때문에, 우리는 그분을 찬양한다. 그리고 우리가 지금으로부터 영원까지 하나님의 자녀라는 사실 또한 하나님을 찬양하게 만든다.

인정하는 말을 주된 사랑의 언어로 사용하는 사람이라면, 찬양으로 하나님께 사랑을 표현하는 것이 그리 어렵지 않을 것이다. 그러나 또한 정해진 시간과 장소에서 한정된 표현이나 어구를 반복적으로 사용하다 보면, 쉽게 그 범위가 제한될 수도 있다. 그렇게 되면 진정한 마음으로 시작한 찬양도 단순히 하나의 의식 절차로 전락할 수 있다. 그러므로 하나님을 찬양하는 장소와 찬양을 표현하는 방법에 대해 창의적으로 생각할 때 하나님과의 관계를 증진할 수 있다. 시편, 찬송가, 복음성가 등은 모두 말과 음악으로 찬양하는 일의 창의성을 더하는 데 도움이 될 수 있다.

이런 찬양의 도구들을 사용하기 위해 반드시 노래를 잘 불러야 하는 것은 아니다. 비록 음악에는 별 소질이 없더라도, 찬송가를 펴고 오래된 찬양을 한 곡 불러 보라.(음정을 맞추는 일에 신경 쓸 필요가 없다. 이것은 하나님께 그리 중요한 것이 아니다. "여호와께 즐거운 찬송을 부를지어다"라고 한 시편 100편 1절을 기억하라.) 각 절이 끝날 때마다 자신의 말로 하나님을 찬양하라. 창가에 서서 하나님이 지으신 자연의 아름다움을 바라보면서 시편 19편을 큰 소리로 읽어라. 그리고 각 절이 끝날 때마다 자신의 말로 찬양을 이어 보라. 전에는 한 번도 사용해 본 적이 없는 찬양의 말을 사용하게 될지도 모른다. 성경 사전에서 '하나님'이라는 단어를 찾아보라. 하나님이 지닌 다양한 성품을 묘사한 설명을 보면서 하나님을 어떻게 찬양할 수 있을지를 생각해 보라.

다른 사람들과 함께 하나님을 찬양하라. 보통은 음악을 통해 찬양하는 것이 일반적이다. 그런 음악 찬양 예배는 인정하는 말이라는 사랑의 언어에 새로운 면을 더해 줄 것이다. 음악의 형태는 상대적으로 그리 중요하지 않다. 중요한 것은 찬양의 가사를 통해 하나님을 향한 마음을 표현하는 것이다.

### 새로운 찬양 스타일

전통적으로 교회에서 사용하던 찬송가와는 달리 '경배와 찬양'이라고 불리는 현대 찬양곡에 대해서는 상당한 논란이 있어 왔다. 그러나 과연 어느 것이 더 낫다고 단정지어 말할 수 있을까? 역사를 통해 얻은 한 교훈이 이 문제를 해결하는 데 도움을 줄 것이다.

1692년 18살이었던 아이작 왓츠(Isaac Watts)는 예배 시간에 부르는 찬송에 거부감을 느꼈다. 그래서 그는 어느 주일날 아침 아버지께 꾸중을 들었다. 그러나 아이작은 시편의 운이 맞지 않는 그런 노래는 딱딱하고 이상해서 부르고 싶지 않다고 대답했다. 그러나 아버지는 이렇게 말했다.

"이 찬송가들은 네 할아버지나 나에게 충분히 훌륭한 곡들이었어."

"아버지와 할아버지에게는 좋았을지 몰라도 제게는 별로 그렇지가 않아요."

"이 찬송가가 싫다면, 다른 찬송가를 한번 써 보도록 하렴."

"아버지, 사실 제가 써 왔던 곡들이 있어요. 마음을 열고 들어 주신다면, 제가 그중 하나의 가사를 읽어 드릴게요."

아이작은 그 가사가 요한계시록 5장 6-10절에 나오는 천사들의 노래를 운율에 맞추어 다시 쓴 것이라고 덧붙여 설명했다. 아이작이 쓴 시에 깜짝 놀란 아버지는 그것을 들고 교회로 갔다. 그 다음 주 주일에 성도들은 그 시를 아주 좋아했고, 아이작에게 또 다른 시를 쓰게 했다. 그리고 그 다음 주에도 그리고 또 그 다음 주에도 계속 시를 쓰게 하여 222주 동안 계속 시를 썼다.[31] 오늘날 아이작 왓츠는 현대 찬송가의 아버지로 불린다.


우리 마음의 리듬

300년이 지난 지금도, 우리 시대의 젊은 아이작 왓츠들은 경배와 찬양의 음악을 만들어 내고 있다. 음악은 우리 마음을 리듬으로 표현한다. 아이작 왓츠의 찬송가에 익숙한 우리는 아이작의 아버지를 본받아 우리 젊은이들에게 새로운 찬양을 만들 수 있게 해 주어야 한다. 그렇게 함으로써 그들이 300년 후에 이어질 교회들을 위한 축복의 통로가 되도록 공간을 마련해 줄 수 있을 것이다.

찬양의 형태는 중요하지 않다. 마음이 중요한 것이다. 찬양에 속하는 방언은 무수히 많기 때문에 새로운 시도로써 하나님을 향한 찬양을 발전시킬 수 있는 가능성을 찾아보고, 과거에 의미 있었던 것들은 되살려 계속해서 찬양의 방언으로 사용하기를 권한다. 개방적이고 자유로운 방식의 예배에 익숙한 현대 젊은이들이 기도문을 사용하는 구식의 예배에 매력을 느낀다면, 생명력 있고 진심에서 우러난 찬양을 드리고 싶어 하는 그들의 욕구에서 그 이유를 발견할 수 있을 것이다. 기도문을 읽는 것은 30년 동안 그렇게 해 온 사람들에게는 형식적으로 느껴질 수 있지만, 그 기도문을 들어 보지 못한 젊은이들에게는 신선한 생수와 같은 것일 수도 있다. 내가 부탁하고 싶은 것은 우리에게 익숙하지 않은 형식이나 스타일을 비난하는 일을 멈추자는 것이다. 그 대신 우리에게 새로우면서도 우리가 찬양하는 하나님이 이해하실 수 있는 방법들을 찾아냄으로써 우리의 찬양을 계속 순수하게 유지하자는 것이다.

### 인정하는 말에 속하는 또 다른 방언들

지금까지 우리는 인정하는 말에 속하는 두 개의 방언만을 살펴보았다. 그러나 그 외에도 더 많은 방언이 있다. 이를 테면 하나님께 사랑의 편지를 써 보는 것도 방언의 하나일 수 있다.(컴퓨터를 사용해도 좋다.) 하나님도 기뻐하실 것이라고 생각한다. 하나님도 우리에게 이미 수많은 편지를 쓰셨다.(사도들을 통해 편지 21통을 보내셨다.) 성경 한 장을 읽고 하나님의 마음에 귀를 기울인 다음 그분께 편지를 써 보면 어떻겠는가? 시적 감흥을 느낀다면 시를 쓸 수도 있을 것이다. 음악에 재능이 있다면 노래로 만들거나, 하나님과 다른 사람들을 위해 노래를 부를 수도 있을 것이다.(노래를 잘 못 부른다면 하나님께만 불러드려도 좋다.)

인정하는 말에 속하는 방언들을 통해 하나님께 사랑을 표현하는 방법은 무한히 많다. 인정하는 말을 사랑의 언어로 사용하는 사람들이 쓴 글을 읽으면서 소그룹 토의 시간이나 묵상 시간에 그 방언들을 배울 수 있다. 또한 창조주 하나님이 창의적인 마음을 불러일으켜 주시기를 기도함으로써, 전에는 전혀 몰랐던 인정하는 말의 방언을 새롭게 발견할 수도 있다.

## 친밀한 시간에 속하는 방언들

### 카렌이 하나님과 나누는 경건의 시간

친밀한 시간을 주된 언어로 사용하는 사람이라면, 하나님과 단 둘이 보낼 수 있는 시간을 갖고 싶어 한다. 또한 그런 사람은 "제 하루 일과 중 하나님과 함께하는 경건의 시간이 제게는 가장 소중해요."라는 카렌의 말에 쉽게 동의할 수 있다. 카렌에게 경건의 시간을 어떻게 보내는지 물어보았을 때, 그녀는 이렇게 대답했다.

"보통 저는 성경을 한 장 읽으면서 중요한 단어나 절에 표시를 해 두고 그 표시한 부분에 대해 하나님과 이야기를 나눠요. 하나님께 질문을 할 때도 있어요. 또 감사를 드릴 때도 있고요. 또 성경을 읽으면서 드러난 죄를 고백하기도 하지요. 그런 다음 그 장을 해석한 책을 읽으며 다른 사람들이 어떻게 생각하는지를 확인해요. 그런 확인 과정을 통해 제 질문에 대한 답을 찾기도 하죠. 그러면 다른 사람들도 제가 생각했던 것과 같은 아이디어로 마음의 감동을 받고 있다는 사실을 보게 돼요."

카렌은 하나님과 매일 만나는 시간에 상당히 많은 것을 하고 있었다. 그녀는 주석서들을 살펴본 후 묵상집들을 선택해서 읽는다. 그것은 상당히 다른 주제일 수도 있지만, 카렌은 다른 사람들이 쓴 책이나 묵상 기록을 통해 많은 도움을 받을 수 있다고 말했다.

"묵상집에서 읽은 내용으로 하나님께 제 마음을 말씀드려요. 그리고 제 하루 일과와 가족들과 제가 생각하는 중요한 일들을 하나님 앞에 내어놓고, 하나님의 지혜와 인도하심을 간구해요. 그리고 찬양을 부르며 경건의 시간을 마치곤 하죠. 음악적인 재능은 별로 없지만, 하나님이 제 마음의 멜로디에 귀를 기울이실 거라고 생각해요.

이렇게 경건의 시간을 마치고 나면 하루 일과를 시작해요. 하루를 생활하면서도 하나님과 종종 이야기하지만, 아침 경건의 시간이 제 마음을 잡아 주는 가장 큰 힘이에요. 그 시간을 갖지 않으면 제 하루는 아마 상당히 달라질 거예요. 저는 그것을 종종 결혼에 빗대어 생각해 보곤 해요. 남편과 제가 매일 각자의 생활을 이야기하는 '부부 시간'을 가질 때, 저는 남편과 하나로 연합하는 것을 느끼고 우리 결혼 생활이 건강하게 유지되는 것 같다는 생각이 들어요. 그런데 어떤 이유에서건 그 시간을 함께 나누지 못하면 남편과 거리감을 느끼고 우리 관계에 뭔가 잘못된 것이 있는 듯한 느낌을 받게 돼요. 하나님과 함께하는 경건의 시간 역시 하나님과의 관계에 그런 역할을 해 주지요. 그 시간을 통해 하나님과 가깝고 친밀하다는 느낌을 가질 수 있으니까요."

나는 그의 말이 끝나자마자 바로 물었다.

"언제 어디서 하나님과 경건의 시간을 가지시나요?"

"식구들이 일어나기 전 이른 아침 시간에 가져요. 그때가 아니면 시간을 낼 수가 없거든요. 그리고 경건의 시간을 갖는 장소는 세탁실 한쪽 구석에 있는 작은 책상 앞이죠. 멋진 곳은 아니지만, 제게는 대성당 같은 곳이에요. 가끔씩은 세탁기를 돌리고 세탁기 위에 붙여 놓은 글귀를 읽어요. '예수님을 위해 빨래한다는 것을 기억하라.' 경건의 시간에 골로새서 3장 17절을 읽고 떠오른 생각이에요."

자신이 카렌과 비슷하다고 생각하는 사람들도 있을 것이다. 친밀한 시간을 주된 사랑의 언어로 사용한다면 하나님과 교제하는 시간을 보낼 수 있는 개인적인 공간과 자기만의 독특한 방법이 있을 것이다. 그리고 아직 규칙적으로 경건의 시간을 갖고 있지 않다면 카렌의 방법이 아주 매력적으로 보일 것이다. 친밀한 시간을 사랑의 언어로 쓰는 카렌에게는 그 시간을 갖는 것이 하나님께 자신의 사랑을 가장 의미 있게 표현하고, 하나님의 사랑을 가장 깊이 느낄 수 있는 방법이다.


같이 걷는 시간

친밀한 시간에 속하는 또 다른 방언이 있다. 패트릭은 산책하기를 좋아한다. 성격상 카렌이 설명한 것과 같은 그런 경건의 시간을 갖는 편은 아니다. 그는 움직이기를 좋아하면서도 친밀한 시간을 주된 언어로 사용한다. 하나님과 어떻게 친밀한 시간을 나누고 있는지를 묻자, 그는 서슴없이 이렇게 대답했다.

"저는 하나님과 함께 걷습니다. 그러면서 성경구절을 암송하는 데 집중하죠. 몇 년 전 친구에게 성경암송에 대한 이야기를 들은 후부터 지금까지 계속 해 오고 있어요. 명함 뒤에 성경구절을 같이 인쇄했는데, 친구가 준 가죽 주머니에 넣어 가지고 다니면서 그 구절들을 읽고 묵상합니다. 각 구절에 대해 하나님과 이야기를 나누면서요. 어떤 구절은 죄를 회개하게 만들고,

또 어떤 구절은 그 구절의 원리를 제 삶에 실천할 수 있도록 간구하게 하지요."

그리고 다른 사람들을 위해 기도하게 하는 구절들도 있다고 그는 설명했다.

분명히 패트릭은 카렌의 방법과는 다른 방법으로 하나님과 친밀한 시간을 나눈다. 하지만 이 두 사람은 같은 언어에 속하는 서로 다른 방언을 사용하는 것이다. 두 방언 모두 하나님과 대화하면서 친밀한 시간을 보내는 것을 중심으로 한다.

공원과 가정에서 드리는 예배

줄리아는 친밀한 시간에 속하는 세 번째 방언을 사용한다.

"직장을 다니면서 세 아이를 키우고 남편을 내조하느라 엄청나게 분주한 삶을 살아가요. 그래서 하나님과 함께하는 경건의 시간을 매일 가질 수는 없었지만, 하나님과 조용한 시간을 갖는 일에는 전부터 상당한 매력을 느끼고 있었어요. 그래서 매주 하루를 정해서 하나님과 함께 세 시간 정도를 보내는 방법을 생각해 냈어요. 보통 목요일 오전 9시에서 12시까지 그 시간을 갖지요. 목요일이 가장 한가한 날이고, 직장에서도 그 시간을 따로 낼 수 있도록 허락해 주었어요. 물론 그 시간에 대한 보수는 없지만요.

제게는 그 시간이 일주일 중 가장 귀한 시간이에요. 하나님과 그 시간을 가질 수 없다면, 지금 어떻게 되었을지 모르겠어요. 여름에는 공원에 가곤 해요. 그곳에 탁자 몇 개가 있는데 항상 빈 탁자를 찾을 수 있어요. 겨울에는 집으로 가요. 아이들은 학교에 가고 남편은 직장에 출근해서 조용하거든요. 그래서 거실에서 예배를 드릴 수 있어요."

줄리아는 그 시간에 찬송을 부르고 성경을 읽으며 어떤 때는 다른 사람의 전기를 읽기도 한다. 다른 사람의 삶에 관한 글들은 그녀에게 힘을 준다. 그녀는 이렇게 말했다.

"노래하거나 책을 읽으면서 하나님과 이야기해요. 하나님께 경배드리고 도움과 인도를 구하지요. 그 시간에 집안일을 해야 할 것 같은 유혹을 받기도 하지만, 지금까지 그 유혹에 넘어간 적은 한 번도 없어요. 그렇게 하면 하나님과 함께 친밀한 시간을 보내려는 목적이 완전히 무너지게 되거든요. 가끔씩은 매일 경건의 시간을 갖고 싶다는 생각이 들 때도 있어요. 그렇지만 현재까지는 이 방법이 제게 가장 적절해요. 그 시간이 없었다면, 제가 삶의 무게를 견뎌 낼 수 있었을지 잘 모르겠어요. 정말 힘이 되는 것은 하나님도 저와 함께 보내는 그 시간을 정말 즐거워하신다는 사실이에요. 제가 그 시간을 지키지 않으면, 하나님을 실망시켜 드릴 것 같다는 생각이 들어요."

줄리아는 자신에게 의미 있을 뿐 아니라 하나님과의 관계를 증진할 수 있는 이 친밀한 시간에 속한 방언을 어떻게 사용해야 하는지 잘 알고 있었다.

한 도시에서, 그리고 또 다른 도시에서

로버트는 몇몇 회사의 제조업자들을 대표하는 일을 하고 있었기 때문에 여행을 많이 다닌다. 나는 그가 헌신된 마음으로 예수 그리스도를 따르는 사람이라는 것을 알고 있었다. 또한 그는 친밀한 시간을 주된 사랑의 언어로 사용하는 사람이었다. "항상 그렇게 여행을 다니면서 어떻게 하나님과의 관계를 발전시켜 나갈 시간을 찾을 수 있지요?"라고 내가 묻자, 그는 이렇게 대답했다.

"매일 아침 호텔 객실을 떠나기 전, 한 10분 정도 하나님과 대화하는 시간을 가져요. 작은 묵상집을 늘 가방에 넣고 다니지요. 매일 성경구절을 묵상하고 묵상집에 나온 그 구절에 대한 설명을 읽은 다음, 그 읽은 내용과 제 하루 일과에 대해 하나님과 이야기를 나누면서 인도하심을 간구해요.

그리고 저녁 시간에는 보통 고객들과 식사를 같이 할 때가 많아요. 날씨가 좋으면 저녁 식사를 마친 후 공원으로 가서 하나님과 함께 산책을 하죠. 그러면서 오늘 하루에 대해서 그리고 우리 가족들과 선교사가 된 친구들을 위해서 기도합니다. 그리고 벤치에 앉아 성경을 읽으면서 제게 중요한 것처럼 보이는 부분에 밑줄을 긋고 그 부분에 대해 하나님과 이야기를 나누죠. 날씨가 좋지 않으면 호텔 헬스 센터에서 운동을 하고 나서, 방으로 돌아와 성경을 읽어요.

하루를 시작하고 마치면서 저는 의식적으로 하나님을 가까이하고 그분과 대화하려고 노력해요. 수년 동안 그렇게 해 왔고, 그런 시간 없이 산다는 것은 상상할 수가 없어요. 여러 가지 면에서 그때가 제 하루 중 가장 중요한 시간이에요. 성경을 읽고 난 후에는 아내에게 전화를 해서 집안 식구들의 안부를 묻고 확인하지요. 그렇게 하면 아내와도 친밀한 시간을 함께 나눌 수 있어요."


## 친밀한 시간에 속하는 다른 방언들

지금까지 친밀한 시간에 속하는 방언 네 가지를 소개했다. 그러나 더 많은 방법이 있을 것이다. 하나님을 순수하게 사랑하고 친밀한 시간을 주된 사랑의 언어로 사용하는 경우라면, 스스로 하나님과 친밀한 대화를 나누는 방법을 찾을 수 있다. 시간이나 장소나 방법의 다양성은 하나님을 향한 사랑의 표현을 강화시켜 줄 것이다.

예를 들어, 가까운 교회나 성당이 하루 중 언제 개방하는지를 알아보고 시간이 괜찮다면, 그러한 공간을 하나님과 친밀한 시간을 나누는 장소로 사용할 수 있다. 그리고 주로 실내에서 생활하는 편이라면, 날씨가 허락하는 대로 실외에서 하나님과 친밀한 시간을 갖는 변화를 시도해 볼 수도 있다. 비를 맞으며 하나님과 이야기하는 것도 새로운 경험일 수 있다. 비를 내리는 분이 바로 하나님이시기 때문이다. 분주한 생활 때문에 시간을 내기 어렵다면, 점심을 거르고 하나님과 단 둘이서 지금까지 먹어 본 어떤 스테이크보다 '더 맛있는 음식'을 먹기 위해 그 시간을 사용해도 좋다. 요즘처럼 급속하게 변화하는 세상 속에서 시간을 내고 장소를 찾는 일은 쉽지 않다. 그러나 하나님을 갈망하고 친밀한 시간을 사랑의 언어로 사용하는 경우라면 어떻게든 시간을 만들고 장소를 찾아낼 것이다. 시편 기자는 그런 마음의 소원을 이렇게 표현했다. "하나님이여 사슴이 시냇물을 찾기에 갈급함 같이 내 영혼이 주를 찾기에 갈급하니이다 내 영혼이 하나님 곧 살아 계시는 하나님을 갈망하나니 내가 어느 때에 나아가서 하나님의 얼굴을 뵈올까"(시 42:1-2).

하나님께 사랑을 표현하는 친밀한 시간이라는 언어에 창의력을 더하게 만드는 것은 바로 하나님을 바라는 갈급한 마음의 열망이다. 당신이 사용하는 주된 사랑의 언어가 친밀한 시간이 아니라면, 지금까지 살펴본 방언 중의 하나를 새롭게 배워 보는 것도 좋을 것이다.

## 선물에 속하는 방언들

나는 결혼한 지 6개월밖에 되지 않은 어느 신혼부부에게 다음 해 크리스마스까지 선교 후원을 위해 천 달러를 헌금해 보라고 권면했다. 내 제안은 간단했다. 후원을 하기로 결정한 다음, 50주 동안 매주 20달러씩을 따로 떼어 모으라는 것이었다.

1년 후 그 신혼부부는 20달러짜리 지폐 50장을 들고 내 사무실을 찾아왔다. 그들은 그것을 다음 주 주일 헌금함에 넣을 계획이라고 했다. 이 부부는 하나님의 일을 위해 헌금할 수 있게 되었다는 기쁨으로 들떠 있었다.

그 아내는 이렇게 말했다.

"가끔 '이 돈이라면 이런저런 일을 할 수도 있을 텐데' 하는 생각이 들 때도 있었어요. 하지만 우리 둘 다 고개를 흔들며 '아니, 이건 하나님께 드리는 우리의 선물이야. 우리를 위해 쓸 수는 없어.'라고 말하곤 했죠."

한두 주쯤 지나서 나는 오랫동안 알고 지낸 한 가정을 방문했다. 그 부부를 잰과 마이크라고 부르기로 하자. 나는 주일 아침 그들이 다니는 교회에서 설교를 해 달라는 요청을 받았다. 그때까지도 나는 여전히 우리 교회에서 선교 헌금을 하면서 일어났던 일, 특히 주는 기쁨을 느끼는 훈련에 대해 상당히 흥분해 있었다.

신혼부부의 이야기를 들은 마이크는 이렇게 말했다.

"우리 얘기도 해 드릴게요. 아내와 제가 결혼하기 전 우리는 각각 십일조를 해야 한다는 것을 배웠고 늘 그렇게 해 왔어요. 그래서 결혼할 때 우리 수입의 10퍼센트를 하나님께 드리는 일에 전적으로 동의했지요."

감사의 선물

"한 해가 지난 후 저는 아내에게 '구약성경에 보면 사람들은 자신이 번 은 수입의 십분의 일을 드렸지만, 우리는 예수 그리스도를 통해 영원한 생명 을 선물로 받았고 또 살아갈 힘을 주시는 성령님이 함께하시기에 구약시대 사람들보다 사실 더 많은 것을 드려야 한다고 생각해.'라고 말했어요. 그리 고 10퍼센트 대신 11퍼센트를 드리면 어떻겠냐는 제안을 했어요. 아내도 긍 정적이었어요. 그래서 그해 우리는 수입의 11퍼센트를 십일조로 드렸지요. 그 런데 그해 말에는 지난해보다 더 많은 돈이 남게 되었어요. 그래서 하나님 이 우리에게 풍성한 복을 주셨으니 헌금을 12퍼센트로 늘리자고 아내에게 제안했어요. 아내도 흔쾌히 동의를 했고 그래서 그렇게 하게 되었지요. 해마 다 그 전 해보다 더 많은 돈이 남게 되면 그렇게 1퍼센트씩 우리의 십일조 를 늘려 왔어요."

"결혼한 지 얼마나 되셨어요?"라고 묻자, 그는 빙긋 웃으며 "49년이요." 라고 대답했다.

속셈을 하는 데는 그리 오래 걸리지 않았다. 그들은 지금 수입의 58퍼센 트를 헌금하고 있었고, 그것이 그들에게 큰 기쁨이라는 것을 알 수 있었다.


돈 그 이상의 것

그러나 선물로 하나님께 사랑을 표현하는 것은 돈에만 국한되는 것이 아 니다. 예수님은 목마른 사람에게 냉수 한 그릇을 대접하는 것도 하나님께 기 억될 만한 사랑의 표현이라고 말씀하셨다(마 10:42). 하나님을 향한 사랑은 종 종 먹을 것이나 마실 것이나 입을 것이나 거할 곳 등 하나님이 지으신 피조 물의 실제적인 필요를 채워 줌으로써 표현할 수 있다. 예수님을 따르는 많은 사람이 다른 사람들을 도와주는 것을 그들의 주된 사랑의 언어로 사용하고 있다. 그들에게는 다른 사람들의 물질적 필요를 채워 주는 통로가 되는 것보다 더 큰 즐거움은 없다. 그들은 보이 스카우트 단원들이 가난한 사람들을 위해 음식을 모을 때 가장 먼저 내어 줄 수 있는 사람들이다. 홍수로 피해를 당한 지역 사람들을 돕기 위해 방송국에서 실시하는 수재민 돕기에도 가장 먼저 나서는 사람들이다.

그러나 선물을 주된 사랑의 언어로 사용하면서도 이런 일에는 별로 반응을 보이지 않는 한 친구가 있다. 그 친구는 투자가이다. 그는 자신의 일에서 큰 이익이 생길 때, 보통 그 이익을 기독교 기관에 헌금한다. 그 일보다 그를 더 기쁘게 하는 것은 아무것도 없다. 주식을 증여함으로 세금을 구제받는 동시에 기독교 사역을 전 세계적으로 펼치는 데 기여하는 것이다. 그렇게 그는 이중의 효과를 가진 선물을 하면서 큰 기쁨을 누린다.


### 격려

선물에 속하는 방언 중 돈이나 물질과는 전혀 다르지만, 하나님을 향한 사랑을 충분히 반영하는 것이 있다. 바로 그것은 격려라는 선물이다.

짐은 부유한 사람이 아니다. 그는 섬유 공장이 있는 작은 마을에서 75년이 넘어 수리할 곳이 많은 그런 집에서 살고 있다. 금고는 텅 비어 있었지만, 그의 마음만은 꽉 차 있었다. 예수님을 열심히 따르는 그는 이렇게 말했다.

"저는 50년을 낭비했어요. 술과 마약에 취해 살았지요. 그러나 어느 날 재활 센터에서 제 삶을 그리스도께 드리게 되었어요. 그리고 그곳의 리더들은 자기들이 운영하는 농장에서 살 수 있게 해 주었지요. 그 농장에서 1년 동안 지내면서 제 삶은 완전히 달라졌어요. 저는 술과 마약의 힘을 의지하지 않고도 살 수 있다는 것과, 성령님이 제 삶을 통해 좋은 일을 하고 싶어 하신다는 것을 알게 되었지요.

그 이후 15년간 정말 보람찬 삶을 살 수 있었습니다. 안정된 직장을 구했고 집도 샀어요. 무엇보다도 저를 사랑하는 교회 친구들과 한 가족을 이루게 되었다는 점이 가장 큰 기쁨이었지요. 교회에 헌금할 큰돈은 없었지만, 친구들은 그것이 그리 중요한 문제가 아니라고 했어요. 그 대신 저는 사람들에게 격려하는 말을 해 주었죠. 지난 15년 동안, 제게 뜻깊었던 성경구절들을 카드에 적어서 격려가 필요하다고 생각되는 사람에게 그것을 전해 주었습니다. 그 성경구절이 자기에게도 매우 뜻깊은 구절이 되었다고 말하는 사람들이 많아졌어요. 또 사람들과 같이 기도하기도 했지요. 기도는 사람들에게 힘과 격려를 줄 수 있는 아주 좋은 방법이거든요."

짐은 다른 사람들에게 이런 선물을 주면서 하나님을 향한 자신의 사랑을 표현한다.


### 선물에 속하는 또 다른 방언들

또한 나에게는 프로젝트에 관심을 갖는 한 친구가 있다. 그는 정기적으로 헌금을 하기도 하지만, 특별한 일에 참여하는 것을 통해 가장 큰 기쁨을 누린다. 그는 세계 각처로 휠체어를 보내는 조니 에릭슨 타다의 프로젝트에 마음이 끌려 휠체어 15대를 기증했다. 하지만 그것은 그가 참여해 온 수많은 프로젝트 중 하나에 불과하다. 구체적인 비전이 있는 특정한 목적을 위해 무언가를 제공한다는 것은 그에게 있어서 하나님을 향한 자신의 사랑을 표현하는 가장 신나는 일이다. 그는 선물에 속한 방언을 사용하고 있는 것이다. 그리고 그와 비슷한 사람들이 많이 있다.

선물을 주된 사랑의 언어로 사용하는 경우라면 선물에 속한 새로운 방언을 배워 볼 것을 권한다. 다른 방법을 사용하거나 다른 것을 줌으로써 주는 일의 지평을 넓혀 보라. 돈만 주던 사람들은 음식을 주는 방법을 생각해 볼 수 있다. 물질적인 선물을 정기적으로 주던 사람들은 격려와 같이 물질적이지 않은 것들을 생각해 볼 수 있다. 또한 약간의 창의성을 발휘한다면 하나님께 사랑을 표현하는 새로운 방언을 개발할 수 있다. 한편 주는 일이 쉽지 않은 사람들은 앞에서 살펴본 방언들 중 하나를 선택하여 선물이라는 사랑의 언어를 배워 나갈 수 있다.

## 봉사에 속하는 방언들

전기 기술자였던 카알은 20년 전에 은퇴했다. 그 후 그는 온두라스에 있는 청소년 캠프장에 2단 침대와, 필리핀에 있는 한 신학교에 주방과 식당을 만들어 주었다. 그리고 서아프리카 말리에 선교사들이 거주할 집 두 채를 지어 주었다. 페루에서는 청소년 캠프장의 부엌과 기숙사 방들을 개조해 주었고, 온두라스에서는 서점을 위한 전시용 책장을 짜 주었다. 또한 서아프리카 토고에서 일하는 의료 선교사들을 위해 집을 지어 주었고, 알바니아의 국제 선교 지원자들을 위한 기지 캠프장을 짓는 일에도 참여했다.

은퇴한 전기 기술자가 왜 이런 일을 한 것일까? 왜냐하면 그는 하나님을 사랑하고, 봉사를 주된 사랑의 언어로 사용했기 때문이다. 그는 자신의 능력을 활용하여 하나님과 예수 그리스도를 향한 자신의 사랑을 표현했다. 그는 외국에서뿐 아니라 조지아주에 새로 짓는 교회를 1년 동안 감독했고, 그 다음 해에는 북캐롤라이나에서도 같은 일을 했다. 또 뉴저지에 있는 작은 교회의 목사님을 위해 책장을 짜 주었고, 테네시에 있는 어느 학교의 교실을 개조하는 데도 참여했다. 그리고 선교 여행을 다니지 않을 때는 자신이 속한 교회에서 성경공부를 인도했다. 카알이 후회하는 것은 딱 한 가지가 있다.

"더 빨리 은퇴하지 못한 것이 후회스러워요. 그랬더라면 더 많은 일을 할 수 있었을 거예요."

### 요리와 집짓기를 통한 봉사

물론 봉사를 사랑의 언어로 쓰는 사람들이 하나님을 향한 사랑을 표현하기 위해 다 직장을 그만두어야 하는 것은 아니다. 봉사에 속하는 다른 여러 가지 방언을 통해서도 사랑을 표현할 수 있다. 내가 아는 한, 마리의 집 스토브에 불이 지펴지지 않은 때는 거의 없었다. 부엌은 그녀가 예배를 드리는 곳이기 때문이다. 마리는 다른 사람들을 위해 음식을 준비하면서 하나님을 향한 사랑을 표현한다. 마리의 남편이 그녀가 손수 만든 음식을 들고 우리 집에 찾아오면, 내가 하나님을 향한 그녀의 사랑을 받았음을 알게 된다. 내 아내는 내가 강의 약속이 있어서 다른 지방으로 가고 없는 동안 가끔 무언가 먹으며 얘기를 나누고 싶다는 생각이 들 때면 늘 마리의 집으로 간다. 그리고 마리와 함께 오븐에서 나온 과자를 먹고 차를 마신다. 최근에 마리는 46명이나 되는 성경공부 모임의 멤버들을 다 초대하기도 했다. 마리에게 그런 일은 전혀 부담스러운 것이 아니다. 오히려 큰 기쁨이다. 그런 섬김이 하나님께 자신의 사랑을 표현할 수 있는 방법이기 때문이다.

한편 내 친구 마크는 평생 단 한 번도 요리를 해 본 적이 없다. 그러나 그는 봉사라는 사랑의 언어를 유창하게 구사한다. 마크는 비행기 산업체에서 일을 하지만, 사람들은 해마다 부활절과 크리스마스가 되면 교회 성가대 무대에 서 있는 그를 본다. 왜냐하면 그가 부활절과 크리스마스 행사를 위한 무대를 만들기 때문이다. 그 일을 할 때 그는 두 주 동안 자원 봉사자들을 모집해서 그들을 무대 장치 전문가로 바꾸어 놓는다. 그가 작업을 끝낸 무대 장치는 브로드웨이 무대와 비교해도 손색이 없을 정도이다.

마크는 돈을 위해 그 일을 하는 것이 아니다. 그는 언제나 자원해서 이 일을 맡는데, 사람들에게 인정을 받고 싶어서 하는 것도 아니다. 그는 사람들 눈에 잘 드러나지 않는 것을 더 좋아하는 편이다. 그에게 있어서 무대 장치는 하나님을 향한 자신의 사랑을 표현하는 한 방법이다. 마크가 봉사라는 사랑의 언어를 쓰고 있기 때문에 해마다 수천 명의 사람이 크리스마스와 부활절 행사를 통해 깊은 감동을 받을 수 있다.

건축자들 중에 해비타트라는 단체를 창설한 밀라드 풀러(Millard Fuller)보다 더 많은 열매를 맺은 사람도 아마 없을 것이다. 나는 그를 처음 만났을 때를 잊지 못한다. 키가 크고 날씬했던 밀라드는 최고의 럭비 팀을 이끄는 코치로서 열정이 대단했다. 그가 말을 끝냈을 때 우리 자원 봉사자들은 마치 평생 가장 위대한 모험을 시작하게 된 것처럼 느꼈다. 일주일 후 집이 완성되자 그 집에서 살게 될 사람에게 집을 양도하는 기증식을 가졌다.

밀라드가 진행을 맡았다. 그는 "예수께서 제자들 앞에서 이 책에 기록되지 아니한 다른 표적도 많이 행하셨으나 오직 이것을 기록함은 너희로 예수께서 하나님의 아들 그리스도이심을 믿게 하려 함이요 또 너희로 믿고 그 이름을 힘입어 생명을 얻게 하려 함이니라"(요 20:30-31)라는 성경구절을 모든 사람이 들을 수 있도록 큰 소리로 읽은 다음, 그 구절을 성경책 표지에 새겨 넣어 집 열쇠와 함께 주인에게 주었다.

그는 해비타트를 창설하게 된 이유에 대해 하나님의 사랑을 보여 주고 모든 사람이 인격적으로 예수 그리스도를 알도록 하기 위해서라고 말했다. 그 저 좋은 일을 하기 위한 것만은 아니었다. 그는 하나님을 깊이 사랑하는 사람이었고, 해비타트는 그가 사용하는 사랑의 언어인 봉사의 수단이었다.

제임스 래닝이라는 사람이 있었다. 독자들에게는 낯선 이름이겠지만, 나는 그를 결코 잊지 못할 것이다. 40년 전쯤 나는 북캐롤라이나 주의 소도시에 있는 작은 교회에서 목회를 했는데, 제임스는 그 교회 집사 중의 한 사람이었다. 그는 전기 기사이며 배관공이기도 했다. 어느 날 그는 나를 잡아끌면서 이렇게 말했다.

"목사님, 교회나 사택에 수도나 전기 공사가 필요하면 저를 부르세요. 저는 주님을 위해 할 수 있는 일이 별로 없지만, 수도나 전기 공사는 잘할 수 있어요. 하나님이 저를 위해 하신 모든 일에 대해 그렇게 감사를 표현하고 싶어요. 아시겠지요?"

나는 그의 말을 이해했다. 그리고 도움이 필요할 때마다 그를 불렀다. 그가 하나님을 사랑하는 모습을 지켜보는 것은 즐거운 일이었다.

봉사를 주된 사랑의 언어로 사용하는 사람들은 자신에게 어떤 기술이 있든지 그것을 하나님을 위해 사용한다. 그들은 '두루 다니시며 착한 일을 행하셨던'(행 10:38) 그들의 리더를 따르는 사람들이다. 모두가 뛰어난 기술을 가진 것은 아니지만, 그들은 일벌들이며, 낙엽을 쓸어 모으는 사람들이며, 도랑을 청소하는 사람들이며, 눈을 쓸어 내는 사람들이며, 먹을 것을 나르는 사람들이다. 하나님을 향한 자신들의 사랑을 표현하는 방법으로써 봉사를 통해 다른 사람들을 섬긴다.

최근에 식료품 가게에 들렀다가 8살, 10살, 12살짜리 세 자녀를 데리고 온

한 어머니를 만났다. 나는 그녀에게 물었다.

"이번 여름에 아이들과 뭐하실 거예요?"

그녀는 서슴없이 대답했다.

"일주일에 한 번씩 다 같이 무료 배급 식당에 가서 배식과 설거지를 도울 거예요. 아이들이 좋아하고 저도 늘 하고 싶었던 일이거든요."

몇 년 전 나는 그녀와 그녀의 남편을 상담했던 적이 있었기 때문에 그녀가 봉사를 사랑의 언어로 사용하는 사람이라는 것을 기억하고 있었다. 그녀가 하나님에 대한 사랑을 그렇게 표현하는 것은 내게 큰 격려가 되었다.

그녀는 자녀들에게도 사랑의 언어를 가르치고 있었다. 어머니들은 대부분 여름이 되면 자녀들을 수영장이나 스포츠 경기장으로 데려간다. 그렇기 때문에 다른 사람들을 섬김으로써 하나님을 사랑하도록 가르치는 어머니를 볼 수 있다는 것은 정말 신선한 일이 아닐 수 없었다. 이 세상에는 세 아이의 어머니가 하려던 것과 비슷한, 해 볼 만한 가치가 있는 일들이 얼마든지 있다. 병들고 나이든 노인들을 위해 음식을 만들어 나르는 일도 그중 하나가 될 것이다.

봉사를 사랑의 주된 언어로 사용하고 있다면, 봉사에 속하는 새로운 방언을 배우고 하나님과 사랑을 나누는 관계를 발전시켜 나가라. 학교 교사를 돕고, 선교 여행을 다녀오며, 교회나 병원에서 자원 봉사를 하라. 기회는 무궁무진하다. 그리고 당신이 봉사를 주된 사랑의 언어로 사용하지 않았다면, 이제 간단한 섬김에서부터 시작해 보라. 그리고 다른 사람들을 섬기는 일을 통해 하나님을 사랑할 수 있는 어휘력을 늘려 나갈 수 있기를 바란다.

## 신체적 접촉에 속하는 방언들



'접촉이 금지된 사람'과 접촉하기

리사는 17살에 로스앤젤레스로 단기 선교 여행을 떠났다. 거기서 그녀는 사람들이 대부분 생각하기조차 꺼려하는 매춘부들에 대해 마음의 부담을 갖게 되었다. 그녀는 하나님의 부르심을 느끼면서 시카고에 있는 무디성경학교에 입학했다. 도시선교 사역을 전공으로 선택한 리사는 매춘부들을 대상으로 사역하는 기관들을 찾아보려고 했지만 찾을 수가 없었다.[32]

그래서 본인 스스로 '구원의 집'(Salvage House)이라는 기관을 만들었다. 리사와 친구들은 매일 저녁 9시에서 아침 11시까지 매춘부들을 찾아 시카고 거리로 나갔다. 그리고 그들을 보호하기 위해 남자 팀원 두 사람이 그 뒤를 따랐다. 리사의 방법은 단순했다. 매춘부들과 사귀고 그들의 신체적·영적 필요를 채워 줄 수 있는 안전한 장소를 제공하는 것이었다. 리사가 운영하는 구원의 집에서 매춘부들은 신체적 접촉을 통해 순수한 사랑의 품 안에 안길 수 있었다. 지난 몇 년 동안 리사와 그 친구들의 손길은 많은 여성이 하나님의 사랑을 경험하는 데 도움을 주었다.

어느 사회에나 '접촉이 금지된' 부류로 취급받는 사람들이 있다. 1세기 당시 팔레스타인에서는 문둥병자와 매춘부들이 그런 부류였다. 문둥병자는 사회에서 격리되어 살았고, 다른 사람들이 다가오면 "부정하다, 부정하다!"라고 큰 소리로 외쳐야 했다. 매춘부들은 심한 멸시를 받았다. 그래서 종교 지도자들은 그런 여인이 '눈물로 그 발을 적시고 자기 머리털로 닦고 그 발에 입맞추고 향유를 붓도록'(눅 7:38) 허락한 예수님에 대해 선지자가 될 자격이 없다는 결론을 내렸다.

서구 사회에도 '접촉이 금지된' 사람들로 여겨지는 사람들이 있다. 공개적으로 뻔뻔스럽게 기피하는 것은 아니지만, 행동에 이미 그들을 가까이 하지 않으려는 의도가 드러나 있다. 그러한 부류에 대한 구분은 각 개인에 따라 다르다. 어떤 사람들에게는 매춘부들이, 또 어떤 사람들에게는 에이즈 같은 무서운 병에 걸린 사람들이 그런 부류에 속할 수 있다. 또 어떤 사람들은 보통 '노숙자'라고 불리는 사람들을 피하고 겁을 낸다. 또 성 범죄자들이나 정신적·육체적으로 장애가 있는 사람들 혹은 이단에 속한 사람들을 거부하고 멀리하기도 한다.

그러나 하나님의 사랑은 인간이 만든 이러한 모든 장벽을 뚫고 나아간다. 그리고 정말로 하나님을 사랑하는 사람들은 '접촉이 금지된' 사람들로 여겨지는 사람들에게 다가가는 하나님의 일꾼이 될 것이다.

몇 주 전 나는 한동안 만나지 못했던 오랜 친구와 만나 이야기를 나누게 되었다. 그 전에 내가 인도하는 세미나에 아내와 함께 참석했던 그는 자신의 주된 사랑의 언어가 신체적 접촉이라고 말했다. 내가 "올해 여름휴가를 어떻게 보낼 건가?"라고 묻자 그는 곧 이렇게 대답했다.

"우리 아들 보비를 데리고 매주 월요일 밤에 레스큐 미션(rescue mission, 홈리스나 무주택자들을 돕는 단체: 편집자 주)에 가서 우리가 할 수 있는 일을 할 생각이야. 그동안 정말 보람이 있었거든. 레스큐 미션에 오는 사람들을 반갑게 맞이하고 악수해 주고 등을 두드려 주고 포옹을 해 주는 일을 하지. 예배를 마치고 우리와 같이 기도하기 원하는 사람들이 있으면, 그 옆에 무릎을 꿇고 앉아 우리의 팔을 그 어깨에 두르고 같이 기도하기도 하고….

내 친구들은 우리가 그런 일을 한다는 것을 이상하게 생각하지만, 보비와 내게는 그 일이 가장 보람된 여름휴가 활동이었어. 레스큐 미션에 찾아오는 사람들에게 악수를 청하거나 그들을 포옹해 주거나 그들의 등을 두드려 주는 사람은 별로 없거든. 우리는 그런 사람들에게 하나님의 사랑을 보여 주는 대리자가 된 듯한 느낌을 받아."

나는 신체적 접촉이 보비의 주된 사랑의 언어인지는 물어보지 않았지만, 보비가 아버지와 함께 접촉이 금지된 사람들로 여겨지는 사람들을 만지고 돌보면서 그 사랑의 언어를 유창하게 구사하는 것을 배우고 있다는 사실만은 아주 분명하게 깨달았다.

### 다른 사람들을 만지는 것에 대한 두려움

접촉해서는 안 될 사람들을 구분하고 만지기를 꺼리는 것은 보통 질병에 대한 두려움 때문이다. "에이즈 환자와 가까이하고 싶지 않아요. 옮으면 어떻게 해요?"라고 말하는 사람들이 많다. 그러나 다른 사람들을 사랑하기 위해 언제나 위험을 감수해야 한다는 뜻은 아니다.(포옹이나 등을 두드려 주는 것을 통해 에이즈가 전염되는 것이 아니라는 사실은 이제 상식이 되었다.) 나는 보비 아버지에게 건강 문제에 대해 어떻게 생각하는지 물어보았다.

"우리는 보통 기본적으로 주의해야 할 것들을 조심하는 정도야. 레스큐 미션에 가기 전에 손을 씻고 손을 코나 입 가까이에 대지 않으려고 조심해. 그리고 집에 도착하면 바로 옷을 벗고 샤워를 하지. 아직까지 우린 아무 문제도 없었어."

건강한 생활 습관을 배우고 따르는 것은 매우 중요하다. 특히 전염성이 있는 병을 앓고 있는 사람들과 함께 일할 때는 더욱 그렇다. 그러나 근거 없는 두려움 때문에 사회에서 버림받은 하나님의 피조물들에게 다가가지 못하고 하나님을 향한 우리의 사랑이 차단되는 일은 없어야 할 것이다.

단체나 기관에서의 섬김을 통한 접촉

며칠 후 나는 일주일에 한 번씩 13살짜리 딸을 데리고 양로원을 방문하는 메리라는 사람을 만났다. 나는 그녀에게 물었다.

"양로원에서 어떤 일을 하세요?"

"그냥 그분들을 사랑할 뿐이에요."

"그 사랑을 어떻게 표현하시나요?"

"우리가 하는 일 중 가장 중요한 것은 그분들과 신체적으로 접촉하는 일이에요. 우리가 지나갈 때마다 얼마나 많은 분이 손을 내미는지 몰라요. 우리와 악수하고 싶으신 거죠. 저희가 방문을 마치고 떠나려고 하면 몇몇 분들은 일어나서 저희를 안아 주세요. 물론 그분들이 안 하셔도 저희가 해 드리긴 하지만요. 저는 포옹을 잘 해요."

메리에게 포옹은 사랑을 표현하는 한 방법이다.

고아원이나 감옥이나 병원 같은 곳에서 살아야 하는 사람들은 신체적 접촉을 통한 사랑을 느끼지 못한 채 지내는 경우가 많다. 찾아오는 가족이나 친척이 없는 사람들도 있다. 또한 어쩌다가 찾아온 사람들도 그들과 접촉하는 것을 어색해하거나 좀처럼 해 주지 않는 것이 대부분이다. 그래서 그들은 신체적 접촉을 통해 사랑을 표현하는 사람들에 대해 극도로 마음이 열려 있다. 메리는 이렇게 말한다.

"제가 포옹해 줄 때 저를 거부하고 돌아서거나 도망가는 사람은 아무도 없었어요. 우리가 안아 준다는 것을 알기 때문에 찾아와 주기를 기다리고 기대한다는 생각이 들어요."

### 기도와 신체적 접촉

하나님의 자녀들과 신체적인 접촉을 하는 것으로써 하나님께 자신의 사랑을 표현하는 것은, 물론 그런 기관이나 단체에 속해 있는 사람들을 찾아가 안아 주는 것으로만 국한되는 것이 아니다.

짐은 기도하는 사람이다. 그에게 있어서 기도는 사람들에게 도움을 줄 수 있는 가장 강력한 도구이다. 짐에게 기도를 부탁하면, 종이에 적어 놓은 후 나중에 기도하겠다고 말하지 않는다. 그 대신 "지금 그 일을 놓고 같이 기도합시다."라고 말한다.

사람들을 위해 기도할 때, 그는 항상 같이 기도하는 사람과 신체적 접촉을 한다. 손을 잡기도 하고, 기도하는 사람의 어깨에 자기 손을 올려놓기도 한다. 그는 간단하면서도 열정적인 기도를 드린다. 기도를 마치고 나면 같이 기도한 사람의 등을 쓰다듬어 주거나 포옹을 해 준다.

어떤 사람은 내게 이렇게 말했다.

"짐이 내 어깨에 손을 올리고 기도할 때 저는 하나님이 제 어깨에 손을 올려놓고 계신 것처럼 느껴져요. 그리고 짐이 기도하는 내용에 귀를 기울이게 되요."

그 사람에게는 분명히 짐과의 신체적 접촉이 하나님과의 접촉이 된 것이다.


### 포옹

우리 부부는 몇 달 전 82세의 노인인 킹 브라운으로부터 저녁 식사에 초대받았다. 그로부터 일주일 후 어느 식당에서, 50년 이상을 함께 살아온 그들 부부를 만났다.

킹은 정장을 입고 있었는데, 양복 저고리에는 지난 30년 동안 그를 만날 때마다 보았던 눈에 익은 배지가 달려 있었다. 그 배지에는 '포옹은 접촉 스포츠다.'라는 글귀가 새겨져 있었다.

킹과 그의 아내 프란시스는 자기들의 연애 시절과 결혼에 대한 이야기를 들려주었다. 그리고 아들 다섯 명과 가족들의 이야기도 해 주었다. 이야기를 나누는 동안, 우리 부부가 오랫동안 알고 지내던 한 사람이 다가와 인사를 건넸다. 나는 그녀를 브라운 씨 부부에게 소개해 주었다. 그러자 킹은 자리에서 일어나 그녀를 포옹해 주려고 했다. 그런데 그녀는 재빠르게 뒤로 물러서며 이렇게 말했다.

"전 제 남편 외에는 그 어떤 남자와도 포옹하지 않아요."

깜짝 놀란 킹은 자리에 앉았다.

"이해할 수 있어요."

그녀는 자신의 이유를 설명했고, 킹은 또 이해할 수 있다고 말했다.

그녀가 떠나자 킹은 우리 부부에게 이렇게 말했다.

"60년 이상 살아오면서 저 사람이 내 포옹을 거절한 두 번째 사람이에요. 60년 동안 두 사람 정도라면 그리 나쁜 편은 아니죠?"

우리는 킹과 프란시스를 30년 이상 알고 지냈다. 나는 사랑의 언어로서의 신체적 접촉을 킹보다 더 유창하게 사용하는 사람을 본 적이 없다. 식당을 나설 때 킹은 프란시스가 겉옷을 입을 수 있도록 도와주었고, 등을 쓰다듬어 주었다. 또한 손을 잡아 주면서 차가 있는 곳까지 데려다 주었다. 나는 그 모습을 보면서 깊은 감동을 받았다. 50년 동안 결혼생활을 했는데도 그는 여전히 애정 어린 신체적 접촉을 통해 아내에 대한 자신의 사랑을 표현했다.

그가 가장 잘 사용하는 신체적 접촉의 방법은 사람들을 안아 주는 것이다. 그는 남녀노소를 불문하고 만나는 사람들에게 늘 포옹을 해 준다. 그리고 그와 함께 있으면 5분도 채 지나지 않아 하나님에 관해 이야기하는 그를 보게 된다. 내가 알고 있는 한, 킹은 하나님을 열정적으로 사랑하는 사람이다.

한번은 킹이 이렇게 말했다.

"한 달 동안 내가 자기를 포옹해 준 단 한 사람이었다고 말하는 사람들이 얼마나 많은지 알게 되면 놀랄 거예요. 포옹해 주는 것이 얼마나 강력한 힘을 지니고 있는지 사람들은 잘 모르는 것 같아요."

나도 킹의 말이 옳다고 생각한다. 그리고 60년 동안 두 사람만이 그의 포옹을 거절한 것은 그리 나쁜 기록이 아니라고 생각한다.

모든 사람이 하나님의 형상을 따라 지어졌으며, 하나님이 그들을 열렬히 사랑하신다는 것, 그리고 우리가 하나님의 그 사랑을 드러내기 위한 대사라는 것을 이해한다면, 신체적 접촉은 그저 사교적인 인사치레 그 이상이 될 것이다. 또한 하나님의 사랑을 표현하는 가장 뜻깊은 표현 방법이 될 수 있을 것이다. 만약 당신이 신체적 접촉을 주된 사랑의 언어로 사용하는 경우라면, 많은 사람의 어깨를 감싸 주는 '하나님의 팔'이 될 수 있기를 바란다.

### 적절한 신체적 접촉

성 범죄가 비일비재한 사회 속에서는 신체적 접촉을 통해 사랑을 표현하는 것이 언제나 그 대상에게 유익한 것은 아니다. 상대방을 속이면서 자신의 감각적 욕망을 만족시키려 한다면 신체적 접촉을 사용해서는 안 된다. 상대방을 성적으로 농락하려는 마음이 있다면 신체적 접촉을 하나님의 사랑을 전하는 수단으로 포장해서는 안 된다.

　이런 성적 농락이 현대 사회 속에서 점점 더 보편화되고 있지만, 다른 사람들에게 오해받게 될 것이 두려워서 신체적 접촉을 통한 순수하고 진정한 사랑의 표현을 포기해서는 안 될 것이다.

　얼마 전 내 친구가 동부 아프리카 케냐에서 돌아왔다. 나는 그 친구로부터 남편이 그리스도인이 된 한 여인의 이야기를 듣게 되었다. 내 친구가 "남편이 예수님을 따르게 된 후에 일어난 가장 큰 변화는 어떤 건가요?"라고 물었더니, 그녀는 거리낌 없이 "더 이상 날 때리지 않아요."라고 대답했다고 한다. 예수님을 진정으로 따르는 사람들은 신체적 접촉을 다른 사람들을 해치는 일에 절대로 사용하지 않는다. 그 대신 다른 사람들에게 하나님의 사랑을 표현하는 수단으로 사용한다.

　이 장의 목적은 주된 사랑의 언어에 속한 새로운 방언들을 사용하고, 또 다른 언어로 하나님께 사랑을 표현할 수 있는 가능성을 발견함으로써 하나님과 사랑의 사귐이 깊어지도록 돕는 데 있다. 새로운 언어와 방언을 사용함으로써 하나님과의 관계가 계속 친밀해지고, 그 어느 때보다 활기찰 수 있기를 바란다.

# 9

# 사랑이 식어진 것처럼 보일 때

언제나 하나님은 우리를 위해 징계를 내리신다. 부모 역시 자식에게 유익하다고 생각되는 기준에 따라 징계한다. 그러나 부모들은 완전하지 않기 때문에 종종 실수하기 마련이다. 그러나 하나님은 거룩한 분이시다. 그분의 징계는 언제나 우리의 유익을 위한 것이다. 하나님의 징계는 즐거워 보이지 않고, 때로는 매우 고통스럽기까지 하다. 그러나 하나님의 궁극적인 목적은 우리를 의와 평강의 길로 인도하는 것이다.

진정한 사랑은 징계를 요한다. 사랑하면 잘못을 고치게 된다. 정신과 의사인 로스 캠벨과 나는 공동으로 『자녀를 위한 다섯 가지 사랑의 언어』를 저술하면서 부모가 자녀들을 징계할 필요가 있다는 사실을 인식하고 사랑과 징계에 관한 내용에 따로 한 장을 할애했다. 아이들이 주어진 지침의 범위 안에서 살아가도록 가르치는 것은, 그들이 자라서 책임 있는 시민으로 살아가기 위한 준비에 없어서는 안 될 중요한 항목이다.

우리는 두 가지 중요한 사실을 관찰하게 되었다. 첫째, 아이의 사랑의 저수지가 말라 있을 때는 징계에 쉽게 저항하거나 반항한다는 점이다. 그래서 우리는 징계 전이나 징계 후에 아이가 사랑하는 주된 사랑의 언어를 사용할 것을 부모들에게 권했다. 둘째, 아이는 자신이 사용하는 주된 사랑의 언어와 관련된 징계 방식에 가장 민감하게 반응한다는 사실을 관찰했다. 예를 들면 아이가 인정하는 말을 주된 사랑의 언어로 사용할 경우 아이의 행동을 꾸짖는 책망은 아이의 마음속에 깊은 영향을 미치게 된다. 아이가 그런 징계를 경험하게 되면 부모로부터 멀어지는 느낌을 받게 되고, 심지어는 부모가 자신을 사랑하지 않는다고 생각할 수도 있다.[33]

## 하나님의 사랑의 징계

어린 시절 부모의 징계를 이해하는 데 어려움을 겪었던 사람들은 성인이 된 후 하나님의 징계를 이해하는 데도 어려움을 느낀다. 앞에서 언급한 두 가지 원리가 이 부분에서도 적용되기 때문이다. 첫째, 영적인 사랑의 저수지가 비어 있을 때는 하나님의 징계에 저항하거나 반항하기 쉽다. 하나님의 사랑을 느끼지 못한다면 하나님의 징계가 매우 엄하게만 보이는 것이다. 둘째, 우리가 사용하는 주된 사랑의 언어와 직접적인 관계가 있는 하나님의 징계는 우리에게 가장 깊은 영향을 미친다.

### 우리를 하나님께로 다시 부르시기 위한 징계

하나님께서 우리를 언제 징계하시는가? 우리가 하나님께 등을 돌리고 떠나 우리 자신과 다른 사람들에게 해를 끼칠 위험에 처해 있을 때이다. 이것 역시 부모와 자녀의 관계와 비슷하다. 하나님으로부터 멀어져 갈 때, 우리는 하나님의 사랑을 덜 느끼게 된다. 우리와 창조주 사이에 '거리감'이 생기게 되는 것이다. 그리고 결국 하나님이 우리를 찾아 징계하실 때 그 방법이 혹독하다고 여기는 것이다.

하나님이 불공평하다고 불평을 늘어놓지만, 실제로 그런 '거리감'을 만들고 떠난 것은 우리 자신이다. 그러나 하나님과 친밀한 교제를 나눈다면, 하나님의 징계를 심판이 아닌 사랑으로 받아들이게 된다.

우리는 천성적으로 우리가 사용하는 주된 사랑의 언어와 직접 관계가 있는 징계에 예민한 반응을 보이기 때문에, 하나님은 종종 우리가 회개하고 용서를 받을 수 있도록 의도적으로 우리의 주된 사랑의 언어를 징계의 도구로 사용하신다. 하나님은 또한 우리가 잘못된 길로 가고 있을 때도 우리의 주의를 환기시키기 위해 우리의 주된 사랑의 언어를 사용하신다.

예를 들어, 하나님은 인정하는 말을 주된 사랑의 언어로 사용하는 사람에게 침묵으로 응답하신다. 그는 동료들로부터 비난을 받기 시작하고, 집에서는 배우자와 자녀들의 냉소적인 태도를 대하게 된다. 그리고 성경을 펴면 죄를 지적하는 말씀에 눈길이 쏠린다. 다윗 왕에게 '당신이 바로 그 사람이라'고 책망했던 나단 선지자의 말이 마음을 찌르는 것이다. 그렇게 점차로 마음이 공허해지면 하나님을 향해 필사적으로 울부짖게 되고 본향을 향해 가는 길을 다시 걷게 될 것이다.


## 우리의 유익을 위한 징계

하나님은 우리가 스스로에 대해 아는 것보다 우리를 더 잘 아신다. 하나님은 어떻게 하면 우리의 주의를 끌 수 있는지도 알고 계신다. 하나님의 징계가 언제나 기분 좋은 것은 아니지만, 징계에는 언제나 목적이 있다. 히브리서 기자는 이 사실을 알고 다음과 같이 썼다.

"내 아들아 주의 징계하심을 경히 여기지 말며 그에게 꾸지람을 받을 때에 낙심하지 말라 주께서 그 사랑하시는 자를 징계하시고 그가 받아들이시는 아들마다 채찍질하심이라 하였으니 너희가 참음은 징계를 받기 위함이라 하나님이 아들과 같이 너희를 대우하시나니 어찌 아버지가 징계하지 않는 아들이 있으리요 … 그들은 잠시 자기의 뜻대로 우리를 징계하였거니와 오직 하나님은 우리의 유익을 위하여 그의 거룩하심에 참여하게 하시느니라 무릇 징계가 당시에는 즐거워 보이지 않고 슬퍼 보이나 후에 그로 말미암아 연단

받은 자들은 의와 평강의 열매를 맺느니라"(히 12:5-11).

원리는 분명하다. 언제나 하나님은 우리를 위해 징계를 내리신다. 부모 역시 자식에게 유익하다고 생각되는 기준에 따라 징계한다. 그러나 부모들은 완전하지 않기 때문에 종종 실수하기 마련이다. 그러나 하나님은 거룩한 분이시다. 그분의 징계는 언제나 우리의 유익을 위한 것이다. 하나님의 징계는 즐거워 보이지 않고, 때로는 매우 고통스럽기까지 하다. 그러나 하나님의 궁극적인 목적은 우리를 의와 평강의 길로 인도하는 것이다.

'의'와 '평강'이라는 이 두 단어는 따로 떼어 생각할 수 없다. '함께 하나가 된'이라는 뜻을 내포하고 있는 평강은 모든 인간이 갈망하는 마음의 상태이다. 우리는 대부분 '내적 평강'을 누릴 수 있기를 간절히 원한다. 우리는 우리의 감정, 생각, 소망, 행동이 서로 조화롭게 연관되기를 바란다. 불안은 내적 평강에 상반되는 마음의 상태이다. 인간관계 속에서 우리는 평강을 누리고 싶어 한다. 나는 그동안 "아내와 아이들과 평화롭게 지낼 수만 있다면 내가 가진 모든 것이라도 다 내놓을 수 있어요."라고 말하는 사람들을 상당히 많이 보아 왔다. 생각이 있는 사람들이라면, 모두 이 사회 속에서 조화를 이루며 평화롭게 살아가기를 바랄 것이다. 사실 세상에 존재하는 많은 종교가 평화, 곧 우주와 조화를 이룬 상태를 중심 모티브로 삼고 있으나, 대부분은 그 꿈을 이루지 못한다.

## 징계, 하나님의 사랑

우리 인간은 우리를 지으신 창조주의 뜻에 따라 살지 않는 한, 평안을 누릴 수 없다. 성경에서는 그러한 순종의 태도를 일컬어 의로운 삶이라 말한다. 그것은 의를 선택하는 것이다. 또한 하나님의 법이 우리의 유익을 위해 계획된 것을 믿기 때문에 이에 복종하기를 선택하는 것이다. 의의 길을 걸을 때, 우리는 평강을 경험한다. 그것이 하나님이 우리에게 언제나 바라시는 것이다. 따라서 그분은 우리를 그런 이상적인 상태로 이끌어 가기 위해 징계를 사용하신다. 이 사실을 알게 되면 징계로 인한 고통을 기꺼이 감당할 수 있다. 그리고 징계를 하나님의 사랑의 표현으로 바라볼 수 있게 된다.

### 주체할 수 없는 슬픔

우리가 4장에서 만났던 르토뉴의 삶은 다음의 두 가지 원리를 잘 보여 준다. 첫째 하나님의 사랑을 느낄 수 없을 때는 하나님의 징계가 엄하게 보인다는 것, 둘째 하나님이 우리의 주된 사랑의 언어와 직접적 관계가 있는 방법으로 우리를 징계하실 때 우리에게 가장 깊은 영향을 미친다는 것이다. 젊은 그리스도인 르토뉴는 사업을 진척시켜 나가면서 점점 더 일에만 몰두하게 되었고, 하나님으로부터 멀어지기 시작했다. 그 와중에 큰아들이 세상을 떠났고, 르토뉴는 그 일을 하나님의 엄한 징계로 받아들였다.

그는 자서전에서 그때 일을 다음과 같이 썼다.

아내를 얼싸안았지만 아무 말도 할 수가 없었다. 그리고 하나님께 "뭐가 잘못된 건가요?"라고 외쳤다. "왜 우리가 이런 고통스러운 벌을 받아야 하는 거죠? 저희는 열심히 살아왔고, 그리스도인으로 살기 위해서도 최선을 다했습니다. 아, 도대체 저희에게 무슨 잘못이 있는 건가요?"라고 탄식했다.

그날 밤 여전히 주체할 수 없는 고통스러운 슬픔 속에 잠겨 있을 때 하나님의 음성이 들려 왔다. "내 아들아, 너는 열심히 일해 왔지만, 헛된 것을 구하며 물질적인 것만을 추구하고 있구나…."

간단했지만 폐부를 찌르는 말씀이었다. 나는 긴 밤을 지새우며 지난날을 돌아보았다. 그리고 그리스도인처럼 행동했지만 실제로는 하나님께 최소한의 의무적인 예물만 바쳤을 뿐이라는 사실을 깨닫게 되었다. 하나님을 섬기는 대신 내 자신과 내 양심을 섬기고 있었다. 겸손한 종이 되기보다는 하나님께 진 영적인 빚을 갚고 청산하려 하면서 나 자신을 자랑스럽게 여기고 있었다.

그날 밤 내가 얻은 교훈은 사람이 영적인 것을 더 가치 있게 여긴다면 영적인 일을 위해 더 열심히 일하게 된다는 것이다. 물질적인 것이 사라질 때에도 영적인 것은 지속될 것이다. 나는 하나님이 우리를 너무나 사랑하셔서 우리가 그 사랑에 응답하기를 간절히 원하신다는 사실을 깨달았다. 그분은 우리가 하나님의 계획에 한 마음으로 협력하기를 원하신다. 그런데 그동안 나는 그렇게 하지 못했다. 나는 내 생활을 먼저 돌아보았다. 그러나 이제 내가 얼굴을 들어 하나님을 바라보고 그분의 도우심과 인도하심을 구하게 하시기 위해 그 어려움을 주신 것이라고 확신하게 되었다.[34]


## 하나님이 우리가 사용하는 사랑의 언어로 징계하실 때

르토뉴가 사용하는 주된 사랑의 언어는 선물이었다. 그는 자녀들을 하나님이 주신 최고의 선물로 여기고 있었다. 그래서 르토뉴에게는 그 선물이 사라지는 것보다 더 충격적인 일은 없었다. 하나님의 징계가 그의 주된 사랑의 언어와 직접적인 관계가 있었던 것이다. 그러나 결국 르토뉴는 하나님의 징계에 긍정적인 반응을 보였다. 그리고 그 순간부터 그의 삶은 달라지기 시작했고, '의와 평강의 길'을 가게 되었다. 4장에서 이야기한 것처럼 그는 놀라운 성공을 거두었지만, 영원히 하나님이 그의 삶과 사업의 중심이 되었다. 르토뉴가 젊은 시절 하나님의 엄한 징계를 경험하지 않았다면, 하나님과 세상을 위해 그렇게 많은 선한 일을 할 수 없었을지도 모른다.

선물을 주된 사랑의 언어로 쓰는 사람들은 기도의 응답을 통해 하나님의 사랑을 감정적으로 깊이 경험하게 된다. 그래서 신앙생활 초기에 기도한 것에 대해 좋은 응답을 받지 못하면 하나님을 의심하고 심지어는 하나님께 화를 내기도 한다. 기도가 응답되지 않으면 하나님에 대한 믿음이 흔들린다. 어려움이 닥치면 하나님이 불공평하다고 생각한다. 응답되지 않은 기도와 어려운 일들에 대해 다른 사람들보다 더 예민하게 반응하며 고민한다. 그러나 이들은 조금씩 성숙해지면서 그런 것들조차 하나님의 선물로 보게 된다. 그리고 사랑하는 부모라고 해서 자녀들이 원하는 것을 언제나 그대로 들어 주는 것은 아니라는 사실을 깨닫는다. 자녀를 사랑하는 부모는 자녀에게 해가 되는 것까지 무조건 주지는 않기 때문이다.

하나님이 그 자녀들이 구하는 것을 거절하시는 이유는 그분의 사랑을 거두어 가시려는 것이 아니라 오히려 깊은 하나님의 사랑을 표현하기 위한 것이다. 우리에게는 재난처럼 보이는 것도 하나님의 가장 깊은 사랑의 표현일 때가 있다.

메건이 사용하는 주된 사랑의 언어는 친밀한 시간이다. 내가 그녀를 처음 만났을 때 그녀는 종교학을 전공하는 대학생이었다. 하나님을 향한 열정이 깊었던 그녀는 기도하고 묵상하면서 몇 시간씩 보내곤 했다. 그뿐 아니라 다른 학생들을 영적으로 지도해 주는 사람으로 인정받고 있었고, 언제나 사람들의 생각을 일깨우는 대화를 이끌어 갔다. 대학을 졸업한 후에는 남미의 한 선교 단체에서 2년간 사역했고, 다시 돌아와 상담학으로 석사 학위를 받았다.

학위 과정을 공부하면서 그녀는 종교를 무시할 뿐 아니라 자신이 무신론자라는 사실을 자랑스럽게 생각하는 한 젊은이와 교제를 시작했다. 그 젊은이는 누구도 하나님이 존재한다는 사실을 증명할 수 없다는 확신을 갖고 있었고, 자신의 그 확신을 다른 사람들에게 알리는 일에 상당히 열중하고 있었다. 6년이 지난 다음 메건은 그때 일을 이렇게 말했다.

"그 사람을 사랑하게 되었고, 저도 모르는 사이에 하나님의 존재를 의심하고 있는 자신을 보게 되었어요. 매일 하나님을 만나는 경건의 시간을 멈추었고, 남자 친구와 함께 지적인 방법으로 삶에 접근하는 비그리스도인들의 모임에 참석하기 시작했어요. 처음에는 제 남자 친구와 그 친구들에게 긍정적인 영향을 미칠 수 있을 것이라고 생각했지만, 시간이 지나면서 오히려 그 사람들이 제게 영향을 미치고 있다는 것을 알게 되었어요. 그리고 성경보다는 남자 친구가 소개해 주는 책을 읽으면서 더 많은 시간을 보냈지요.

그러면서 공허감이 찾아들기 시작했고, 남자 친구와 같이 있기 위해 제 자신의 삶을 잃어 가고 있으며, 함께 있는 것 그 자체가 제 삶의 중심이 되어 가고 있다는 사실을 어느 날 깨닫게 되었어요. 결국 그 사람이 다른 여자 때문에 절 버리고 떠났을 때, 저는 완전한 절망감에 휩싸였어요. 상담학 석사 과정을 마쳐 가고 있던 때였는데, 결국 심한 우울증에 시달리게 되었죠. 저는 기도하려고 했지만 하나님이 듣지 않으실 것 같았어요. 하나님께로부터 너무나 멀어진 느낌이 들어서 제가 용서받을 수 없는 죄를 지은 것은 아닐까 하는 생각이 들기도 했어요.

6개월간 우울중 치료를 받고 회복이 되긴 했지만, 하나님과 너무 멀리 있는 듯한 느낌은 여전히 떨쳐 버리지 못했어요. 마음속으로는 하나님이 계신다는 사실을 알고 있었지만, 외로움이 너무 심해서 다시는 함께하시는 하나님을 느낄 수 없을 것만 같았어요. 그때 제 친구가 자기 집에서 하는 성경공부 모임에 저를 초대했어요. 저는 다시 그리스도인들과 같이 있고 싶었기 때문에 그 모임에 나가게 되었어요. 새신자를 위한 성경공부 모임이 바로 시작된 터라 매주 참석을 했지요."

메건은 그 후 3개월을 '인생에서 가장 중요했던 시기'라고 말했다. 그녀는 친밀한 시간이라는 자신의 주된 사랑의 언어로 하나님을 만나는 것을 너무 오랫동안 빼앗긴 상태로 지냈다. 그러나 이제 '목마른 사슴이 시냇물을 찾듯' 하나님을 만날 수 있기를 갈망하게 되었다(시 42:1-2). 그녀는 성경공부 모임에서 사용하는 교재를 집으로 들고 와서 "하나님! 하나님과의 관계를 처음 시작하는 것처럼 다시 시작하고 싶습니다. 하나님의 사랑을 제게 가르쳐 주세요."라고 말씀드렸다.

메건은 내게 "마치 먼 여행을 떠났다가 다시 집으로 돌아온 느낌이었어요."라고 말했다.

"매일 성경을 공부하면서 하나님의 사랑을 다시 찾을 수 있었어요. 하나님과 분리된 삶의 공허가 어떤 것인지 알게 되었지요. 이제는 성경을 읽고 하나님과 이야기하며 보내는 시간이 하루 중 가장 보람된 시간이 되었어요. 그렇게 된 지 벌써 2년이 흘렀네요. 그리고 매주 성경공부 모임에도 나가고 있어요. 그 모임을 통해 여러 주제에 관한 성경적 시각을 배울 수 있었죠. 그리고 지금은 상담일을 하고 있어요. 지금이 그 어느 때보다 행복해요."

메건의 이야기를 들은 것은 이미 15년 전의 일이다. 지금 그녀는 내가 알고 있는 가장 훌륭한 상담가이다. 사람들이 우울증을 이해하고 극복해 나갈 수 있도록 돕는 일을 전문으로 한다. 메건은 나와 이야기를 나눈 뒤로 5년쯤 지났을 때 결혼을 했다. 그리고 지금은 두 아이의 엄마가 되었다. 아이들이 생긴 후, 상담은 일주일에 이틀만 하게 되었다. 그러나 하나님을 사랑하는 그녀의 열정은 조금도 식지 않았다. 그녀는 이렇게 말했다.

"우울증이라는 엄한 징계는 제 인생에서 가장 중요한 사건이었어요. 제가 가던 길을 그냥 갔더라면 어떻게 되었을지 생각만 해도 너무 끔찍해요. 그것은 하나님께 되돌아오기 위한 우울증이었고, 저는 그때 필사적인 상태에 놓여 있었어요. 고통스러웠던 만큼 그 경험을 하게 하신 하나님께 정말 감사해요."

하나님을 향한 새로운 갈증을 느끼게 해야 할 필요가 있다면 우리로부터 떠나 계실 수도 있을 만큼 하나님은 그렇게 우리를 사랑하신다. 친밀한 시간을 주된 사랑의 언어로 사용하는 사람들에게 하나님은 종종 이런 징계의 방법을 사용하신다.


## "하나님은 선하신 분이 아닌가요?"


우리가 기대하고 바라는 것들이 빗나가게 될 때는 하나님의 징계가 모질게 느껴진다. 그러나 그때도 우리는 하나님이 선하신 분이라는 사실을 기억해야 한다. 그분은 여전히 우리를 사랑하신다. 언젠가 북캐롤라이나에 있는 산중에서 독신 여성들을 위한 수련회가 열린 적이 있었는데, 그곳에서 나는 신디를 만났다. 그녀는 이렇게 말했다.

"남편을 주시지 않아서 하나님이 절 사랑하지 않으신다고 생각하곤 했어요. 전 '제게 맞는 사람'을 만나게 해 주시기를 간절히 기도했지만, 시간만 가고 하나님은 제 기도에 아무런 응답도 하지 않으셨어요. 하나님이 제 친구들을 사랑하시는 것만큼 저를 사랑하지 않으시는 것 같았죠. 그런데 세월이 흐르면서 이혼하는 친구들이 하나씩 생겨났어요. 저는 그 친구들이 얼마나 큰 고통을 겪게 되는지 그리고 그 자녀들이 얼마나 큰 충격을 받게 되는지를 지켜보았어요. 그들이 견뎌 내야 하는 고통은 제가 결혼하지 않았기 때문에 겪는 고통보다 훨씬 더 심했어요.

언젠가 '하나님, 남편을 구했던 제 기도에 응답해 주시지 않은 것을 감사드립니다.'라고 말씀드렸던 일이 생각나요. 성공적인 결혼 생활을 꾸려 나갈 수 있을 만큼 제가 성숙하지 못했었다는 것을 보게 되었거든요. 그래서 독신이라는 선물을 주신 하나님께 감사드려요. 지금은 독신 생활에 만족한다고 솔직하게 말씀드릴 수 있어요. 하나님이 절 하찮게 보셨기 때문이 아니라 너무 사랑하시기 때문에 큰 불행에서 구해 주신 것이라고 생각해요."

그 이야기를 나눈 후 1년이 지나기도 전에 신디에게서 편지가 왔다.

"존경하는 채프먼 박사님, 드디어 하나님이 제게 맞는 사람을 보내 주셨어요. 정말 기대하지 않았던 일이에요. 예전에 제가 했던 이야기를 기억하시겠지만, 어쨌든 일이 이렇게 됐어요. 작년 수련회를 마치고 얼마 지나지 않아 케빈을 만났어요. 수련회 한 달 전에 케빈은 제가 사는 도시로 이사를 했고, 우리 교회 독신 모임에 나오기 시작했어요. 데이트를 시작하기 전에 한 3개월 정도는 그냥 친구로 지냈는데, 제가 꿈꾸어 왔던 모든 일이 이루어지기 시작했어요. 케빈은 신사다운 그리스도인이에요. 정말 놀라운 일 아닌가요?"

신디와 케빈이 결혼한 지 벌써 10년이 지났다. 그들은 두 자녀를 갖게 되었고, 행복한 결혼 생활을 하고 있다. 그리고 두 사람은 교회에서 풍성한 결혼 생활을 위한 모임을 정기적으로 인도하고 있다. 신디는 내게 이런 말을 한 적이 있었다.

"하나님은 그분의 자녀에게 좋은 선물을 주세요. 그런데 우리가 그런 선물을 받을 준비가 되어 있을 때만 그렇게 하세요."

## 사랑의 하나님은 우리를 치유해 주시는가?

### 고통이 계속될 때

육체적인 고통과 몸을 쇠약하게 하는 질병은 하나님을 따르려는 사람들의 마음속에 "하나님이 우리를 사랑하신다면, 왜 사랑하는 자녀들에게 이렇게 심한 고통을 주시는 것일까?"라는 의구심을 갖게 만든다. 참된 그리스도인은 이렇게 어려운 질문에 부딪히게 될 때 다른 사람들과는 다른 결론을 내린다. 그런데 어떤 사람들은 질병과 고통이 사단에게서 오는 것이라고 생각한다. 또한 하나님의 사람들이 질병을 경험하는 것은 결코 하나님의 뜻이 될 수 없다고 여긴다. 만일 질병이 사단에게서 오는 것이라면, 믿음의 기도가 치유를 불러올 것이라고 말한다. 그러나 하나님의 치유를 보여 주는 믿을 만한 증거들을 보았으면서도, '믿음으로 한 기도'가 응답되지 않아서 믿음을 잃게 된 사람들도 많다.

성경이 병든 사람들을 위해 기도하라고 가르치고 있는 것이 사실이긴 하지만, 하나님이 충분한 믿음을 가진 사람들 모두를 고쳐 주기로 약속하셨다고 말하는 것은 옳지 않다. 성경에서 말하는 치유는 믿는 사람들의 능력에 그 근거가 있는 것이 아니라 전적으로 우리의 유익을 위해 고쳐 주거나 고쳐 주지 않기로 선택하시는 전능하신 하나님의 손에 달려 있다.

### 바울의 만성적 고통

우리는 6장을 통해 사도 바울이 그리스도인으로 회심하게 된 경위를 살펴보았다. 그는 1세기 최고의 교회 지도자였다. 그리고 당대 가장 경건한 사람이었다. 그러나 그는 끊임없이 고통을 겪으며 살아야 했다. 감옥에 들어가기도 했고 심한 매질을 당하기도 했다. 세 번이나 돌에 맞아 죽을 뻔했고, 배가 파선해서 상어 밥이 될 뻔하기도 했으며, 얼마 안 되는 자신의 소유물을 탈취당하기도 했다. 그러나 바울은 이에 별로 개의치 않았다. 하지만 그는 오랜 육신의 질병으로 인해 몹시 괴로움을 당했다. 바울은 그 질병을 고쳐 달라고 하나님께 세 번씩이나 간청했지만, 하나님은 "내 은혜가 네게 족하도다 이는 내 능력이 약한 데서 온전하여짐이라."라고 대답하셨다. 바울은 하나님이 그에게 계시하신 것이 너무 크기 때문에 자고하지 않게 하시려고 그 질병을 주셨다는 결론을 내렸다. 그는 자신의 질병을 하나님의 긍정적인 사랑의 훈계로 생각했다. 그는 이렇게 말했다. "그러므로 도리어 크게 기뻐함으로 나의 여러 약한 것들에 대하여 자랑하리니 이는 그리스도의 능력이 내게 머물게 하려 함이라 그러므로 내가 그리스도를 위하여 약한 것들과 능욕과 궁핍과 박해와 곤고를 기뻐하노니 이는 내가 약한 그 때에 강함이라"(고후 12:9-10).

바울이 사용하는 주된 사랑의 언어는 신체적 접촉이었다. 그는 자신의 몸에 손을 대시면서 앞을 볼 수 없는 상태로 사흘을 지내게 하신 하나님의 임재를 경험하고 나서 갑작스럽게 회심하였다. 회심을 한 후 그는 기독교 교회 역사상 가장 위대한 선교사로서의 삶을 살았다. 그는 자신을 찾아와 변화시키신 그리스도를 향하여 사랑을 표현하는 데 자신의 삶을 모두 바쳤다. 그가 회심한 후에 성공적인 사역을 할 수 있었던 것처럼, 생애의 마지막 순간까지도 많은 사역의 열매를 맺을 수 있도록 하나님은 신체적 접촉을 통한 사랑의 징계를 사용하셨다.

생을 마감하면서 그는 "전제와 같이 내가 벌써 부어지고 나의 떠날 시각이 가까웠도다 나는 선한 싸움을 싸우고 나의 달려갈 길을 마치고 믿음을 지켰으니"(딤후 4:6-7)라고 고백할 수 있었다. 하나님의 징계는 그 목적을 이룬다. 그리고 바울은 사랑의 징계를 내리실 만큼 자신을 세밀하게 돌보시는 하나님께 감사를 드렸다.


## 믿음의 위기 다루기

### 신체적 접촉이 주된 사랑의 언어일 때

하나님이 선택하신 지도자들 중 많은 사람이 질병의 고통을 경험했다. 그러한 경험은 하나님께로 주의를 돌릴 수 있게 해 주었다. 특히 의사들이 할 수 있는 모든 일을 다 했는데도 병이 회복되지 않을 때는 더욱 그랬다. 질병이란 종종 우리의 주의를 다른 방향으로 돌리게 하기 위한 하나님의 편지와도 같다. 그러나 특히 신체적 접촉을 사랑의 언어로 사용하는 사람들에게는 이것이 마치 확성기와 같은 역할을 한다. 그들은 다른 사랑의 언어를 사용하는 사람들보다 질병을 통해 더 깊은 영향을 받고 더 심오한 변화를 경험하게 된다.

클레런스를 만난 것은 40년 전의 일이다. 그는 휠체어를 타고 교회에 왔는데, 당시 복합경화증을 앓고 있었다. 많은 사람의 기도에도 불구하고 그의 병은 세월과 함께 점점 악화되어 갔다. 마침내 그는 침대에 누워 생활하게 되었고, 마지막 15년간은 팔과 다리를 더 이상 움직일 수 없었다. 그가 마음대로 움직일 수 있는 부분은 목뿐이었다.

지역 도서관에는 침대 위에 책을 고정시키고 쇠막대에 턱을 갖다 대면 책장을 넘길 수 있게 만든 장치가 구비되어 있었다. 한 친구는 그와 비슷한 방법으로 라디오를 켜는 장치를 달아 클레런스가 병상에 누워서도 바깥세상 돌아가는 것을 알 수 있게 해 주었다.

나는 정기적으로 클레런스를 찾아가 여러 대화를 나누었다. 우리는 복합경화증을 앓게 하신 하나님의 목적이 무엇인지에 대해서도 이야기했다.

초기에는 하나님이 그런 일이 일어나게 하신 이유를 놓고 씨름하기도 했다. 그는 대학을 마쳤고 사역을 하기 위해 신학 교육도 받았지만, 사역을 시작한 지 얼마 지나지 않아 설교를 할 수 없게 되었다. 그는 자신에게 그런 일이 일어나게 된 것을 이해할 수 없었다. 사도 바울이 기도했던 것처럼 클레런스도 질병에서 회복되기를 간구했지만, 치유는 결국 일어나지 않았다. 그러나 그는 하나님이 다른 종류의 사역, 즉 설교가 아니라 기도하는 사역에 대해 말씀하신다는 사실을 점차 깨닫게 되었다.

그는 내가 아는 가장 위대한 기도의 사람이 되었다. 라디오를 들으면서 그는 그 목소리 뒤에 있는 사람들과 그 목소리를 듣는 사람들을 위해 기도했다. 그가 읽는 자료 속에 보이는, 기도가 필요한 모든 사람을 위해서도 기도했다. 그가 기도의 용사라는 소식이 사람들에게 알려지자 기도 요청이 쇄도하기 시작했다. 나 역시 클레런스에게 기도를 부탁했는데, 그에게는 기도를 부탁받는 것이 부담이 아닌 사역이라는 것을 늘 알 수 있었다.

45년 동안 그는 그 어떤 사역과도 견줄 수 없는 기도 사역을 해 왔고 그 결과는 하늘에서 드러나게 될 것이다. 처음에는 의자에 앉아서 그리고 그 다음에는 침대에 누워서 자신의 통찰력을 펼쳐 나갔다. 하나님은 그의 생애를 통로로 삼아 그가 자신에게 가능한 가장 생산적인 사역을 할 수 있도록 신체적인 접촉을 확성기로 사용하셨다.

### 봉사가 주된 사랑의 언어일 때

봉사를 주된 사랑의 언어로 사용하는 사람들도 있다. 그들이 일단 하나님을 만나고 하나님의 사랑과 용서를 경험하게 되면, 다른 사람들을 섬기는 일을 통해 하나님을 향한 사랑을 가장 자주 표현할 것이다. 봉사하는 일이 막히거나 그 일을 빼앗기게 되면 그들의 믿음에 위기가 찾아온다. 한 젊은 여성은 "하나님이 왜 이러시는 걸까요? 전 하나님을 섬기려고 하는데 왜 이런 일이 일어나게 하시는 거죠?"라고 물었다. 분명히 하나님은 그녀의 주의를 환기시키고 계셨다. 그러나 그녀는 하나님이 무슨 말씀을 하시려는 것인지 확신할 수 없었다.

로버트는 전자공학에 심취한 아버지 밑에서 자랐다. 아버지는 전자부품 회사에서 일하면서 대학에서 전자공학을 가르쳤고, 집에 있을 때도 지하 작업실에서 많은 시간을 보냈다. 로버트는 아버지의 관심을 거의 받지 못했다. 어머니는 아버지의 생활 방식에 대해 불평하면서 많은 시간을 우울하게 보냈다. 또한 어머니는 로버트의 생활을 심하게 간섭했고, 자기 마음대로 좌지우

지하려 했다. 사춘기에 접어든 로버트는 젊은 남자들에게 매력을 느끼기 시작했으며, 18살이 되었을 때는 동성연애까지 경험하게 되었다.

로버트에게 대학은 집에서 탈출할 수 있는 도피처였다. 무관심한 아버지와 심하게 간섭하는 어머니의 속박에서 벗어나고 싶었기 때문이다. 그리고 대학 캠퍼스를 자신의 성적 정체성을 자유롭게 드러낼 수 있는 곳으로 여겼다. 그러나 첫 학기가 시작되고 6주쯤 지난 후 로버트는 심한 외로움을 느꼈고 점차 우울해지기 시작했다. 그는 자신의 삶이 전혀 다른 방향으로 접어들고 있음을 깨닫지 못하고 있었다.

줄리아는 다른 사람들을 도와주고 싶어 하는 활달한 그리스도인이었다. 그녀는 로버트에게 매주 수요일 점심시간마다 휠체어를 탄 사람들을 위해 음식을 배달하는 일을 같이 하자고 청했다. 마침 수요일에 수업이 없는데다 또 다른 사람들을 돕는 일에 관심이 있었던 로버트는 그 제안에 동의했다. 줄리아는 또한 그에게 해비타트에 참가하여 집 짓는 일을 할 수 있는 기회도 마련해 주었다. 그리고 가을 학기에는 성경공부 모임에서 하는, 낙엽을 쓸고 도랑을 청소하는 일에 참여할 수 있게 해 주었다. 첫 학기를 마칠 무렵 로버트는 성경공부 모임에 참석하게 되었고, 두 번째 학기 모임에서 하나님을 만나게 되었다.

그는 이렇게 말했다.

"줄리아는 제가 예수님의 품 안에서 일할 수 있게 해 주었어요. 저는 사람들을 돕는 일을 좋아했고, 또 줄리아가 제 수학 과목을 도와주는 방식을 좋아했어요. 정말 도움이 필요했거든요. 줄리아는 순수하게 저를 배려해 주는 것 같았어요. 나중에 줄리아는 하나님이 자기를 먼저 사랑하셨기 때문에 저를 사랑하는 것이라고 말하더군요. 그리고 하나님이 자기를 도와주셨기 때문에 저를 도와주는 것이 즐겁다고 말했어요. 그래서 저도 그 하나님께 관심을 갖게 되었죠.

하나님이 제 대신 죄의 대가를 치르도록 예수님을 보내셨다는 사실을 알게 되었을 때, 하나님이 저를 얼마나 사랑하시는지 또 얼마나 놀라운 일을 하셨는지를 깨닫게 되었어요. 그리고 저도 하나님을 사랑해야 한다는 걸 알게 되었지요."

로버트가 사용하는 주된 사랑의 언어는 분명 봉사이다. 그러나 하나님을 사랑하게 되면서 로버트는 자신의 동성애 문제에 대해 고민하기 시작했다. 성경을 계속 공부하는 중에 그는 동성애가 하나님이 계획하신 관계가 아니라는 것을 알게 된 것이다. 그런데 왜 그렇게 남자들에게 매력을 느끼게 되는지 잘 이해할 수가 없었다. 망설여지긴 했지만, 마침내 줄리아와 그 문제를 의논하기로 했다. 하지만 줄리아가 알게 되면 자신을 거부하게 될지도 모른다는 두려움이 들었다.

그런데 로버트는 줄리아가 보인 첫 반응에 깜짝 놀랐다. 그 어떤 사람보다 더 힘 있고 긴 포옹을 해 주었던 것이다. 그리고 이렇게 말했다.

"로버트, 솔직하게 말해 줘서 정말 고마워. 희망은 있어. 하나님이 그 문제를 해결해 주실 수 있을 거야."

로버트는 쉽게 그런 확신을 가질 수 없었지만, 기꺼이 하나님께 기회를 드리고 싶었다. 줄리아는 자기가 다니는 교회 목사님을 소개해 주었다. 그 목사님은 로버트가 느끼는 성적인 성향의 본질을 이해할 수 있게 도와주었을 뿐 아니라 왜곡된 성적 느낌은 다른 왜곡된 감정들과 마찬가지로 변화될 수 있다는 줄리아의 확신을 재확인시켜 주었다.

로버트에게 있어서 그것은 삶이 변화하는 여정이었다. 그 여정은 동성에게 느끼는 성적 매력을 제거해 주었을 뿐 아니라 이성과의 사랑을 발견하고 키워갈 수 있게 도와주었다. 로버트는 줄리아와 함께 계속해서 성경공부 모임과 봉사활동에 참여했다. 그리고 졸업한 후 그는 줄리아와 결혼했고 신학교에 입학했다. 하나님이 그가 사역자가 되기를 원하신다고 믿었기 때문이다.

로버트는 신학교에 다니면서 사회복지원에서 아르바이트를 했고, 줄리아는 은행에서 일을 했다. 교회에서는 스페인 사람들을 위한 사역에 열심히 참여했다. 신학교를 졸업하고 난 후 로버트는 자신의 주된 사랑의 언어인 봉사를 사용하며 일할 수 있게 되기를 간절히 바랐다. 그래서 그는 버지니아주에 있는 작은 시골 교회의 초청을 기쁨으로 받아들였다. 그러나 3년 후 교회는 그에게 사퇴를 요구하였고, 그 기쁨은 산산조각 나고 말았다. 다른 사람들을 도와주려는 노력의 일환으로, 동성애로 고민했던 자신의 경험을 교인들 앞에서 솔직하게 이야기했기 때문이었다. 그 사실을 알게 된 집사들은 로버트가 더 이상 자기들 교회의 목사로 남아 있는 것을 원치 않았다. 로버트는 자신의 솔직함 때문에 당하게 된 거절의 고통을 뼈저리게 느꼈다.

로버트의 믿음은 흔들리기 시작했다. 그가 섬겨 온 그리스도인들에 대한 믿음뿐 아니라 하나님에 대한 믿음까지 흔들렸다. '정직하게 살면서 충성스럽게 하나님을 섬기기 위해 최선을 다했는데, 어떻게 이런 일이 일어나도록 내버려 두실 수 있단 말인가?' 그는 하나님이 자기를 버리신 것은 아닌지 의심스러웠다. '하나님을 섬기기 위해 그 교회로 갔지만, 이제 그 기회를 잃게 되었다. 하나님은 어디서 무엇을 하고 계신 것일까?'

로버트는 하나님이 그를 위해 전혀 다른 계획을 갖고 계신다는 사실을 모르고 있었다. 그 당시에는 알 수가 없었다. 그러나 지금 그는 동성에게 매력을 느끼며 혼란에 빠져 있는 사람들을 돕는 사역을 놀랍게 감당하고 있다. 그들 중 많은 사람이 동성애를 경험하기도 했지만, 하나님을 만난 후 그들의 삶을 변화시키는 하나님의 능력을 알게 되었다. 이 사역은 그가 선택한 것이 아니었다.

그는 지난 삶이 그저 과거 속에 묻힌 한 부분이 되기를 바랐다. 그래서 '정상적인' 교회에서 사역하고 싶었다. 그러나 로버트는 지금 자신이 하고 있는 사역을 위해 하나님이 독특한 방법으로 자신을 준비시켜 오셨음을 발견했다. 하나님이 계획하고 있는 사역을 이루시기 위해 '정상적인' 사역으로부터 떠나는 훈련을 거치게 하셔야 했던 것이다.

이것은 그에게 고통스러운 경험이었을까? 물론 그렇다. 그 과정 속에서 집사들은 기독교의 원리를 저버린 것일까? 그렇다. 그러나 하나님은 로버트의 마음 깊은 곳에 말씀하시고 예비하신 사역을 위해 그의 마음을 단련시키려고 모든 일을 사용하셨다.

다른 사람들을 섬김으로써 하나님을 사랑하려는 우리의 순수한 노력은 때때로 좌절되기도 한다. 사단이 방해하기 때문이기도 하지만, 때로는 좋은 뜻을 가진 그리스도인들에 의해 그런 일이 일어나기도 한다. 그러나 그 모든 것 뒤에는 하나님의 자녀를 최선의 길로 인도하시는 하나님의 손길과 목소리가 있다. 봉사를 주된 사랑의 언어로 사용하는 사람들에게 있어서 이러한 시련은 가장 엄격한 사랑의 징계가 될 수 있다. 그러나 이것은 우리의 주의를 환기시키고, 하나님께 사랑을 표현하는 새로운 방향을 찾아 나가게 할 유일한 방법일 수 있다.

인정하는 말이 주된 사랑의 언어일 때

브래드는 이와 다른 사랑의 언어를 사용한다. 그는 인정하는 말이라는 사랑의 언어를 유창하게 구사하는 사람이다. 중학교 시절 그는 기타를 배웠고, 고등학교 1학년 때는 록 밴드에서 연주를 했다. 브래드는 밴드 단원들에게 인정받고 있다고 느꼈다. 그저 생일축하 파티에서 연주하는 정도에 불과했지만, 부모님은 언제나 그의 음악적인 재능을 인정해 주셨다. 밴드 주자들은 견본용 음반을 만들려고 시도해 보았지만, 한 번도 성공하지 못했다. 그리고 그가 2학년이 될 즈음에는 밴드부가 해체되었다.

브래드는 다른 일에 관심을 돌렸지만, 대학에 들어간 후 다시 음악에 관심을 갖게 되었다. 전공도 결국 음악 교육으로 선택했다. 부모님은 늘 격려해 주셨지만, 담임 교수에게는 그리 인정받지 못했다. 그는 진전을 이루지 못하고 허우적거리다가 마침내 전공을 경영학으로 바꾸었다. 그리고 좋은 성적으로 졸업했다.

브래드는 하나님이나 영적 문제에는 별 관심이 없었다. 그러나 졸업한 후 열정적인 그리스도인들이 운영하는 한 작은 회사에서 일하게 되었다. 그들은 매일 아침 기도로 하루를 시작했다. 사람들은 신나게 일하고 서로를 격려하는 회사 분위기 속에서 일했다. 브래드는 입사한 후 6개월 동안, 하나님에 관해 살아오면서 들은 것을 다 합한 것보다 더 많은 이야기를 들었다. 거기에는 관심을 가지게 하는 무언가가 있었다. 직장 동료들은 누구보다 행복해 보였고, 브래드가 하는 일을 적극적으로 칭찬해 주었다.

그런 환경 속에서 브래드는 혼자 성경을 읽기 시작했다. 예수님의 생애를 기록한 요한복음서에서부터 시작했다. 그는 특히, 선한 목자는 자기 양을 위해 목숨을 버린다는 예수님의 비유에 매혹되었다(요 10:11). 브래드는 "내가 내 목숨을 버리는 것은 그것을 내가 다시 얻기 위함이니 이로 말미암아 아버지께서 나를 사랑하시느니라 이를 내게서 빼앗는 자가 있는 것이 아니라 내가 스스로 버리노라 나는 버릴 권세도 있고 다시 얻을 권세도 있으니 이 계명은 내 아버지에게서 받았노라 하시니라"(요 10:17-18)라는 예수님의 말씀을 읽었고, 예수님이 정말 자신의 죽음과 부활을 예언할 수 있었을까 하는 생각을 하기도 했다.

또한 예수님이 나사로의 누이 마르다에게 하신 말씀도 읽었다. "나는 부활이요 생명이니 나를 믿는 자는 죽어도 살겠고"라는 놀라운 이야기였다. 요한복음서가 끝날 즈음 그는 "예수께서 제자들 앞에서 이 책에 기록되지 아니한 다른 표적도 많이 행하셨으나 오직 이것을 기록함은 너희로 예수께서 하나님의 아들 그리스도이심을 믿게 하려 함이요 또 너희로 믿고 그 이름을 힘입어 생명을 얻게 하려 함이니라"(요 20:30-31)라는 주장을 진리로 받아들일 준비가 되어 있었다.

브래드는 "마음 깊은 곳으로부터 그 말에 동의하면서 '내가 이것을 믿습니다.'라고 큰 소리로 말했어요. 그 순간부터 제 삶은 완전히 달라졌지요."라고 말했다. 그는 하나님을 만났고, 하나님과의 사귐을 갖게 되었다.

그 후 6개월 동안 성경의 가르침을 발견하면서 그는 마치 놀라운 모험을 하는 것 같았다. 사장님이 다니는 교회에 나가게 되었고, 곧 새신자반에도 등록했다. 그리고 자신의 삶을 하나님과 함께 나누는 생활에 대해 배우게 되었다.

"제가 처음으로 기도했던 순간은 결코 잊지 못할 거예요. '사랑의 하나님, 하나님께 어떻게 말씀드려야 하는지 전 잘 모릅니다. 그렇지만 들어주신다면 몇 가지 드리고 싶은 질문이 있습니다.'라고 말한 다음 몇 가지 질문을 했어요. 그리고 그때부터 지금까지 하나님은 내게 그 대답들을 하나씩 해 주고 계세요."

브래드는 예배 시간에 드리는 찬송을 정말 좋아한다. 전에는 들어본 적이 없는 노래이지만, 가사들을 하나하나 음미하며 노래를 부른다. 그 노래 가사들이 그의 마음을 그대로 표현해 주고 있기 때문이다. 얼마 지나지 않아 브래드는 성가대에 들어가고 싶다는 생각을 하였다. 그러나 첫 연습 시간에 자신에게 노래하는 재능이 없다는 것을 알게 되었다.

성가대 지휘자는 이렇게 말했다.

"브래드가 처음 연습하러 왔을 때를 잊을 수 없을 거예요. 브래드가 거기 있는지를 보기도 전에, 그가 연습에 참여하고 있다는 것을 먼저 알 수 있었죠. 음정도 박자도 전부 마음대로였거든요."

그러나 브래드가 정말로 성가대에서 찬양하고 싶어 한다는 것을 알게 된 지휘자는 개인적으로 몇 차례 도와주려고 했지만 곧 그만두었다. 그는 친절한 사람이었지만, 브래드가 다른 분야에서 일하는 것이 필요하다는 사실을 확실하게 알려 줄 만큼 솔직한 사람이기도 했다.

브래드가 어떤 반응을 보였을 것이라 생각하는가?

"그리스도인이 된 후 제가 경험한 가장 절망적인 사건이었어요. 저는 지휘자의 말을 믿을 수가 없었어요. 고등학교 때 저는 밴드부에서 연주를 했거든요. 그리고 대학에서 맨 처음 전공으로 선택한 것이 음악이었어요. 음악적인 재능이 없다고 말했을 때 도대체 무슨 말을 하는 건지 모르겠더군요. 그런데 나중에 몇몇 친구들이 지휘자의 말이 옳다는 것을 확인시켜 주었어요. 그 후 제 한계를 받아들이게 되었죠.

그 사실을 받아들이기가 그렇게 어려웠던 이유는 노래하는 것이 하나님에 대한 찬양의 마음을 표현하는 한 방법이라고 생각했기 때문이에요. 그런데 그때는 몰랐던 것을 지금은 알게 되었지요. 그 생각이 틀린 것은 아니었지만, 하나님을 노래로 찬양하고 싶다면 틀린 음정으로 다른 사람들의 노래를 방해할 것이 아니라 혼자서 개인적으로 해야 한다는 것을요."

그것은 이미 오래 전 일이다. 브래드는 현재 성공적인 사업가가 되었다. 그리고 인정하는 말을 주된 사랑의 언어로 사용하는 그는 교회에서 아주 훌륭한 성경 교사가 되었다. 지난 20년 동안 그가 인도하는 반은 언제나 출석률이 가장 좋았다. 학생들은 계속해서 친구들을 데려왔고, 어느 누구도 브래드의 가르침에 실망하는 사람이 없었다. 그는 자신의 반을 창의적이고 활발하며 통찰력 있는 그룹으로 인도해 나갔다.

인정하는 말은 여전히 그가 사용하는 사랑의 언어이다. 해마다 사람들에게 하나님의 진리를 가르치면서 하나님을 향한 자신의 사랑을 표현한다. 브래드의 주의를 환기시켜 주고 바른 방향으로 운전대를 돌릴 수 있게 해 준 것은 바로 그 지휘자의(궁극적으로는 하나님의) 아픈 충고를 통한 사랑의 징계였다.

브래드와 같은 사람들에게는 주의를 주는 말이나 비판의 말이 아주 고통스럽게 느껴질 수 있다. 그러나 하나님의 음성을 듣고자 한다면, 그런 말이 하나님이 우리에게 표현하시는 가장 커다란 사랑의 목소리라는 것을 알게 될 것이다. 일단 하나님이 있게 하신 자리로 돌아선다면, 우리는 섬기는 사람들로부터 다시 인정하는 말을 듣게 될 것이다.

하나님의 징계가 항상 우리의 악한 행동을 책망하기 위해 내려지는 것은 아니다. 하나님을 섬기고 경배하려는 우리의 진지한 노력을 보다 생산적인 방법으로 이끌기 위한 하나님의 배려일 수도 있다. 우리는 때로 고통을 느끼기도 하고 하나님이 무슨 일을 하시는 것인지 알 수 없는 경우도 있지만, 정직하게 자문해 보고 하나님의 '작고 세미한 음성'을 듣는다면 우리는 가장 깊은 고통의 순간에 하나님이 우리를 가장 열정적으로 사랑하고 계심을 알게 될 것이다.

# 10

## 사랑이 승리를 거둘 때

사랑은 그리스도인의 특징이다. 하나님의 사랑이 다섯 가지 사랑의 언어를 사용하는 우리를 통해 흘러넘칠 때, 우리는 다른 사람들이 하나님과 사귀고 하나님의 가족 안에 들어올 수 있게 도와주는 하나님의 도구가 된다. 이런 일이 일어날 때 사랑은 승리를 거둔다.

마이클 캐시디(Michael Cassidy)를 처음 만난 곳은 영국 옥스퍼드 대학 내에 있는 아름다운 쉘도니언 극장이었다. 그곳에서 그는 남아프리카에서 인종차별을 타파하고 자유선거를 평화롭게 도입할 수 있도록 공헌한 20명의 사람 중 한 사람으로 소개되었다. 나는 그의 이야기에 푹 빠졌다.

"저는 법학을 공부하기 위해 케임브리지 대학에 입학했습니다. 그런데 두 주 만에 그리스도인이 되었습니다. 빌리 그레이엄 목사님이 우리 학교에 오셨는데, 그때 저는 간단하지만 거부할 수 없는 복음의 진리를 듣게 되었습니다."

그는 케임브리지 대학에서 학업을 마쳤고, 아메리칸 대학에서 박사 학위를 받았다. 그런 다음 그는 하나님이 자신을 남아프리카로 부르신다는 것을 알게 되었다. 그레이엄 목사님이 하셨던 것과 비슷한 대중 전도 집회를 인도할 계획이었다. 그가 남아프리카에 가서 깨달은 것은 국민 대다수가 백인이 아닌데도 정부가 전적으로 백인에 의해 주도된다는 것과 여러 제도들이 인종차별을 더 심화하는 양상으로 움직이고 있다는 사실이었다.

"나는 인종차별이 죄라는 것을 분명히 알고 있었어요. 그리고 그 죄와 맞서 싸우지 않을 수 없는 상황에 처하게 되었다는 것도 알고 있었지요.”

그는 신학대학원 과정을 공부하면서 그리스도의 복음이 영혼 구원과 인간의 존엄한 삶을 균형 있게 추구해야 한다는 확신을 갖게 되었다. 영적인 관심과 사회적인 관심을 분리할 수는 없었다. 그는 “정의는 구조화된 사랑입니다.”라고 말했다. 그리고 존과 찰스 웨슬리가 옳지 못한 사회 구조에 맞서 노예무역 제도의 폐지를 주장했던 사실을 청중들에게 상기시키면서 도덕적 변화가 사회적 변화를 불러온다고 주장했다.


## 인종차별에 맞선 대항

캐시디는 인종차별에 정면으로 맞부딪치기로 했다. 남아프리카에는 그리스도인이라고 말하는 사람이 4천만 명이나 있었다. 그러나 기독교를 사회구조 속에 적용하는 일에는 아무도 관심이 없었다.

예레미야에게 하신 하나님의 말씀은 캐시디를 인도하는 불빛이 되었다. “여호와의 말씀이니라 너희를 향한 나의 생각을 내가 아나니 평안이요 재앙이 아니니라 너희에게 미래와 희망을 주는 것이니라 너희가 내게 부르짖으며 내게 와서 기도하면 내가 너희들의 기도를 들을 것이요 너희가 온 마음으로 나를 구하면 나를 찾을 것이요 나를 만나리라”(렘 29:11-13).

캐시디는 이렇게 말했다.

“이 말씀은 하나님이 바벨론에 포로로 잡혀가 암담하게 살아가는 이스라엘 백성에게 하신 것입니다. 하나님은 이스라엘을 위한 계획을 지니고 계셨습니다. 그리고 우리는 하나님이 우리를 위한 계획도 지니고 계시다는 것을 알고 있습니다. 우리는 소망의 사람들입니다. 그리고 또한 하나님이 이미 남아프리카에서 일하고 계신다는 것을 우리는 알고 있습니다."

그러나 이것은 결코 쉬운 일이 아니었다. 인종차별 반대 운동의 지도자였던 캐시디는 미 정보국을 위해 일하고 있다는 비난을 받기도 했다. 그의 친조카는 인종차별을 반대하는 군대에서 싸우다 6년간을 감옥에 갇혀 지내야 했다.

정부 지도자들뿐 아니라 편안한 생활을 포기하고 싶지 않은 수많은 백인 그리스도인도 캐시디를 반대했다. 그러나 그는 하나님이 의로우신 분이며, 하나님의 형상을 따라 지어진 모든 인간은 도덕적 성품을 지니고 있다고 확신했다. 그리고 "인종차별은 우주의 한 작은 원리를 거역하는 것이지만, 사랑으로 맞서 싸워야 할 거대한 적이다."라고 말했다. 오직 하나님만이 사람들의 마음을 움직이시고, 모든 사람에게 평화로운 해결책을 가져다주실 수 있었다.

1983년 봄, 그는 그 나라 전 국민을 대상으로 기도를 요청했다. 24시간 동안 기도가 끊이지 않도록 기도 사슬을 만들어 나라를 위해 집중적으로 기도하게 했다. 그 기도 사슬은 2년 동안 밤낮으로 계속되었다. 각 나라에 흩어져 있는 그리스도인들은 하나님의 인도하심을 간구했다. 그뿐 아니라 전 세계의 많은 사람이 이 기도 운동에 참여했고, 심지어는 사형수 감방에 있던 죄수 42명도 동참했다.

## 도전하는 사랑

캐시디와 함께 일했던 그의 동료들은 백인과 백인이 아닌 사람들이 한 자리에 모일 수 있는 주말 수련회를 개최했다. 그 모임은 그들의 삶을 서로 나누는 형태로 진행했다. 어느 흑인 그리스도인은 백인들이 자기를 구덩이에 쳐 넣은 다음 머리를 제외한 몸 전체를 흙으로 덮고 그 위에 오줌을 쌌던 얘기를 했다. 그동안 자행되었던 인종차별의 실체가 모인 사람들의 마음을 움직이게 했다. 그리고 적대감의 벽이 점점 허물어지기 시작했다. 교회 지도자들도 정의를 위한 부르심에 참여하기 시작했다. 관심의 초점은 '하나님' 그리고 '나라를 위한 하나님의 인도하심'에 모아졌다.

한번은 4천만 그리스도인들에게 모두 일손을 놓고 하루 동안 기도에 전념해 달라고 도전했다. 그 기도의 날은 온 나라를 멈추게 했지만, 온 나라의 초점이 하나님께 맞추어지도록 했다. 얼마 후 정치 지도자들이 국가의 정치적 변화에 관한 새 협정을 논의하기 위해 모임을 가졌을 때, 긴장감은 점차로 고조되었다. 타협안을 놓고 며칠간 공방전이 계속되었지만, 모든 노력이 무산될 위기에 처하게 되었다. 그때 캐시디와 동료들은 럭비 경기장에서 기도회를 열었고, 사람들은 3만 명 이상 모여들었다. 정치 지도자들이 경기장 매표소에 모여 있는 동안 시민들은 기도에 동참했다. 언론에서는 '예수님의 평화 시위'가 형세를 일변시켰다고 보도했다. 그렇게 평화의 물결이 번져 나갔고, 자유선거는 평화적으로 실시되었다.

캐시디는 이렇게 말했다.

"우리는 하나님만이 인간의 마음을 바꾸시고, 평화로운 방법으로 인종차별을 제거하실 수 있다는 사실을 직시한다. 그것은 우리에게 회개와 고백을 요구한다. 그러나 하나님이 인간 역사에 개입하셨기에 관계의 수레바퀴에 위대한 일이 일어났다.”[35]

사랑이 승리를 거둘 때, 사회구조가 바뀔 수 있다. 또한 '정의는 구조화된 사랑'이라는 캐시디의 말처럼 이상적인 정의구현에 좀 더 가까이 다가갈 수 있다. 그는 사랑만이 인간 사회를 정의롭게 만들 수 있다고 말했다. 그러나 악의 실체가 있는 한 그런 사랑은 언제나 반대에 부딪히게 될 것이다.


## 희생하는 사랑

캐시디는 변화의 과정 속에서 일어났던 수많은 잔인무도한 일을 설명했다. 그러나 이러한 잔학상 속에서도 그리스도인의 사랑은 희생을 무릅쓰고 널리 퍼져 갔다. 예를 들면, 영원한 적수였던 후투와 투치 두 종족을 그리스도의 사랑이 한 교회로 불러 모았다. 어느 주일 아침, 원수였던 그들이 한 자리에 모여 예배를 드리고 있을 때 군대가 쳐들어와 교회를 에워싸고 후투족은 모두 교회 밖으로 나오라고 명령했다. 후투족 그리스도인들은 앞으로 어떤 일이 벌어질지 잘 알고 있었다. 그것은 투치족의 형제들이 대량 학살될 것을 예고하는 명령이었던 것이다. 그러나 그들은 형제들을 저버릴 수 없었다. 그래서 그들은 모두 교회를 떠나지 않고 함께 자리를 지켰다. 그들의 저항 소식이 전해지자 군대가 교회 안으로 쿵쾅거리며 들어왔다. 그리고 일순간에 500명에 달하는 후투와 투치 종족이 모두 살해당했다. 이 후투족 그리스도인들은 “나는 선한 목자라 선한 목자는 양들을 위하여 목숨을 버리거니와”라는 예수님의 말씀을 따랐다. 사랑이 승리를 거둔 것이다.

남아프리카에서 생겨난 모든 문제가 자유선거 이후 다 해결된 것은 아니었다. 사랑이 언제나 승리하는 것은 아니다. 그러나 순전하게 하나님을 사랑하는 사람들이 있는 곳에서는 관계의 변화가 일어난다. "관계의 수레바퀴에 위대한 일이 일어나게 되었다."라고 한 캐시디의 말이 옳았다. 그리고 사랑은 그 수레바퀴를 잘 돌아가게 하는 윤활제 역할을 한다. 관계를 변화시키는 데 있어서 사랑보다 더 큰 힘은 없다.

## 계획을 바꾸는 사랑

하나님을 향한 사랑은 한 사람의 계획을 극적으로 바꾸어 놓을 수도 있다. 래리 페퍼는 우간다 음바라라(Mbarara) 대학 병원의 의사이다. 그러나 1996년 2월 전까지만 해도 그는 전혀 다른 길을 걷고 있었다. 미 항공우주국의 비행 전담 외과 의사였던 그는 휴스턴에 있는 존슨우주개발센터에서 우주 비행사들을 위한 의료진을 돕고 있었다. 실제로 우주선이 발사되면, 그는 만일의 사고에 대비하여 비상 의료팀을 운영했고, 그 기간 중에는 언제라도 착륙 지점으로 이동할 수 있도록 플로리다 케네디우주항공센터에 상주했다.

그는 미 항공우주국에서 7년간 일하면서 첫 허블 우주 망원경 수리 비행을 포함해 15차례 이상 우주 비행 임무에 가담했다. 그러면서 언젠가는 직접 우주선을 타고 날게 되리라는 꿈을 갖고 있었다.

교회 활동에 적극적이고 예수 그리스도게 헌신하고자 했던 그와 그의 아내 샐리는 세 자녀를 낳아 키웠다. 그러나 지금 그는 자신의 꿈과 안정된 생활을 포기하고, 지구 반대편에 위치한 아프리카 우간다에 가 있다. 그에게 어떤 일이 일어난 것일까? 하나님은 성공 가도를 달리던 페퍼 박사에게 메시지를 보내셨다. 그 메시지는 "너는 네 직장을 제외한 모든 것을 내게 맡겼다."라는 내용이었다.

"그때가 전환기였어요. 기도하면서 저는 하나님이 원하시는 곳에 가기를 원한다고 말씀드렸지요."

래리와 샐리는 하나님의 인도하심을 구하기 시작했다. 몇 개월 후 래리는 자원해서 자이레로 떠났고, 그곳에서 르완다 피난민들을 위해 일했다. 그리고 거기서 래리 펌펠리라는 선교사를 만나 우간다 음바라라 대학 병원에 의사가 필요하다는 말을 전해 듣게 되었다. 페퍼 박사는 그것이 하나님의 인도하심이라는 것을 알 수 있었다.

그러나 선교사가 되기로 결정했을 때, 그는 우주선 내에서 우주 비행사들의 의료를 담당하는 최종 주자로 선발되었다. 그는 그 기회를 자신의 꿈보다 하나님을 더 사랑하는지를 테스트하는 하나의 시험으로 여겼다

결국 사랑이 승리를 거두었다. 1996년부터 래리와 샐리는 환자들과 의료진들에게 하나님의 사랑을 증거한다. 그리고 에이즈 외래 진료소도 함께 운영한다.

패퍼 박사는 이렇게 말한다.

"우리는 다른 에이즈 치료 기관들과는 다른 일을 하고 있어요. 영적인 면을 함께 다루거든요."

그는 에이즈 환자들은 결국 죽게 되지만, 그들 중 많은 사람이 죽기 전에 하나님의 사랑과 영원한 생명을 확신하게 되는 것을 볼 때 큰 위로를 받는다고 했다.

그는 우간다에 있는 젊은 의료진들에게 의술을 가르칠 뿐 아니라 하나님의 사랑을 나누는 일에 헌신하는 그리스도인 의사로서의 본을 보여 주기 위해 노력한다. 그는 훈련 중인 의사들을 위해 매주 목요일 밤에 성경공부를 인도하면서 우간다 남성들의 필요에 초점을 맞추고 있다. 금요일 저녁에는 학생들이 음바라라 술집 대신 찾을 만한 'TGIF'(Thank God It's Friday)라는 이름의 공간을 개방한다. 거기서 학생들은 게임도 하고 영화도 보고 성경에 관해 토의하는 기회도 가질 수 있다.

주일 아침에는 페퍼 박사가 예배를 인도하고 아내 샐리가 분만실을 예배 장소로 꾸며 그곳에서 아이들과 성경공부를 한다. 래리는 환자들을 돌아본 다음 예배를 인도한다. 주일 저녁에는 우간다의 젊은 남녀 의료진들을 위해 그들이 예수님의 가르침을 실천할 수 있도록 부부가 함께 성경공부 모임을 인도한다.[36] 이 부부의 사랑은 이렇게 승리를 거두고 있다.


## '하나님을 사랑하는 사람들'이 사랑을 실천하지 않을 때

6주 전 나는 아프리카를 방문했다. 아프리카 서부 공화국인 '베닌'이라는 나라였다. 나는 코토누라는 해안 도시에 있는 작은 호텔 3층 방에 앉아 있었는데, 마실 물이 없었다. 그래서 호텔 측에 물어봤더니, 주문한 물이 내일쯤이나 도착할 것 같다고 했다.

하나님께로 생각을 돌리기 전까지는 다소 좌절감을 느꼈다. 그러나 할 수 있는 일이 아무것도 없는 상황에서 나는 한 가지 사실을 기억해 냈다. 흑인 수십만 명이 바로 이 해안 지역에서 내 조상들이 소유한 식민 농지의 노예가 되기 위해 자신들의 뜻과는 전혀 상관없이 배를 타고 떠나야 했던 역사가 그 순간 떠올랐던 것이다. 나는 일기장을 펴고 이렇게 썼다.

"여기 이곳 아프리카 서부에 앉아 영국과 미국의 교회가 어떻게 노예 제도와 같은 인종차별을 서슴없이 행할 수 있었는지를 생각하면, 나는 슬픔을 느끼지 않을 수 없다. 우리 시대의 흑인들이 과연 백인들의 배를 통해 하나님의 사랑을 들을 수 있을지 의문이다. 하나님만이 이 쓰레기더미를 넘어서 구세주를 볼 수 있도록 도와주실 수 있는 분이시다."

'하나님을 사랑하는 사람들'이라고 주장하면서도 그 고백과는 전혀 상관없는 삶을 사는 사람들이 각 세대마다 존재했다. 그들은 하나님의 사랑의 강물을 오염시키는 사람들이었다. 그러나 또한 각 세대마다 존 웨슬리(John Wesley), 윌리엄 윌버포스(William Wilberforce), 헤리엇 비처 스토(Harriet Beecher Stowe)와 같은 삶을 살았던 이름 모를 수많은 사람도 있었다. 그 동기가 무엇이든 인간을 착취하는 것은 옳지 않은 일이라고 말하면서, 이제 어둠을 깨치고 나와야 한다고 주장했던 목소리들이었다.

그리스도는 인간을 구원하기 위해 이 땅에 오셨다. 결코 착취하기 위해 오신 것이 아니었다. "누구든지 하나님을 사랑하노라 하고 그 형제를 미워하면 이는 거짓말하는 자니 보는 바 그 형제를 사랑하지 아니하는 자는 보지 못하는 바 하나님을 사랑할 수 없느니라"(요일 4:20). 예수님은 인간 역사를 통해 진리를 드러내셨다. 있는 체하는 것과 실제로 있는 것 사이에는 차이가 있다. 말을 하는 것과 말한 대로 살아가는 것은 같은 것이 아니다.

나는 3층 호텔 방에 앉아 과거의 인종차별을 기억하면서 사랑 때문에 이 아프리카 서부 해안까지 찾아온 수천이 넘는 예수님의 진정한 제자들을 생각했다. 이 거대한 대륙을 횡단하다 보면 안락한 삶의 풍경보다는 하나님을 사랑하는 선교사들이 세운 수많은 병원과 진료소와 대학과 의대와 사회 개발 사업을 볼 수 있다.

아프리카 서부가 이유 없이 '선교사들의 무덤'이라 불리고 있는 것은 아니다. 내가 만난 몇 안 되는 선교사들 중 그곳에서 32살의 젊은 아내를 잃은 사람이 있었다.

대부분 적어도 한 번은 말라리아를 앓은 경험을 갖고 있었고, 그들 중 네 사람은 가슴을 겨누는 총부리 앞에서 입을 틀어 막힌 채 가진 것을 강탈당하기도 했다. 우기에는 찾아갈 수 없는 아주 외딴 지역에 사는 사람들도 많이 있었다. 그러나 그들은 모두 그 어떤 반대에도 굴하지 않는 하나님을 향한 열정과 사랑을 지니고 있었다.

그들은 새로운 폭포수를 발견하고 환호하는 착취자들이 아니다. 그들은 우리 주 예수 그리스도를 통해 하나님의 사랑을 경험한 사람들이다. 그리고 그 사랑을 다른 사람들에게 전하기 위해 자신들의 삶을 투자하는 사람들이다. 그들이 가는 곳에는 언제나 사랑이 흘러넘친다.

## 하나님과의 관계 : 사랑의 힘과 동기

### 종교 vs 하나님의 사랑

사랑한다는 것은 다른 사람의 행복과 유익을 추구하는 것이다. 인간은 하나님의 형상을 따라 지어졌고 하나님은 사랑이시기 때문에, 모든 사람에게는 사랑하고 싶은 마음이 있다. 우리는 남을 사랑하는 것이 마땅히 해야 할 옳은 일이라고 생각하지만, 하나님을 떠난 자연인의 상태에서는 자신을 사랑하는 사람만을 사랑하는 경향이 있다. 오늘날의 사람들은 '당신이 내 행복과 유익을 추구한다면 나도 당신의 행복과 유익을 추구할 것이다.'라는 자세로 살아간다. 세계에 존재하는 많은 종교는 이런 인간적 사랑에 기초를 둔다. 그래서 종교적인 삶에 헌신한 사람들이 표현하는 사랑은 같은 종교 집단 안에 있는 사람들에게 국한된다.

그러나 예수님은 전혀 다르셨다. 예수님은 그런 종교 집단에 속한 한 사람에게 "네 이웃을 사랑하고 네 원수를 미워하라 하였다는 것을 너희가 들었으나 나는 너희에게 이르노니 너희 원수를 사랑하며 너희를 박해하는 자를 위하여 기도하라"(마 5:43-44)라고 말씀하셨다. 이 숭고한 도전의 기초는 하나님 자신이었다.

예수님은 "하나님이 그 해를 악인과 선인에게 비추시며 비를 의로운 자와 불의한 자에게 내려주심이라 너희가 너희를 사랑하는 자를 사랑하면 무슨 상이 있으리요 … 또 너희가 너희 형제에게만 문안하면 남보다 더하는 것이 무엇이냐 이방인들도 이같이 아니하느냐"(마 5:45-47)라고 말씀하시며, 종교적인 동기의 사랑과 하나님에 대한 진정한 사랑의 차이를 분명히 보여 주셨다.

하나님과 사귐을 갖는 사람들은 자신을 사랑하는 사람만을 사랑하는 것에 결코 만족하지 못한다. 문제는 자유로운 하나님의 사랑을 경험하고 싶어 하는 우리가 세상적인 사랑의 속박을 어떻게 깰 것인가 하는 점이다. 나는 그 대답이 능력의 근원인 나사렛 예수님 앞에 우리의 연약함을 내려놓는 데 있다고 확신한다.

하나님이 자기들의 아버지라고 주장하는 종교적인 사람들을 향해 예수님은 이렇게 말씀하셨다.

"하나님이 너희 아버지였으면 너희가 나를 사랑하였으리니 이는 내가 하나님께로부터 나와서 왔음이라 나는 스스로 온 것이 아니요 아버지께서 나를 보내신 것이니라 어찌하여 내 말을 깨닫지 못하느냐 이는 내 말을 들을 줄 알지 못함이로다 너희는 너희 아비 마귀에게서 났으니 너희 아비의 욕심대로 너희도 행하고자 하느니라 그는 처음부터 살인한 자요 진리가 그 속에 없으므로 진리에 서지 못하고 거짓을 말할 때마다 제 것으로 말하나니 이는 그가 거짓말쟁이요 거짓의 아비가 되었음이라 내가 진리를 말하므로 너희가 나를 믿지 아니하는도다 너희 중에 누가 나를 죄로 책잡겠느냐 내가 진리를 말하는데도 어찌하여 나를 믿지 아니하느냐 하나님께 속한 자는 하나님의 말씀을 듣나니 너희가 듣지 아니함은 하나님께 속하지 아니하였음이로다"(요 8:42-47).

만일 이 말씀이 진리가 아니라면, 그 내용은 매우 가혹하고 잔인한 주장에 지나지 않을 것이다. 그러나 이것이 진리라면, 종교적인 사람들이 왜 거짓말을 하고 살인을 하는지를 잘 설명해 주는 말씀이 된다. 그들은 자기들의 아비인 마귀의 본을 따르고 있기 때문이다. 그들은 진실한 사람들이었지만, 잘못된 일에 진실했던 것이다.

예수님의 분석이 사실이라면, 인간 문제의 딜레마에 대한 대답은 세계 종교를 단일화하거나 평화 기구를 설립하는 거대 종교로 연합하는 것이 아니다. 세계 종교는 예수님이 우리에게 말씀하신 하나님의 사랑을 경험하게 해 줄 수 없다. 그 어떤 종교도, 심지어는 '기독교'마저도 그런 사랑을 낳을 수 없다. 하나님의 사랑은 하나님과 순전하게 사귀는 사람들, 곧 예수 그리스도를 진정으로 따르는 사람들을 통해서만 흘러나온다. 그들은 그리스도와 같이 다른 사람들의 일을 돌아보며(빌 2:4), 서로 우애하고 존경하기를 먼저 한다(롬 12:10).

## 하나님의 영원한 사랑

하나님과의 사귐을 갖기 전까지 매우 종교적인 사람이었던 다소의 바울은 이렇게 말했다. "의인을 위하여 죽는 자가 쉽지 않고 선인을 위하여 용감히 죽는 자가 혹 있거니와 우리가 아직 죄인 되었을 때에 그리스도께서 우리를 위하여 죽으심으로 하나님께서 우리에 대한 자기의 사랑을 확증하셨느니라"(롬 5:7-8). 인간의 사랑은 선한 사람을 위해 우리의 목숨을 내놓게 할 수 있다. 우리는 자녀의 목숨을 구하기 위해 자신의 목숨을 내놓는 부모나, 자기 형제를 위해 장기를 주는 사람을 어렵지 않게 찾아볼 수 있다. 그러나 인간의 사랑은 원수를 위해 죽을 정도의 것은 아니다. 그런 사랑은 하나님으로부터만 흘러나온다. 이에 대해 바울은 "소망이 우리를 부끄럽게 하지 아니함은 우리에게 주신 성령으로 말미암아 하나님의 사랑이 우리 마음에 부은 바 됨이니"(롬 5:5)라고 말했다.

성경이 분명하게 말하고 있는 점은 하나님이 우리를 영원히 사랑하신다는 것이다. 우리가 하나님을 등지고 떠날 때에도 우리를 변함없이 사랑하신다는 것이다. 그러나 하나님은 전적으로 의롭고 거룩하신 분이기 때문에 우리의 죄를 용납하실 수 없다. 그렇게 한다는 것은 하나님의 의에 위배되는 것이다. 죄는 하나님과 우리 사이에 넘을 수 없는 간격을 만들어 놓았다. 결혼한 부부들도 한쪽 배우자가 신실하지 못할 경우 이런 간격을 경험하게 된다. 그러므로 거리감을 피할 수가 없다. 정의는 잘못한 일에 대한 대가를 요구하며, 인간의 정의감 역시 그러한 대가를 요구한다. 그러나 하나님의 의에 못지않은 하나님의 사랑 때문에 예수 그리스도가 오셔야 했다. 예수님은 완벽한 삶을 사셨고, 우리 잘못의 대가를 대신 담당하셨다. 그러므로 예수 그리스도의 십자가 위에서 의의 요구가 이루어진 것이다.

하나님의 용서

인간적인 측면에서 본다면 예수님은 나이 33세에 종교적인 사람들에 의해 죽임을 당하셨다고 설명할 수 있다. 그러나 하늘의 관점에서 보면 예수님은 하나님의 용서를 받아들일 모든 사람의 죄를 지불하려는 무한한 사랑 때문에 돌아가셨다.

그래서 예수님은 돌아가시기 직전 십자가 위에서 "다 이루었다"(요 19:30)라고 말씀하셨던 것이다. 그분은 이 땅에서 오래 살기 위해 또는 숭고한 가르침을 신봉하기 위해 오신 것이 아니었다. 예수님은 죽기 위해 오셨다. 그리고 그 목적을 이루셨다. 그 죽음의 순간에 일어난 일과 그로부터 사흘 후에 일어난 일은 그것을 믿는 사람들의 삶을 영원히 바꾸어 놓았다. 역사의 기록이 그 사실을 분명히 말해 준다.

"이에 성소 휘장이 위로부터 아래까지 찢어져 둘이 되고 땅이 진동하며 바위가 터지고 무덤들이 열리며 자던 성도의 몸이 많이 일어나되 예수의 부활 후에 그들이 무덤에서 나와서 거룩한 성에 들어가 많은 사람에게 보이니라 백부장과 및 함께 예수를 지키던 자들이 지진과 그 일어난 일들을 보고 심히 두려워하여 이르되 이는 진실로 하나님의 아들이었도다 하더라"(마 27:51-54).

위에서 아래까지 찢어진 휘장은 무엇인가? 그 휘장은 성전 안에서 성소와 지성소를 구분하는 것이었다. 지성소는 대제사장만 1년에 한 번씩 들어가 백성의 죄를 위해 희생 제사를 드리는 곳이었다. 이 모든 것은 성경이 '죽임을 당했다고'(계 13:8) 증거하는 하나님의 어린 양 예수님을 상징하는 것이었다. 영원 전부터 하나님 아버지와 함께 계셨던 예수님이 인간의 모습으로 이 세상 역사 속에 들어오셔서 어린 양으로 죽임을 당하셨기 때문에 이제 성전 제사는 더 이상 필요하지 않게 되었다. 상징은 이제 실체에 자리를 넘겨주게 되었고, 어떤 사람이든 믿기만 하면 용서받을 수 있게 되었다. 하나님의 메시지를 믿고 희생양의 죽음을 신뢰하는 거룩한 사람들은 죽음에서 살아났다. 그리고 예수님이 부활하셨을 때 그들은 예수님과 함께 하늘에서 영원히 살기 위해 아버지께로 옮겨 가게 되었다.

예수님의 부활은 고대사의 기록 중 가장 역사적인 사건이었다. 부활의 증거를 살펴본 사람들은 거듭 같은 결론을 내렸다. 예수님은 십자가에서 돌아가신 지 사흘 만에 다시 살아나셨다. 그 부활은 예수님이 하신 말씀들이 믿을 만한 것임을 증명해 주는 초자연적인 증거이다. 예수님은 실제로 육체를 입으신 하나님이셨다. 그리고 그분은 진리를 말씀하셨다. 하나님을 믿고 하나님의 용서를 받아들이는 사람은 용서를 얻을 뿐 아니라 우리 안에 내주하시는 성령님을 선물로 받는다. 그리고 다른 사람들과 나눌 수 있는 하나님의 사랑을 품게 된다. 사도 바울은 이것을 로마서 5장 5절에서 "우리에게 주신 성령으로 말미암아 하나님의 사랑이 우리 마음에 부은 바 됨이니"라고 기록했다.

## 믿기 어려운 이야기

당신이 이런 이야기를 처음 들었다면, 아마 믿기 어려울 것이다. 그러나 당신은 하나님의 형상을 따라 지어졌고 하나님이 당신을 사랑하시기 때문에, 마음 깊은 곳으로부터 "맞아, 이건 진리야."라고 말하는 어떤 울림이 있을지도 모른다. 바로 그 반응이 당신을 하나님께로 이끌어서 하나님과 사귈 수 있도록 해 줄 것이다. 당신이 하나님께 하는 말 자체는 그리 중요하지 않다. 그러나 "주님, 절 그렇게 사랑하신다는 사실은 참 믿기가 어렵습니다. 그러나 제 마음을 열고 주님의 용서를 받아들이고 싶습니다. 예수님이 제 죄를 대신 지신 것을 감사드립니다. 성령님이 제 삶 속에 오시기를 초청합니다. 제 삶이 하나님 사랑의 통로가 되기를 원합니다. 저를 하나님께 영원히 드립니다."라는 마음의 외침은 매우 중요하다.

수많은 사람이 하나님께 이런 반응을 해 왔고, 이를 통해 사랑과 영생을 찾을 수 있었다. 그들의 삶을 통해 하나님의 사랑은 세대마다 전 세계적으로 다섯 가지 사랑의 언어로써 표현되고 있다. 사람들은 계속해서 하나님의 사랑에 반응하고 하나님과 사귀는 삶을 지속하고 있다.

## 흑백의 사랑

### 친구가 될 수 없을 것 같은 친구

클레런스 술러는 30년 넘게 나와 가장 친한 친구였다. 인간적으로 볼 때 우리는 친구가 될 수 없었을지도 모른다. 인종차별이 폐지되기 전 미국 최남

단의 흑인 부모에게서 태어난 클레런스와 백인인 내가 1960년대 당시 친구가 될 수 있는 가능성이란 거의 희박했다. 인종간의 긴장감은 최고조였고, 공립학교에서의 인종차별은 당연한 것으로 여겨졌다. 이러한 문화적 분위기로 볼 때 다른 인종의 사람과 친구가 된다는 것은 거의 불가능했다.

나는 젊은이들을 위해 체육관을 새로 완공한 어느 백인 교회에서 사역자로 일하고 있었다. 어느 날 교회에서 주최하는 '십대 청소년들을 위한 밤'에 클레런스와 그의 친구 러셀이 체육관으로 들어왔다. 나는 그들에게 다가가서 인사한 다음, 그들이 교회에 온 것을 환영해 주었다. 클레런스는 즐거운 시간을 보내는 듯했다. 그리고 정기적으로 모임에 참석하기 시작했다. 언제나 활달했던 클레런스는 토의 시간에도 자유롭게 참여하면서 질문하는 것을 두려워하지 않았다. .

청소년 수련회가 있는 주말이 다가오자 클레런스도 등록을 했다. 그리고 그 주말에 그는 하나님과 사귀는 경험을 하였다. 금요일 밤과 토요일에는 여러 즐거운 놀이 활동을 했다. 나는 토요일 밤 강의를 마친 다음, 학생들에게 물었다.

"너희들의 삶은 완벽하다고 생각하니? 아니면 무언가 빠진 것 같다고 느끼니?"

클레런스는 이렇게 대답했다.

"전 이미 제 삶에 무언가 빠져 있다고 느껴 왔어요. 농구팀에 들어가면 문제가 해결될 것이라고 생각했지만, 농구팀에 들어간 지 얼마 되지 않아 다시 같은 문제에 부딪혔어요. 제게는 예수님이 필요해요."

소형 트럭 뒤에서

클레런스와 내가 소형 트럭 뒤에서 무릎을 꿇고 엎드려 예수 그리스도가 그의 죄를 용서해 주시고 그의 삶 속에 오시기를 초청했던 그날 밤을 나는 결코 잊을 수 없다. 클레런스는 그 경험에 대해 이렇게 이야기했다.

"제 삶이 정말 달라졌어요! 하나님이 어떤 상황 속에서도 흔들리지 않는 마음과 평안을 주셨지요. 다른 사람들에게 인정받기 위해 더 이상 휩쓸려 다니지 않아도 되는 자유를 주셨어요. 무엇보다 저는 하나님이 나를 위해 계획하신 놀라운 삶을 살아가게 되었어요."

나중에 클레런스는 또 이렇게 말했다.

"그리스도인이 된 것에 대한 기쁨은 말할 수 없이 컸지만, 백인이 저를 그리스도께 인도했다는 사실 때문에 힘들기도 했어요. 그러나 나중에는 인종이 문제가 되지 않는다는 것을 깨닫게 되었죠. 그리고 제게도 그것이 문제가 되어서는 안 된다는 걸 알게 되었어요. 중요한 것은 지금 제 삶 속에 예수 그리스도께서 살아 계신다는 사실이에요."

클레런스는 청소년 그룹에 계속 열심히 참석했고, 스스로 성경을 공부하기 시작했다. 그 당시 아내와 나는 매주 금요일 밤에 대학생들을 위해 우리 집을 개방했는데, 그 모임에도 클레런스는 정기적으로 참석했다. 그는 성경 구절들을 암송했고, 다른 사람들에게 자신의 믿음을 증거했다. 여름이 다가오자 나는 그에게 캠프에서 상담을 맡아 줄 수 있겠는지를 물어보았다. 그리고 13세 백인 남자아이들을 맡겼다. 클레런스는 나중에 "결코 잊지 못할 경험이었어요."라고 말했다.

클레런스는 대학을 졸업하고 신학교도 마쳤다. 신학교를 다니는 동안 그는 다양한 기독교 기관에서 일을 했다. 교회와 대학과 기독교 단체들을 위한 타문화 상담에서 고문 역할을 했다. 그는 책 두 권을 저술했고, 수많은 글을 기고하기도 했다. 그는 헌신된 남편이자 아버지이다.

### 인종간의 갈등 해결

클레런스는 자신의 삶에 미친 내 영향을 개인적으로 또는 공개적으로 칭찬하곤 한다. 그는 1960년대 후반 백인들만 모이는 교회를 찾은 자신을 환영해 주었던 내 용기를 높이 사곤 하지만, 나는 클레런스야말로 정말 용감한 결정을 했다고 생각한다.

클레런스는 내게 하나님의 사랑에 관해 많은 것을 가르쳐 주었다. 그는 수많은 죄를 덮는 사랑과 인종간의 장벽을 뚫고 나아가는 사랑 그리고 언제나 용서하는 사랑을 가르쳐 주었다. 클레런스 술러를 내게 이끄신 것 자체가 나를 향한 하나님의 사랑이었다.

나는 우리나라와 세계 여러 곳에서 벌어지고 있는 인종간 갈등을 해결할 수 있는 유일한 길이 하나님의 사랑뿐이라는 것을 믿게 되었다. 나는 받지 못한 것은 줄 수 없다는 사실을 너무나 잘 알고 있다. 우리에게는 사랑에 대한 더 많은 설교가 필요한 것이 아니다. 사람들이 하나님과 사귐을 가질 수 있도록 돕는 것이 필요하다. 한 사람이 일단 하나님을 알고 성령님의 인도하심을 받게 되면 사랑이 그를 통해 자유롭게 승리할 것이다.

## 서로 사랑하라

예수님이 제자들에게 이렇게 말씀하셨다. "새 계명을 너희에게 주노니 서로 사랑하라 내가 너희를 사랑한 것 같이 너희도 서로 사랑하라 너희가 서로 사랑하면 이로써 모든 사람이 너희가 내 제자인 줄 알리라"(요 13:34-35). 예수님은 사랑이 예수님을 따르는 사람들을 구분하는 특징적인 표시라고 말씀하셨다. 다른 사람들이 하나님을 인격적으로 만나도록 돕는 하나님의 일꾼들은, 논쟁이나 강압을 통해서가 아니라 하나님의 사랑을 통해 그 일을 해야 한다.

몇 년 전 뉴욕 시 깡패 우두머리로서 마약에 중독되어 살던 니키 쿠르즈는 열정적으로 예수님을 따르는 데이비드 윌커슨이라는 젊은이를 만났다.

그러자 니키는 윌커슨에게 경고했다.

"목사 양반, 가까이 다가오기만 해 봐. 죽여 버릴 테니까."

그러나 윌커슨은 이렇게 대답했다.

"그럴 수도 있을 거예요. 수천 조각을 내서 길거리에 뿌릴 수도 있겠지요. 하지만 그 조각들이 모두 당신을 사랑할 것입니다."

니키는 곧 예수님을 따르는 제자가 되었다. 사랑이 승리를 거둔 것이다.


## 끝없는 사랑의 관계

우리는 각자 하나님께 나아간다. 일단 하나님과 사귐을 갖게 되면, 하나님은 우리를 가족의 일원으로 부르신다. 그리고 다시는 우리를 혼자 내버려 두지 않으시고 영원히 돌보신다. 그래서 우리는 서로에게 속하게 된다(시 68:6; 롬 12:5; 엡 3:15). 하나님의 가족으로 엮어진 우리의 관계는 혈육보다 더 진하다. 우리는 서로의 유익을 위해 이 땅에 거한다. 그리고 아직 가족이 되지 못한 사람들을 함께 찾아 나서고 그들에게 하나님의 사랑을 전하는 대사의 역할을 한다.

다섯 가지 사랑의 언어 모두로 받게 되는 사랑

하나님이 우리를 가까이 이끄시기 위해 어떤 사랑의 언어를 사용하시든, 그것은 하나님을 향한 사랑을 표현하기 위해 우리가 가장 자연스럽게 사용하는 사랑의 언어일 것이다. 우리는 하나님과 믿을 수 없을 정도로 놀라운 사랑의 사귐을 가질 수 있다. 하나님은 우리가 다섯 가지 언어를 모두 사용하여 하나님의 사랑을 받아들이기를 바라신다. 사도 바울은 이것을 다음과 같이 표현했다.

"이러므로 내가 하늘과 땅에 있는 각 족속에게 이름을 주신 아버지 앞에 무릎을 꿇고 비노니 그의 영광의 풍성함을 따라 그의 성령으로 말미암아 너희 속사람을 능력으로 강건하게 하시오며 믿음으로 말미암아 그리스도께서 너희 마음에 계시게 하시옵고 너희가 사랑 가운데서 뿌리가 박히고 터가 굳어져서 능히 모든 성도와 함께 지식에 넘치는 그리스도의 사랑을 알고 그 너비와 길이와 높이와 깊이가 어떠함을 깨달아 하나님의 모든 충만하신 것으로 너희에게 충만하게 하시기를 구하노라 우리 가운데서 역사하시는 능력대로 우리가 구하거나 생각하는 모든 것에 더 넘치도록 능히 하실 이에게 교회 안에서와 그리스도 예수 안에서 영광이 대대로 영원무궁하기를 원하노라 아멘"(엡 3:14-21).

하나님과 우리의 관계는 하나님과 사귀는 것으로 끝나지 않는다. 사실 그것은 시작에 불과하다. 하나님과 이러한 사랑의 관계는 가족이 된 다른 사람들과 연합 안에 있는 것이 분명하다.


다섯 가지 사랑의 언어 모두로 사랑을 표현하기

그러므로 다섯 가지 사랑의 언어 모두로 하나님의 사랑을 받아들이는 것을 배우면서, 우리는 또한 하나님의 가족과 아직 하나님의 가족 밖에 있는 사람들에게 그 언어로 이야기하는 것을 배우기 시작한다.

자신이 사용하는 주된 사랑의 언어를 사용해서 사랑을 표현하는 것은 쉬운 일이다. 그러나 다른 언어 네 개를 배우는 일에는 시간과 노력이 필요하다. 그러나 우리는 하나님의 사랑의 통로일 뿐이라는 사실을 또한 기억해야 한다. 우리가 사랑을 생겨나게 하는 것이 아니다. "우리에게 주신 성령으로 말미암아 하나님의 사랑이 우리 마음에 부은 바 됨이니"(롬 5:5)라는 사도 바울의 말을 기억하자.

하나님은 우리가 다른 사람들과 함께 살아가게 하셨다. 하나님의 사랑을 다섯 가지 사랑의 언어 모두로 표현하는 것을 배우면 하나님의 가족들 안에서 유용하게 사용할 수 있다. 그리스도인 공동체 안에 사랑이 흘러넘치게 되면 그런 사랑을 필사적으로 갈망하는 세상 사람들이 우리의 문 앞으로 몰려올 것이다. "새 계명을 너희에게 주노니 서로 사랑하라 내가 너희를 사랑한 것 같이 너희도 서로 사랑하라 너희가 서로 사랑하면 이로써 모든 사람이 너희가 내 제자인 줄 알리라"(요 13:34-35)라고 하신 예수님의 말씀을 다시 기억하자.

사랑은 그리스도인이 지닌 특징이다. 하나님의 사랑이 다섯 가지 사랑의 언어를 사용하는 우리를 통해 흘러넘칠 때, 우리는 다른 사람들이 하나님과 사귀고 하나님의 가족 안에 들어올 수 있도록 돕는 하나님의 도구가 된다. 이런 일이 일어날 때 사랑은 승리를 거둔다.

# 책을 마치며
## 우리의 언어를 쓰시는 하나님●

모든 세대, 모든 문화 속에서 성령님은 하나님이 쓰시는 사랑의 언어를 사용하심으로 하나님의 사랑을 계속 전해 주고 계신다. 하나님은 거룩하신 분이시며, 또 우리를 사랑하시는 분이다. 하나님의 사랑과 용서를 거부하고 하나님과 상관없이 살아가는 사람은 결국 하나님의 심판을 피할 수 없게 될 것이다. 우리는 모두 하나님의 사랑을 선택할 것인지 아니면 하나님의 심판을 선택할 것인지를 결정해야 하는 인생의 갈림길에 서게 된다.

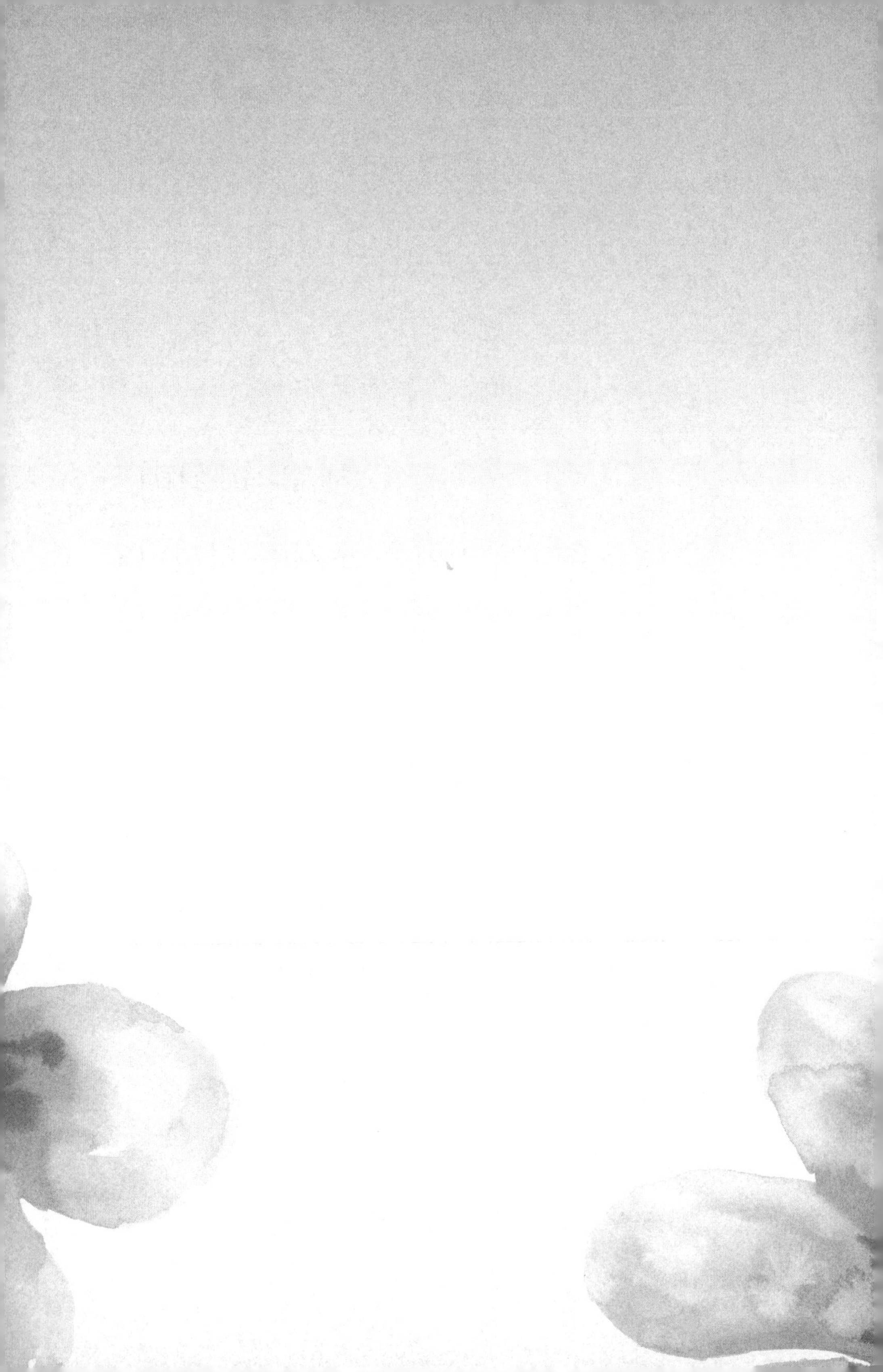

미국이 첫 테러의 상처를 경험한 지 꼭 1년 만에 이 책을 출간하게 되었다. 2001년 9월 11일 테러리스트들이 제트 비행기를 몰아 뉴욕에 있는 세계무역센터와 미 국방성을 뚫고 들어갔다. 네 번째 제트기는 용감한 승객들이 비행기 납치범들과 씨름하는 동안 곤두박질을 치며 추락했다. 뉴욕과 워싱턴에서 거의 4천 명이 넘는 미국인이 망상에 빠진 광신자들의 손에 목숨을 잃었다. 그 사건은 인간의 종교가 평화를 유지하기 위한 열쇠가 될 수 없다는 사실을 보여 주는 또 하나의 예가 되었다.

나는 종교 헌신자가 되라고 권하기 위해 이 책을 쓴 것은 아니다. 세계무역센터와 미 국방성의 일부를 파괴하기 위해 비행기를 조종한 사람들은 자신들의 종교에 헌신되어 있는 사람들이었다. 그들은 종교적 신념을 위해 자신들의 목숨을 기꺼이 희생했다. 그러나 그들이 사랑으로 그런 일을 했다고 그 누가 말할 수 있는가?

세계 종교는 초월적인 것을 추구하는 인간의 열망을 보여 주기는 하지만, 영혼의 갈증을 해소해 주지는 못한다. 기독교 역시 하나의 종교로 신봉하게 되면 다른 종교와 다를 바 없다. 자신을 그리스도인이라고 부르는 수많은 사람 중 하나님과 사귐을 누리지 못하는 사람들도 많다. 그들에게 있어서 기독교는 교회에 출석하고, 헌금하고, 기도를 반복하고, 좋은 시민이 되려고 노력하는 등의 특정한 종교적 행위와 신념으로 이루어진 종교일 뿐이다. 세상을 떠날 때 천국 가기를 아무리 소망한다 하더라도 하늘의 하나님과 맺은 관계가 없기 때문에 그 소망을 확신할 수가 없다.

그들은 '문화적 그리스도인'이다. 그들은 기독교 가정에서 자랐기 때문에 자신들을 스스로 그리스도인이라 여긴다.


## 문화적 종교를 넘어서서

이러한 문화적 그리스도인들은 문화적 불교 신자나 힌두교도, 유대인, 무슬림이나 다를 바 없다. 그들은 부모의 종교를 그대로 따른다. 그저 자신들에게 편리한 종교를 따르는 것뿐이다. 초월적인 것에 대한 갈망이 자신들에게 있음을 인정하고, 자신들의 종교를 영적 갈증을 해소하는 도구로 삼기도 한다. 그러나 그 갈증은 결코 해갈되지 않는다.

종교는 사람들이 하나님과 진정으로 사귀는 것을 오히려 방해한다. 이 경우 종교는 진정한 영적 자유를 제한하는 사단의 족쇄가 된다. '나는 내 종교가 있다.'라는 식의 주장은 엄청난 종교적 면역력을 지니고 있기 때문에, 하나님의 사랑에 인격적으로 반응하는 일을 생각하지 못하게 막는다.

그러나 다양한 문화 속에서 기꺼이 자신들의 문화적 종교를 뛰어넘어 하나님의 사랑을 찾으려 한 사람들이 있었다. 그들의 그런 추구는 "너희가 온 마음으로 나를 구하면 나를 찾을 것이요 나를 만나리라"(렘 29:13)라고 약속하신 하나님의 보상을 받는다.

## 사랑을 보여 주시는 하나님

아브라함, 이삭, 야곱, 요셉, 모세, 이사야, 예레미야, 에스겔, 말라기에게 사랑을 보여 주신 하나님은 베들레헴의 한 별 아래서 인간의 육체를 입으심으로 그 사랑을 놀랍게 표현하셨다. 그분은 평범한 어부 베드로와 야고보와 요한에게, 세리 마태에게, 의사 누가에게, 종교적 열심에 사로잡혀 있던 다소의 사울에게 사랑을 보여 주셨다. 그리고 지금도 이 세상에서 일하시며 이 책에 소개된 사람들에게 그 사랑을 계속해서 보여 주고 계신다. 그 하나님이 다른 사람들 못지않게 우리를 사랑하신다. 우리는 하나님의 형상을 따라 지어졌고 하나님은 우리와 친밀하게 교제하기를 원하신다.

그리고 우리가 사용하는 주된 사랑의 언어로 하나님의 사랑을 우리에게 보여 주신다.

■ 인정하는 말이라는 사랑의 언어를 이해하는 사람들에게 주님은 이렇게 말씀하신다. "수고하고 무거운 짐 진 자들아 다 내게로 오라 내가 너희를 쉬게 하리라 나는 마음이 온유하고 겸손하니 나의 멍에를 메고 내게 배우라 그리하면 너희 마음이 쉼을 얻으리니 이는 내 멍에는 쉽고 내 짐은 가벼움이라 하시니라"(마 11:28-30).

■ 선물을 주된 사랑의 언어로 사용하는 사람들에게는 이렇게 말씀하신다. "내 양은 내 음성을 들으며 나는 그들을 알며 그들은 나를 따르느니라 내가 그들에게 영생을 주노니 영원히 멸망하지 아니할 것이요 또 그들을 내 손에서 빼앗을 자가 없느니라"(요 10:27-28).

■ 친밀한 시간을 갈망하는 사람들에게 성경은 이렇게 말한다. "하나님을 가

까이하라 그리하면 너희를 가까이하시리라"(약 4:8)

■ 봉사를 사랑의 언어로 쓰는 사람들에게 예수님은 자신을 다음과 같이 설명하셨다. "인자가 온 것은 섬김을 받으려 함이 아니라 도리어 섬기려 하고 자기 목숨을 많은 사람의 대속물로 주려 함이니라"(마 20:28). 예수님을 가장 잘 알았던 사람들은 그분의 생애를 이렇게 요약했다. "그가 두루 다니시며 선한 일을 행하시고 마귀에게 눌린 모든 사람을 고치셨으니 이는 하나님이 함께 하셨음이라"(행 10:38).

■ 신체적 접촉이라는 사랑의 언어를 잘 이해한 사람들에게는 예수님의 성육신보다 더 깊은 사랑의 표현은 없을 것이다. 사도 요한은 그 일을 이렇게 묘사했다. "태초부터 있는 생명의 말씀에 관하여는 우리가 들은 바요 눈으로 본 바요 자세히 보고 우리의 손으로 만진 바라"(요일 1:1). 실제로 요한은 육신을 입고 오신 예수님에 대해 "우리가 그의 영광을 보니 아버지의 독생자의 영광이요 은혜와 진리가 충만하더라"(요 1:14)라고 설명했다. 우리를 만지기 위해 하나님께서 사람이 되셨다. 예수님이 이 땅에서 사셨던 짧은 33년간의 생애를 살펴보라. 어린아이들과 문둥병에 걸린 자와 눈먼 자와 귀먹은 자를 만져 주시는 그분을 보게 될 것이다. 그분의 손길은 그분을 만난 사람들을 회복시켜 주었고 소망을 갖게 해 주었다.

21세기를 사는 우리는 예수님의 생애와 가르침을 직접 보고 들을 수 없지만, 그분이 하신 일과 그분의 말씀이 기록된 성경을 통해 그것을 깨달을 수 있다. 예수님은 자신의 가르침이 하나님께로부터 온 것이라고 분명히 말씀하셨다. "사람이 나를 사랑하면 내 말을 지키리니 내 아버지께서 그를 사랑하실 것이요 우리가 그에게 가서 거처를 그와 함께 하리라 나를 사랑하지 아니하는 자는 내 말을 지키지 아니하나니 너희가 듣는 말은 내 말이 아니요 나를 보내신 아버지의 말씀이니라"(요 14:23-24). 또 예수님은 아버지께로 돌아가신 후 예수님이 우리에게 말씀하신 모든 것을 생각나게 하실 성령님을 보내시겠다고 말씀하셨다(요 14:26).

하나님은 신약성경을 기록하게 하려고 이 일들을 직접 목격한 사람들의 마음을 인도하셨다. 3년 반 동안 예수님과 동행했던 사도 요한은 예수님이 행하시고 말씀하셨던 모든 것을 다 기록하는 것은 불가능하다고 말했다(요 21:25). "오직 이것을 기록함은 너희로 예수께서 하나님의 아들 그리스도이심을 믿게 하려 함이요 또 너희로 믿고 그 이름을 힘입어 생명을 얻게 하려 함이니라"(요 20:31; 요 21:25 참조).

## 먼저 사랑하신 하나님

요한은 하나님이 먼저 우리를 사랑하셨다는 것을 분명히 말한다. "우리가 사랑함은 그가 먼저 우리를 사랑하셨음이라 누구든지 하나님을 사랑하노라 하고 그 형제를 미워하면 이는 거짓말하는 자니 보는 바 그 형제를 사랑하지 아니하는 자는 보지 못하는 바 하나님을 사랑할 수 없느니라 우리가 이 계명을 주께 받았나니 하나님을 사랑하는 자는 또한 그 형제를 사랑할지니라"(요일 4:19-21).

그는 "율법 중에 어느 계명이 크나이까?"라고 물었던 당시의 종교 지도자들에게 "네 마음을 다하고 목숨을 다하고 뜻을 다하여 주 너의 하나님을 사랑하라 하셨으니 이것이 크고 첫째 되는 계명이요 둘째도 그와 같으니 네 이웃을 네 자신 같이 사랑하라 하셨으니 이 두 계명이 온 율법과 선지자의 강령이니라"(마 22:36-40)라고 대답하신 예수님의 말씀을 반복한 것이다.

그는 또 이것을 다음과 같이 잘 요약했다.

"사랑하는 자들아 우리가 서로 사랑하자 사랑은 하나님께 속한 것이니 사랑하는 자마다 하나님으로부터 나서 하나님을 알고 사랑하지 아니하는 자는 하나님을 알지 못하나니 이는 하나님은 사랑이심이라 하나님의 사랑이 우리에게 이렇게 나타난 바 되었으니 하나님이 자기의 독생자를 세상에 보내심은 그로 말미암아 우리를 살리려 하심이라 사랑은 여기 있으니 우리가 하나님을 사랑한 것이 아니요 하나님이 우리를 사랑하사 우리 죄를 속하기 위하여 화목 제물로 그 아들을 보내셨음이라"(요일 4:7-10).

예수님을 눈으로 목격하지는 못했지만, 예수님을 따르는 사람들을 핍박하러 가던 길 위에서 '만지시는' 하나님을 경험했던 사도 바울은 그 당시 일어난 일을 다음과 같이 기록한다.

"우주와 그 가운데 있는 만물을 지으신 하나님께서는 천지의 주재시니 손으로 지은 전에 계시지 아니하시고 또 무엇이 부족한 것처럼 사람의 손으로 섬김을 받으시는 것이 아니니 이는 만민에게 생명과 호흡과 만물을 친히 주시는 이심이라 인류의 모든 족속을 한 혈통으로 만드사 온 땅에 살게 하시고 그들의 연대를 정하시며 거주의 경계를 한정하셨으니 이는 사람으로 혹 하나님을 더듬어 찾아 발견하게 하려 하심이로되 그는 우리 각 사람에게서 멀리 계시지 아니하도다 우리가 그를 힘입어 살며 기동하며 존재하느니라 너희

시인 중 어떤 사람들의 말과 같이 우리가 그의 소생이라 하니 이와 같이 하나님의 소생이 되었은즉 하나님을 금이나 은이나 돌에다 사람의 기술과 고안으로 새긴 것들과 같이 여길 것이 아니니라 알지 못하던 시대에는 하나님이 간과하셨거니와 이제는 어디든지 사람에게 다 명하사 회개하라 하셨으니 이는 정하신 사람으로 하여금 천하를 공의로 심판할 날을 작정하시고 이에 그를 죽은 자 가운데서 다시 살리신 것으로 모든 사람에게 믿을 만한 증거를 주셨음이니라 하니라"(행 17:24-31).


## 거룩하신 사랑의 하나님

모든 세대, 모든 문화 속에서 성령님은 하나님이 쓰시는 사랑의 언어를 사용하심으로 계속해서 하나님의 사랑을 세상 속에 전하신다. 하나님은 거룩하신 분이시며, 또 우리를 사랑해 주시는 분이다. 하나님의 사랑과 용서를 거부하고 하나님과 상관없이 살아가는 사람은 결국 하나님의 심판을 피할 수 없게 된다. 우리는 모두 하나님의 사랑을 선택할 것인지 아니면 하나님의 심판을 선택할 것인지를 결정해야 할 인생의 갈림길에 서게 된다. 우리가 잘못한 것에 대한 대가를 우리 스스로 지불하거나 아니면 우리를 대신해서 하나님이 지불하신 사랑을 받아들여야 한다. 하나님은 그 대가를 지불하시려고 자신의 아들에게 거친 십자가를 지고 예루살렘 성 밖으로 나가게 하셨다. 그 십자가를 통해 하나님의 사랑과 정의가 동시에 이루어지고, 믿는 모든 사람이 생명과 용서를 받을 수 있게 되었다.

십자가는 하나님의 사랑을 보여 주는 우주적인 상징이 되었다. 왜냐하면 그 위에서 하나님은 다섯 가지 사랑의 언어를 다 사용하셨기 때문이다. 십자가에서 예수님은 "아버지 저들을 사하여 주옵소서 자기들이 하는 것을 알지 못함이니이다"(눅 23:34)라고 말씀하셨다. 사랑을 이보다 더 심오하게 표현할 수는 없다. 예수님은 죽음으로 위대한 봉사를 행하셨다. 자신의 목숨을 희생하심으로 죄인을 하나님과 화목케 하셨다(골 1:20-22). 죄의 용서와 영원한 생명을 선물로 주셨다(요 3:16-18; 요일 1:9). 그 선물은 우리가 창조주 하나님과 지금부터 영원까지 친밀한 시간을 나누며 교제할 수 있도록 길을 열어 주었다. 십자가에서 하나님은 인간의 가장 절실한 필요를 채워 주시며 "내가 너를 사랑한다."라고 말씀하셨다. 십자가에서 예수님은 "나는 선한 목자라 선한 목자는 양들을 위하여 목숨을 버리거니와"라는 약속의 말씀을 지키셨다.


## 은혜와 조건 없는 사랑의 메시지

하나님의 사랑에 관해 내가 이 책에서 쓴 모든 내용은 측량할 수 없는 하나님 사랑의 거대한 심포니를 이루는 한 악보에 불과하다. 이를 잘 보여 주는 찬송이 있다.

그 크신 하나님의 사랑, 말로 다 형용 못하네.
저 높고 높은 별을 넘어 이 낮고 낮은 땅 위에
죄 범한 영혼 구하려 그 아들 보내사
화목제로 삼으시고 죄 용서하셨네.
하나님 크신 사랑은 측량 다 못하며

영원히 변치 않는 사랑, 성도여 찬양하세.[37]

하나님은 다섯 가지 사랑의 언어로 모두 말씀하시며 사랑을 표현하신다. 하나님의 메시지는 분명하다. "네가 나를 버리고 떠날지라도 나는 너를 사랑한다. 그리고 널 기꺼이 용서한다. 내가 네 죄의 대가를 대신 지불했다. 네 마음대로 가던 길에서 돌이켜서 내 사랑과 용서를 받아들이면 영원히 내 자녀가 될 것이다. 나는 너를 사랑한다. 지금부터 영원히 네가 최상의 삶을 살게 할 것이다. 나와 내 사랑을 향해 마음을 열면 내가 너와 함께할 것이다."

이것이 성경 전체를 통해 하나님이 친히 드러내신 하나님의 마음이다.

나 역시 하나님의 은혜와 조건 없는 이 사랑의 메시지가 믿기 어려운 내용이라는 사실을 안다. 본성적으로 인간은 하나님의 용서를 받고 하나님과 화목하는 데 무언가를 지불하고 싶어 한다. 세계 종교는 인간의 이러한 염원을 증명해 주는 살아 있는 기념비이다. 종교적인 의식이나 요구들은 인간이 스스로 하나님을 향해 나아가는 길을 만들어 낼 수 있다고 힘주어 말한다.

그러나 인간은 자신의 죄를 스스로 해결할 수 없다. 만일 그럴 수 있었다면, 하나님은 무화과나무 잎으로 아담과 이브의 옷을 지으셨을 것이다. 그런데 하나님은 동물을 잡아서 그 가죽으로 옷을 지어 주시며, 그들에게 죄의 대가가 언제나 죽음이라는 사실을 상기시켜 주셨다. 하나님은 믿을 수 없을 만큼 놀라운 사랑을 우리에게 보여 주시기 위해 사람이 되셨다. 그리고 우리가 용서받고 하나님과 영원히 살 수 있게 하시려고 우리 죄의 대가를 지불하셨다.

우리는 그저 손을 벌려 그분의 사랑을 받아들일 수 있을 뿐이다. 사도 요한이 하나님의 성품을 묘사하면서 "하나님은 사랑이시라"(요일 4:16)라고 결론지어 말한 것은 아마도 당연한 일이었을 것이다. 하나님이 우리를 먼저 사랑하셨기 때문에 우리도 하나님을 사랑한다!

주

1. *World Book Encyclopedia*, 1970, s.v. "God."

2. Charles Dudley Warner, ed., vol. 23. *Library of the World's Best Literature* (New York: J. A. Hill & Co., 1896), p.9334, p.9340.

3. George Muller, *Autobiography of George Muller, The Life of Trust* (Grand Rapids: Baker, 1981), p.115.

4. 같은 책  p.89, p.101, pp.108-109.

5. 같은 책  p.82.

6. 같은 책  pp.138-139.

7. 같은 책  pp.206-207.

8. 같은 책  p.62.

9. 같은 책  p.206.

10. Jonathan Edwards, *The Life and Diary of David Brainerd* (Grnad Rapids: Baker, 1989); E. M Bounds, *Power Through Prayer* (Minneapolis: World Wide Publication, 1989); Charles G. Finney, *The Autobiography of Charles G. Finney* (Minneapolis: Bethany Fellowship, 1977); Basil Miller, *Praying Hyde: A Man of Prayer* (Grnad Rapids: Zondervan, 1943).

11. R. G. LeTourneau, *Mover of Men and Mountains* (Chicago: Moody, 1972), p.143.

12. 같은 책  p.63.

13. 같은 책  p.79.

14. 같은 책  p.204.

15. 같은 책  p.205.

16. LeTourneau, *Mover of Men*, p.105에서 인용

17. LeTourneau, *Mover of Men*,  p.278.

18. 같은 책  p.33.

19. 같은 책  p.274.

20. 같은 책  p.275.

21. 같은 책  p.280.

22. Jose Juis Gonzalez-Balado, *Mother Teresa: In My Own Words* (Ligouri, Mo.: Liguori, 1996), ix.

23. 같은 책 x.

24. 같은 책  p.24, p.26, p.30.

25. 같은 책  p.34.

26. 같은 책  p.33.

27. 같은 책  p.38, p.80.

28. 같은 책  p.107.

29. 같은 책  pp.108-109.

30. Jose Luis Gonzales-Balado, *Mother Teresa: In My Own Words* (Ligouri, Mo.: Liguori, 1996), p.35.

31. Robert J. Morgan, *From This Verse* (Nashville: Nelson, 1998), 362.

32. 리사의 이야기는 무디 성경 학교의 교장인 내 친구 조 스토웰(Joe Stowell)에게서 들은 것이다.

33. 징계와 사랑의 언어에 관해 좀 더 알아보기 원한다면 Ross Campbell 과 Gary Chapman이 공저한 *The Five Love Languages of Children* (Chicago: Northfield, 1997), p.117, pp.124-127을 참조하라.

34. R. G. LeTourneau, *Mover of Men and Mountains* (Chicago: Moody, 1972), p.85.

35. Michael Cassidy, "Loose in the South African Fire," C. S. Lewis Foundation Summer Institute (Oxbridge '98), 24 July 1998: 저자 주

36. Heidi Soderstrom, "Prescription: Hope," *The Commission*, May 1999, pp.34-27.

37. Frederick M. Lehman, "The Love of God."